TÜV Rheinland-Handbuch
Oldtimer

Zulassung | Kauf | Trends | Werterhaltung

TÜV Rheinland-Handbuch

Oldtimer

Zulassung | Kauf | Trends | Werterhaltung

Jürgen Brauckmann
Andreas Blecker
Matthias Schubert
Steffen Mißbach
Norbert Schroeder
Udo Schütt

Mit besonderem Dank an
Hermann Blick, Urban Holin und Dieter Lauffs
für ihre Beiträge

KIRSCHBAUM VERLAG BONN

ISBN 978-3-7812-1943-4
© Kirschbaum Verlag GmbH, Fachverlag für Verkehr und Technik
Siegfriedstraße 28, 53179 Bonn
Telefon 02 28/9 54 53-0 · www.kirschbaum.de

Satz und Lithographie: www.mom-digital.de
Druck: johnen-druck GmbH & Co. KG, Industriegebiet Bornwiese, 54470 Bernkastel-Kues
April 2016 · Best.-Nr. 1943

Alle in diesem Werk enthaltenen Angaben, Daten, Ergebnisse etc. wurden von den Autoren nach bestem Wissen erstellt und von ihnen und dem Verlag mit größtmöglicher Sorgfalt überprüft. Gleichwohl sind inhaltliche Fehler nicht vollständig auszuschließen. Autoren und Verlag können deshalb für etwaige inhaltliche Unrichtigkeiten keine Haftung übernehmen.

Geleitwort

Der Begriff „Oldtimer" drückt viel mehr aus als nur „altes Fahrzeug". Mit einem Wort wird die Faszination klassischer Fahrzeuge beschrieben, die ein automobiles und kraftfahrzeug-technisches Kulturgut darstellen.

Gerade Berührungspunkte und Erlebnisse aus der Kindheit und den Jugendjahren sind besonders prägend. Deshalb hat jede Generation „ihre" Oldtimer. Fahrzeuge, die gefühlt eben erst aus dem allgemeinen Straßenbild verschwunden sind, werden von jungen Generationen plötzlich als Oldtimer bezeichnet. Auch in der Oldtimer-Szene schreitet die Zeit unaufhaltsam voran.

Umso wichtiger ist es, automobiles Kulturgut zu pflegen und es auch für die Öffentlichkeit zu erhalten. Um die Teilnahme von Oldtimern am Straßenverkehr zu vereinfachen, wurde das sogenannte H-Kennzeichen eingeführt. Natürlich müssen Oldtimer der Straßenverkehrs-Zulassungs-Ordnung (StVZO) und der Fahrzeug-Zulassungsverordnung (FZV) entsprechen und auch spezielle Anforderungen erfüllen, um das begehrte H-Kennzeichen führen zu dürfen. Der einheitliche Kfz-Steuersatz, die freie Einfahrt in Umweltzonen und die allgemein günstigere Versicherungsprämie sind die besonderen Vorteile.

Doch um ein Fahrzeug mit einem H-Kennzeichen auszustatten, müssen im Regelfall viele Details geklärt werden. Reicht der Allgemeinzustand des Fahrzeugs aus? Ist das Fahrzeug im Originalzustand bzw. zeitgenössisch aufgebaut? Was ist sonst noch zu beachten?

Bisher musste dazu Wissen aus verschiedensten Quellen recherchiert werden. Dabei schwingt immer die Unsicherheit mit, ob die zusammengetragenen Angaben stimmen und wie diese zu bewerten sind. Daher hat der TÜV Rheinland/Berlin/Brandenburg/Pfalz mit dem vorliegenden Handbuch das vorhandene Wissen gebündelt und die Thematik umfassend aufbereitet.

Besonderer Wert wurde darauf gelegt, die Vorschriftenlage mit klaren Beispielen und deutlichen Aussagen zu erläutern. Denn im Bereich Oldtimer sind die emotionsgeleiteten individuellen Vorstellungen der Fahrzeughalter nicht immer übereinstimmend mit den allgemeinen straßenverkehrsrechtlichen Vorschriften und den besonderen Anforderungen für Oldtimer.

Für den Oldtimerbesitzer oder -interessenten ist ein nützliches Werk entstanden, das nicht nur die rechtlichen und technischen Besonderheiten abbildet, sondern auch mit konkreten Angaben gute und hilfreiche Hinweise für den Erhalt und Betrieb der historischen Fahrzeuge gibt.

Christian Theis

Christian Theis
Referatsleiter im Bundesministerium für Verkehr
und digitale Infrastruktur

Vorwort

Liebe Leserinnen und Leser, liebe Oldtimerfreunde,

beim Anblick klassischer Fahrzeuge werden bei vielen Menschen Kindheitserinnerungen wach, andere fasziniert die simple, archaische Technik. Servounterstützungen und elektronische Helfer – Fehlanzeige. Chromblitzende Heckflossen und Stoßstangen, voluminöse Kühler, sonor blubbernde V8-Maschinen, weit geschwungene Kotflügel und auf Hochglanz polierte Messingelemente der Karossen lassen den Emotionen freien Lauf. Das macht die Begeisterung für Oldtimer als Sympathieträger aus – Individuen auf Rädern, keine im Windkanal glatt gebürsteten Einheitsvehikel, die sich optisch kaum noch voneinander unterscheiden. Automobile Veteranen oder historische Motorräder lassen die Vergangenheit und den Zeitgeist jener Tage wieder aufleben. Zeiten, in denen hinterm Volant oder Lenker noch Pioniere saßen, die schon mal kräftig zupacken mussten. Zeiten, in denen ambitionierte Schrauber bei Defekten auch mal selbst Hand anlegen konnten, denn bei modernen Fahrzeugen geht ohne Spezialwerkzeug und Onboard-Diagnosesysteme in der Regel gar nichts mehr. Oldtimer sind ein Teil unseres Kulturgutes. Man kann an ihnen Technik-Geschichte ablesen. Sie sind Zeitzeugen unserer Mobilitätsentwicklung und spiegeln damit auch Entwicklungen in unserer Gesellschaft wider.

Doch die Leidenschaft zum Oldtimer bringt auch Verpflichtungen mit sich. Sie müssen gepflegt und instand gehalten werden. Wer auf öffentlichen Straßen unterwegs ist, benötigt – wie für jedes Fahrzeug – alle zwei Jahre eine Hauptuntersuchung. Mit der Einführung des H-Kennzeichens 1997 würdigte der Gesetzgeber klassische Fahrzeuge als historische Kulturgüter. Doch diese Einstufung ist an bestimmte Regeln gebunden. Unsere Experten erstellen beispielsweise im Rahmen der Straßenverkehrs-Zulassungs-Ordnung Oldtimergutachten, Voraussetzung für die Vergabe kostengünstiger H- oder roter 07er-Dauerkennzeichen.

In diesem Handbuch für Oldtimerbesitzer und -interessenten haben wir von TÜV Rheinland erstmals alle Facetten zum Thema klassische Fahrzeuge kompakt gebündelt und zusammengestellt. Neben rechtlichen Fragen und technischen Vorschriften beleuchten wir auch den Lebenszyklus, den Fahrzeugstatus sowie Zustands- und Beurteilungskriterien. Rückblicke in die Anfänge der automobilen Mobilität und deren Einflussnahme auf die gesellschaftliche Entwicklung verdeutlichen, warum historische Fahrzeuge als „kraftfahrzeugtechnisches Kulturgut" gelten. Das Thema Fälschung und legitime Nachbauten fehlt ebenso wenig wie Analysen zur Wertentwicklung. Welcher Klassiker taugt etwa als profitables Investment?

Durch die mitunter individuellen Vorstellungen ergeben sich zwangsläufig auch unterschiedliche Sichtweisen auf den Umgang mit den Veteranen und ihren Erhalt. Hier gibt es weder Falsch noch Richtig: Während der eine größten Wert auf Originalität und die entsprechende altersbedingte Patina legt, will der andere ein möglichst „fabrikneues" Sammelobjekt für seinen Showroom. Doch die Märkte sind dynamisch und Perspektiven verändern sich. Die Konsequenz: eine ständige Neubeurteilung und Einschätzung der Lage. Das vorliegende Nachschlagewerk gibt entsprechende Anregungen, lässt aber daneben noch

Spielraum für eigene Vorstellungen. Wir als TÜV Rheinland wollen Diskussionen anregen, zugleich aber auch scheinbar etablierte Meinungen hinterfragen.

Seit Jahren unterstützen wir renommierte Veranstaltungen mit historischen Fahrzeugen wie die Classic Days Schloss Dyck, die AvD-Histo-Tour (früher „Heldentour") sowie den AvD-Oldtimer-Grand-Prix. Traditionell fördern wir den technischen Fortschritt und die Bemühungen um steigende Sicherheit im Rennsport – auch mit historischen Boliden. Wer in den Wettbewerb einsteigen will, ist bei uns ebenfalls an der richtigen Adresse. Unsere Fachleute führen nach den Regeln des Deutschen Motor Sport Bundes (DMSB) und des Oldtimer-Weltverbands FIVA (Fédération Internationale des Véhicules Anciens) die vorgeschriebenen Fahrzeugabnahmen durch.

Bei allen Fragen rund um Klassiker helfen unsere Spezialisten in sämtlichen TÜV Rheinland-Prüfstellen weiter. Unser Competence Center Classic Cars erweitert ständig unsere Datenbank und bereitet das Know-how für unsere Sachverständigen im Außendienst auf. Hier bündeln und entwickeln wir unser Fachwissen weiter, um es für Sie nutzbar zu machen. Für uns ist das nicht nur selbstverständliche Verpflichtung, sondern ebenso Passion.

Ich wünsche allen Oldtimerfans viel Spaß bei der Lektüre, konstruktive Inspirationen, neue Erkenntnisse, eine unfallfreie Fahrt und weiterhin jede Menge Freude mit Ihren historischen Fahrzeugen.

Ihr Prof. Dr.-Ing. Jürgen Brauckmann
TÜV Rheinland Berlin Brandenburg Pfalz e.V.
Mitglied des Vorstands

Inhaltsverzeichnis

Kapitel 2
Rechtliches I – Zulassung und Technische Überwachung

Kapitel 3
Rechtliches II – Kauf und Verkauf

Kapitel 4
Markt I – Auswahl, Beurteilung, Schaden- und Wertgutachten

Kapitel 5
Markt II – Trends in Wertentwicklung und Werterhalt

Kapitel 6
Herausforderung Oldtimerbetrieb

Anhang

Abkürzungsverzeichnis

aaP	amtlich anerkannter Prüfer
aaS	amtlich anerkannter Sachverständiger
aaSoP	amtlich anerkannter Sachverständiger oder Prüfer
ABE	Allgemeine Betriebserlaubnis
ABG	Allgemeine Bauartgenehmigung
AKE	Arbeitskreis Erfahrungsaustausch in der technischen Fahrzeugüberwachung
AusnVO	Ausnahme-Verordnung
BMVI	Bundesministerium für Verkehr und digitale Infrastruktur
DMSB	Deutscher Motor Sport Bund e.V.
DOX	Deutscher Oldtimer Index
ECE	Wirtschaftskommission der UN für Europa
EG	Europäische Gemeinschaft
EM	Erhebliche Mängel
EZ	Erstzulassung
FeV	Fahrerlaubnis-Verordnung
FIA	Fédération Internationale de l'Automobile
FIN	Fahrzeug-Identifizierungsnummer („Fahrgestellnummer")
FIVA	Fédération Internationale des Véhicules Anciens
FSP	Fahrzeug-Sicherheitsprüfung (Partner des TÜV Rheinland)
Fz	Fahrzeug
FzTV	Fahrzeugteileverordnung
FZV	Fahrzeug-Zulassungsverordnung
GM	Geringe Mängel
HAGI	Historic Automobile Group International
HU	Hauptuntersuchung

KBA	Kraftfahrt-Bundesamt
KfSachvG	Kraftfahrsachverständigengesetz
Kfz	Kraftfahrzeug
PI	Prüfingenieur einer anerkannten Überwachungsorganisation
s.d.	siehe dort
SP	Sicherheitsprüfung
StVG	Straßenverkehrsgesetz
StVO	Straßenverkehrs-Ordnung
StVZO	Straßenverkehrs-Zulassungs-Ordnung
TP	Technische Prüfstelle
TÜ	Technische Überwachung
TÜV	Technischer Überwachungsverein
VDA	Verband Deutscher Automobilhersteller
VdTÜV	Verband der Technischen Überwachungsvereine
VkBl.	Verkehrsblatt (Amtsblatt des BMVI)
VO	Verordnung
VU	Verkehrsunsicher
zGG	zulässiges Gesamtgewicht
zGM	zulässige Gesamtmasse
ZB I/II	Zulassungsbescheinigung Teil I/Teil II
ZFER	Zentrales Fahrerlaubnisregister

Einleitung

„D as Auto, des Deutschen liebstes Kind." Ein Spruch, der sich hartnäckig hält. Ein Spruch, der vermuten lässt, dass manche Menschen eine Beziehung zum Auto aufbauen, die man fast schon als Liebe bezeichnen darf. Nicht selten mutieren Fahrzeuge zu Familienmitgliedern, bekommen Namen und man trauert ihnen nach, wenn sie nicht mehr sind. Die Erzählung eines Automobilenthusiasten ist wohl typisch dafür, wie aus Kindheitserfahrungen eine „Autoliebe" wurde:

1 Die Frühzeit des Automobils (Wende vom 19. zum 20. Jahrhundert) symbolisiert Kulturgut und zieht Menschen in den Bann.

„In den 60er-Jahren waren die Spielwiesen meiner Kindheit neben dem Bolzplatz der Speditionshof und die Werkstatt. Ich erkannte in der Frontpartie der Fahrzeuge Gesichter und machte mir einen Spaß daraus, diese zu interpretieren. Schauten die Busse der Firma Setra aus den 50ern und den frühen 60ern in meinen Kinderaugen noch böse und griesgrämig, verkörperten die damaligen Lkw mit ihren langen Schnauzen freundliche Riesen.

In der Werkstatt ergaben sich für mich völlig neue Empfindsamkeiten der Fahrzeuge. Waren sie zwecks Reparaturarbeiten ihrer Front und damit ihrer Gesichter beraubt, oder hinterließen demontierte Heckbleche und herabgelassene Unterflurmotoren ganze Höhlen, erkannte ich die Verletzlichkeit dahinter.

Aber auch Freiheit und Ferne erlebte ich unmittelbar durchs Automobil. Im Mercedes 180 D Ponton ging es in den 60ern nach Österreich. Selbst wenn es vor Ort eher langweilig war, ich genoss die Hin- und Rückreise auf der hinteren Sitzbank. Im 200D/8 durfte ich auf der Fahrt nach Spanien schon vorne sitzen – grenzenlos!

Dann das erste eigene Auto. Im Opel Kadett B zu fünft nach Holland. Im Kadett C Coupé quer durch Frankreich. Auf BMW-Motorrädern der 60er- und 70er-Jahre erlebte ich die Bergwelten der Alpen und der Dolomiten. So fühlt sich Freiheit an ..."

2 Das Interesse an Clubtreffen ist sehr hoch.

3
Wenn automobile Frühzeit auf Moderne trifft, werden technische Entwicklung, Design und somit kollektive Fortschritte besonders deutlich.

Ähnliche Geschichten werden auf der ganzen Welt erzählt. Sie begründen für die einen die Leidenschaft, die Beziehung zwischen Mensch und Maschine und die Identifizierung mit ihrem Kraftfahrzeug[1], selbst wenn dieses für andere lediglich Mittel zum Zweck bleibt.

Laut einer forsa-Studie[2] hat knapp die Hälfte der deutschen Wagenbesitzer noch weitere automobile Träume im Premiumsegment und in der Sportlichkeit. Selbst unter den Jüngeren zwischen 18 und 29 Jahren nimmt das Auto mit 64 % noch Platz eins auf der Liste der persönlichen Statussymbole ein. Mehr als einem Drittel haben es Oldtimer angetan. Unbestätigten Meldungen nach soll das nächste Wort von Kleinkindern nach „Mama" und „Papa" „Auto" sein …[3]

Kraftfahrzeuge als Kulturgut

Neben ihrem individuellen immateriellen Wert für ihre Besitzer können Fahrzeuge auch einen objektiven immateriellen Wert haben und den Rang eines Kulturgutes erreichen.

Burgen, Schlösser, sakrale Bauten, Kunst etc. sind als Kulturgüter schon lange bekannt und akzeptiert. Als neuere Entwicklung werden heutzutage aber auch Industriedenkmäler hinzugezählt wie die Zeche Zollverein in Essen. Die „All-

---

1 Definition laut Fahrzeug-Zulassungsverordnung (FZV): Nicht dauerhaft spurgeführte Landfahrzeuge, die durch Maschinenkraft bewegt werden.
2 forsa-Umfrage im Auftrag von CosmosDirekt „Bedeutung und Nutzung des Autos", Juni 2014. Befragt wurden 2.000 Autobesitzer.
3 „Das Porsche-Gen". Erschienen im Christophorus 318, online über www.porsche.com abrufbar.

4
Design steht für
Zeitgeist, wie hier die
End-60er- und 70er-Jahre.

gemeine Erklärung zur kulturellen Vielfalt" der UNESCO aus dem Jahr 2001 definiert dazu:

„Kultur [sollte] als Gesamtheit der unverwechselbaren geistigen, materiellen, intellektuellen und emotionalen Eigenschaften angesehen werden [...], die eine Gesellschaft oder eine soziale Gruppe kennzeichnen, und [...] sie [umfasst] über Kunst und Literatur hinaus auch Lebensformen, Formen des Zusammenlebens, Wertesysteme, Traditionen und Überzeugungen [...]."

Weiterhin wird dort zwischen materiellen und immateriellen Kulturgütern unterschieden. Erstere sind bewegliche oder unbewegliche Objekte, die in ihrer Gesamtheit das kulturelle Erbe eines Volkes symbolisieren. Letztere umfassen alle Formen traditioneller Kultur, also kollektive Werke, die von einer Gemeinschaft hervorgebracht werden, sowie auch alle Arten von Fertigkeiten, die mit den materiellen Gütern in Verbindung stehen.

Die Industriekultur der Großanlagen hat ganze Regionen über Jahrzehnte arbeitstechnisch, architektonisch und sozial geprägt. Dies hat die Automobilgeschichte nicht weniger. Die Entwicklung und Weiterentwicklung der Serienfertigung hat nicht nur Verfahren, Arbeitsregeln und logistische Anforderungen auch für andere Industriezweige beeinflusst, etwa

- Einführung der Fließbandarbeit,
- Möglichkeiten der Anlieferung, des Abtransportes „just in time",
- Schichtsysteme, Gruppenarbeit, Teambuilding,

- technische Verfahren wie Schweißtechniken bis hin zur Entwicklung von Schweißrobotern, kathodische Tauchlackierung, Klebetechniken, Oberflächenvergütung
- und vieles mehr.

Noch erheblich stärker hat die mit Kraftfahrzeugen verbundene Möglichkeit der individuellen Fortbewegung, des Transportes von Menschen und Gütern zu beliebigem Zeitpunkt und zwischen beliebigen Orten unser Leben in einer Weise verändert (und dies nahezu weltweit), dass der Begriff „revolutionär" angebracht erscheint. Nicht zuletzt

- wurde das Verhältnis Distanz zu Zeit in eine neue Dimension gerückt und die Lage des möglichen Arbeitsplatzes immer weiter vom Wohnort entkoppelt,
- sind Urlaube und Reisen über längere Entfernungen zu einer gewissen Normalität geworden, womit das Fahrzeug Einfluss auf die Völkerverständigung nimmt,
- hat der Güterverkehr nie dagewesene Mengen erreicht,
- wird die Straßen- und Städteplanung auf die Möglichkeit des individuellen Verkehrs abgestimmt; Gewerbeflächen können auch außerhalb von Städten leicht erreicht werden und verändern so das Einkaufsverhalten.

Auch die Designvorstellungen der jeweiligen Epochen wurden von der Fahrzeugentwicklung mit geprägt. Kaum etwas spiegelt den jeweiligen Zeitgeist

---

Eike Klages, 58 – erfahrener Oldtimerbesitzer und Rechtsanwalt

Ein Freund hat kürzlich versucht, mir Funktion und Bedeutung eines namhaften elektrischen Küchengerätes zu erklären: „Das Ding kann dieses, das Ding kann jenes, … es kann alles!" Ich dachte: „Wenn es alles kann und macht, was bleibt dann für mich, wenn ich denn schon mal koche?"

Ähnlich ist das auch mit dem Automobil unserer Zeit. Es kann bald allein fahren und umzingelt uns mit Assistenten, die wir demnächst wie Hampelmänner mit Gesten dirigieren. Aber wo bleiben wir? Mit unserem Spaß an der Technik, der uns immer wieder falsch ausgelegt wird als Suche nach Perfektion, Komfort und absoluter Zuverlässigkeit.

Ich orientiere mich einfach ignorant zurück zum Anachronismus „Oldtimer", zur Rolle des allein verantwortlichen Herrschers über Leistung und Dynamik, Fliehkraft und Massenträgheit, Pedale, Knöpfe und Hebel, Mechanik statt Elektronik. Was für eine Herausforderung und Offenbarung zugleich ist Technik, die sichtbar und anfassbar, aber manchmal auch unpraktisch, laut und unperfekt und manchmal doch so genial ausgedacht ist. Dann noch verpackt in die Ästhetik und Schönheit von Pininfarina, Bertone usw. Eine herrliche Bereicherung unseres durch und durch optimierten Daseins.

Ich könnte mich noch zeilenlang freuen über einen in den 60er-Jahren prominent designten Türöffner, der so fipsig ist wie ein Dosenöffner, aber so schön einfach und schlicht wie der alte Holzlöffel, den man beim Kochen nicht missen möchte.

Was ist dagegen schon ein Innenspiegelabblendassistent?

so deutlich wider wie die Mode und die Formensprache eines Kraftfahrzeugs inklusive seines Interieurs.

Das Automobil hat damit großen Einfluss auf die Kulturgeschichte des industriellen Zeitalters genommen und ist unzweifelhaft Teil unserer gewachsenen Industriekultur. Fahrzeuge, die in Design, Entwicklung o.a. für verschiedene Facetten der bewegten und vielfältigen Automobilgeschichte typisch sind, zählen damit zu Kulturgütern, die es zu pflegen und zu erhalten gilt.

Steigt ein Fahrzeug in den Oldtimerstatus auf, bedeutet dies also auch eine kulturelle Verpflichtung seines Halters. Der ernsthafte Besitzer eines „Fahrzeugjuwels" weiß um die Wichtigkeit, den Wagen möglichst original zu erhalten und diese Anstrengung wird letztlich mit dem H-Kennzeichen, dem Gütesiegel für anerkanntes automobiles Kulturgut, gekrönt.

Dass im speziellen Fall der historischen Kraftfahrzeuge die Zuständigkeit für ein Kulturgut nicht im Kultur-, sondern im Verkehrsressort liegt und von dort auf die Prüforganisationen übertragen wird, ist notwendig, da die vielen Begutachtungen im Einzelfall organisiert und die Einhaltung der für die Teilnahme am öffentlichen Straßenverkehr erforderlichen Sicherheitsstandards gewährleistet sein müssen.

Die Lebensphasen eines Kraftfahrzeugs

Fahrzeuge als Klassiker zu bezeichnen, bedeutet sinngemäß, dass hinter ihnen bereits eine längere Geschichte liegt, ein „Leben", das in unterschiedliche Nutzungsphasen und Gebrauchszyklen zu unterteilen ist.

6/7 Die Auswirkungen der Gebrauchsphase können unterschiedlicher nicht sein.

Das automobile Leben beginnt mit der Entwicklung durch den Hersteller, der ein Fahrzeug zur Serienreife bringt und letztlich produziert – der **Produktionsphase**. Nach der Auslieferung an den Erstbesitzer schließt daran an die **Gebrauchsphase**. Sie dauert als übliche Nutzung im Straßenverkehr und Gebrauch im Alltag im Durchschnitt zehn Jahre. Während die einen ihr Fahrzeug nun vom ersten bis zum letzten Tag hegen und pflegen, verblasst das Neuwagenglück bei anderen nach einer gewissen Zeit und der Gedanke an Wartung und Pflege rückt in den Hintergrund. Dadurch entscheidet sich zumeist schon in der Gebrauchsphase, ob ein Fahrzeug hinterher verbraucht ist und entsorgt werden muss oder ob es für eine weitere gelegentliche Nutzung oder gar für einen längeren Erhalt brauchbar ist.

Allmählich beginnt jetzt die **Phase des Vergessens** und der Vernachlässigung, die wiederum sehr entscheidend für einen möglichen Status im späteren

8/9 In der Phase des Vergessens und durch unsachgemäße Lagerung kann ein Fahrzeug zum ruinösen Teileträger mutieren.

10 Überlebende der Gebrauchsphase und der Phase des Vergessens werden gerne auf Ausstellungen präsentiert.

„Klassikerleben" ist. Dies ist auch der Zeitpunkt, in dem eine Modellgeneration aus dem Straßenbild weitgehend verschwindet. Umso mehr Aufmerksamkeit erregt ein solches Fahrzeug, wenn es denn mal wieder im Straßenverkehr gesehen wird. Es kann sogar eine erneute Begehrlichkeit wachsen.

Damit folgt der bewusste Erhalt – die **Sammlungsphase**. Je nach vorheriger Nutzung, Erhalt und Sensibilität kann sich ein Fahrzeug nun in unterschiedlichen Zuständen befinden. Dies bezieht sich sowohl auf die Originalität (also die Spezifikation wie vom Hersteller vorgesehen einschließlich möglicher

11/12 In den USA findet man immer noch historische Fahrzeuge auf der grünen Wiese zum Verkauf.

13–15 Mit der Sammlungsphase beginnt auch die Zeit der „Jäger und Sammler". Mühsam werden originale Teile gesucht und zusammengetragen.

Veränderungen während der Gebrauchsphase) als auch auf den optischen und technischen Erhaltungszustand. Entsprechend variieren die nun notwendigen Eingriffe hinsichtlich Quantität und Qualität.

Das Erreichen der Sammlungshase ist meist Enthusiasten zu verdanken, die mit persönlicher Hingabe und entsprechendem Einsatz die automobile Vergangenheit erhalten wollten. Damit unterliegt ein Fahrzeug aber immer auch individuellen Vorstellungen und ideellen Sichtweisen, wie das „richtige" Liebhaberstück auszusehen und zu funktionieren hat.

Hieraus ergibt sich die alltägliche Situation, dass Fahrzeuge während ihrer Gebrauchsphase oder im Rahmen der Wiederentdeckung, also der Sammlungs-

Eberhard Hess, 76 – Besitzer einer Fahrzeugsammlung und motorsportbegeistert

In jungen Jahren, als ich noch keinen Führerschein besaß, hat mein Großvater mir erlaubt, seinen Opel Kapitän und seinen Opel Olympia am Wochenende zu putzen. Dabei schnüffelte ich den oft liebenswerten Geruch der Automobile schon ein. Ich fuhr auf dem Werksgelände die Wagen trocken und rangierte sie auch wieder in die Garagen – alles unfallfrei. Mein Großvater zählte in unserer Stadt zu den ersten Besitzern eines Führerscheins so um 1905.

Nach Führerscheinerwerb mit nur zwei Fahrstunden konnte ich mich dann selbst im noch schwachen Straßenverkehr (1957) bewegen. Ich fuhr einen Adler Junior Motorroller, eine Fiat Topolino, dann einen VW Käfer Cabriolet mit Fuchsschwanz an der Radio-Antenne und bald darauf einen MGA 1500 Roadster. Danach stieg ich auf Porsche um, nahm an Slalomwettbewerben und Bergrennen teil und absolvierte mehrere Lehrgänge auf dem Nürburgring, womit ich auch meine Beherrschung des Automobils erlernte.

In Zeiten, als Oldtimer noch preiswert waren, begann ich durch die Anschaffung von Fahrzeugen wie MG TC Kompressor und Austin Healey 3000 MK II, meine Leidenschaft zu verwirklichen. So nahm ich an vielen Oldtimer Rallyes im In- und Ausland teil, lernte viele gleichgesinnte, nette Leute und die abgelegenen Landstriche näher kennen. Die Geselligkeit und die „fahrenden Museen" reizen mich bis heute immer wieder zur Teilnahme an den verschiedensten Rallyes, u. a. der Mille Miglia, die ich zwei Mal mit einem Bugatti, den ich von meinem Schwiegervater erbte, mitgefahren bin.

Es macht erheblich mehr Freude am Fahren, mit einem Oldtimer unterwegs zu sein, in dem man noch die Lenkbewegungen im Fahrzeug spürt, das Bremsverhalten immer im Auge haben muss und auch die Witterung hautnah erlebt, als in jedem modernen, noch so hoch entwickelten Wagen.

16 Das Automobil kann auch Ausdruck einer Bewegung gegen die etablierte
Gesellschaft sein. Flower-Power-Hippiezeit.

phase, nach individuellen Vorstellungen „neu aufgebaut" werden. Das beginnt
mit der Umlackierung oder Bestückung mit anderen Aggregaten bis hin zum
Tuning und kann mit einer völligen Umdeutung des Fahrzeugs enden. Dies ist

17 In Zeiten des Wiederaufbaus und während der Wirtschaftswunderzeit mussten Fahrzeuge praktisch sein. Wie hier ein VW Käfer von der Firma Beutler mit Ladefläche versehen.

18/19 Zeitzeugen aus frühen Tagen des Automobils faszinieren.

zunächst einmal legitim, da das Fahrzeug seinem Eigentümer ja gehört, und sollte daher akzeptiert werden. Zum Erhalt als Kulturgut (Oldtimerstatus) sind Fahrzeuge mit weitgehenden Veränderungen jedoch meist nicht geeignet und ob sie für die Nutzung im öffentlichen Straßenverkehr taugen, muss ggf. eine Abnahme bei einer Technischen Prüfstelle ergeben.

Nur selten haben Fahrzeuge ihre Zeit überdauert, weil sie schlicht vergessen wurden. Meist sind sie dann bei ihrer Wiederentdeckung technisch ruinös, häufig zudem auch in ihrer Grundsubstanz geschädigt. Dafür sind sie unberührt und geben als Zeitzeugen Aufschluss über Ausführung und Fertigungsqualität ihrer Erbauer.

Dirk-Michael Conradt, 64 – Journalist und Kenner der Fahrzeuge

Auf der Rückfahrt vom letzten Urlaub sahen wir am Rande der A 23 einen gestrandeten Alfa Romeo 2000 GTV, rot, auf die Distanz betrachtet in sehr schönem Zustand – mein Traumwagen seit Pennäler-Zeiten. Weiblein mit Hund und Warnweste einsam und verlassen auf dem Grünstreifen, Männlein mit Warnweste hektisch ums Gefährt herumturnend …

Kommentar meiner Frau: „Siehste!!!"

Und dann erinnerte sie mich an den Beinahe-Ausfall mit dem 1970er Käferle vor kurzer Zeit, an die getrübte Urlaubsstimmung wegen des muckenden VW-Porsche 914/6 in der Toskana, an die einst ruinös eskalierenden Kosten bei den Restaurierungen des Porsche 356 und Alfa Giulietta, an die nur mit Glück überlebte abscherende Halbwelle des Alfa Millenove …

Ich ging in mich und kam zu der Überzeugung: Recht hat sie, meine beste aller Ehefrauen! Alte Autos sind auf gut Schwäbisch „enn Glomp"! Oder wie sagte das mein leider verstorbener Kollege Paul Simsa so treffend? „Den wahren Oldtimer-Kenner erkennt man daran, dass er keinen Oldtimer besitzt …!"

Und dennoch: Ich ertappe mich schon wieder beim Durchforsten der mobile.de-Anzeigen. Ein alter Lancia wäre nicht schlecht … oder eine Giulia Super …

Gibt es einen Grund, einen Oldtimer zu fahren …? Gegenfrage: Gibt es einen Grund, sich eine Grippe einzufangen …?

Richtig: Gegen manche Viren ist der Mensch schlicht und ergreifend machtlos!

Aus diesem bunten Mix der „Überlebensmöglichkeiten" von Fahrzeugen resultiert heute die große Facette der unterschiedlichen Erhaltungszustände. Diese wiederum haben Einfluss auf historische (museale) Bedeutsamkeit, Begehrlichkeit sowie die Gebrauchsfähigkeit im Verkehr.

Faszination Oldtimer

Das Interesse an historischen Fahrzeugen ist vor allem geprägt von Mythen und Vorstellungen von vergangenen Zeiten.

Fahrzeuge werden mit nahezu allen Sinnen wahrgenommen. Augen, Ohren und auch der Geruchssinn beeinflussen die Stimmung gegenüber bestimmten Fahrzeugen: Man öffnet die Tür eines klassischen Fahrzeugs und entgegen schlägt einem der Geruch einer vergangenen Zeit, eventuell der Geruch der eigenen Kindheit.

20 Ob original erhalten oder neu aufgebaut, beides hat seine Berechtigung. Hier zu sehen: Zwei Ner-a-Car-Modelle, die zwischen 1921 und 1926 in den USA und England gebaut wurden. Die automobilähnliche Bauart mit seiner Radnabenlenkung ließ das Wortspiel, abgeleitet aus seinem ursprünglichen Namen, „near a car" zu.

Moritz Richter, 21 – Student, der nicht nur klassische Automobile, sondern auch historische Motorräder fährt

Ursprüngliche Fahrgefühle verbinde ich in erster Linie mit Vorkriegsautomobilen, die wie keine anderen Fahrzeuge nach einem perfekten Zusammenspiel zwischen Mensch und Maschine verlangen. Sie sind dem ursprünglichem Autofahren am nächsten und die Besonderheiten in der Fahrweise machen hier den besonderen Reiz aus.

Viele würden zum Beispiel das Doppelkuppeln, das jedes unsynchronisierte Getriebe verlangt, verfluchen bis zu dem Moment, an dem sie es meistern. Die Fahrt in einem Vorkriegsauto ist anfänglich ein Wechselbad der Gefühle. Zuerst ist da die (Vor-)Freude, so ein Fahrzeug bewegen zu dürfen, unmittelbar gefolgt von der ersten Verzweiflung, wenn es beim Schalten anfänglich kracht. Hat man den Bogen jedoch einmal raus, so ist es wie Fahrradfahren: Ab und zu fällt man zwar nochmals hin, das grundlegende Prinzip verlernt man aber nicht mehr.

Im Gegensatz dazu strahlen „modernere" Fahrzeuge der 60er- und 70er-Jahre eine ganz andere Faszination aus. Auch diese sind noch analoge Maschinen ohne elektronische Helferlein, sie besitzen allerdings schon Fahreigenschaften, die dem Wort „Handling" gerecht werden und sind daher auch etwas einfacher zu bewegen. Man mag in einem Oldtimer zwar nicht so sportlich, flott oder bequem unterwegs sein wie in einem modernen Fahrzeug, jedoch hat man das Gefühl, selbst die Kontrolle zu haben, jegliches Feedback ist im Vergleich zu neuen Automobilen stärker, und es ist eine involvierende Art des Fahrens. Immer wieder ist es überraschend, wie relativ „sportlich" und zuverlässig diese Fahrzeuge fahren, trotz ihres Alters.

Einen Oldtimer auf einer Landstraße zu bewegen, ist gleichzeitig auch eine Zeitreise. Nach einiger Zeit am Steuer eines solchen Fahrzeuges kann man es kaum verhindern, sich in diejenigen hineinzuversetzen, die diese Fahrzeuge seinerzeit pilotierten. Der phänomenale Sound, den diese Fahrzeuge von sich geben, tut sein Übriges.

Auch an den Rennstrecken dieser Welt roch es früher anders als heute. Diesen Duft (von Nicht-Automobilisten auch als Gestank interpretiert) finden wir bei Oldtimer-Rennveranstaltungen wieder.

Natürlich ist es auch die Geräuschkulisse, die uns in den Bann zieht. Mit etwas Erfahrung hört man, ob ein Bentley speed six, der Alfa 8C oder der Mercedes SS

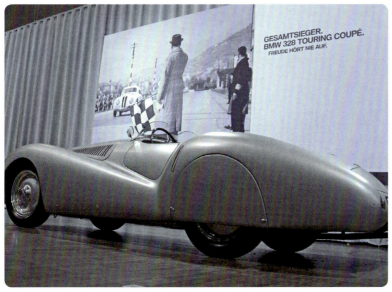

21/22
Legendäre Rennsport-
wagen sind heute nicht nur
begehrte Klassiker, sie sind
auch Imagegeber mancher
Hersteller.

gleich um die Ecke biegt. Von Weitem schon zu erkennen sind der Jaguar D-Type, der Ferrari GTO oder 250 MM, der Porsche 906 oder 917.

Eng verbunden mit ihren Fahrzeugtypen sind außerdem die „Helden der Rennboliden" hinter dem Lenkrad. Manfred von Brauchitsch, Rudolf Caracciola, Luigi Fagioli stehen besonders für die erfolgreichen Rennwagen von Mercedes Benz aus den 20er- und 30er-Jahren. Der Spruch „Der Tod fährt mit" prägte die Rennfahrt des frühen 20. Jahrhunderts und lockte Zuschauer in Scharen auf die Straße/Rennstrecke. Denn um den Sieg für den eigenen Rennstall zu holen, riskierten die Fahrer jedes Mal ihr Leben. Bis heute profitieren dabei auch Alfa Romeo, Bentley, Mercedes Benz, Maserati, Ferrari und andere bekannte Hersteller vom Erfolg ihrer Fahrer. Zu den „Legenden" zählen unter anderen Tazio Nuvolari, Bernd Rosemeyer, Juan Manuel Fangio, Sterling Moss, Wolfgang Graf Berghe von Trips und Hans Stuck.

Aus der Verknüpfung von Rennfahrer und Auto, Risiko, Adrenalin und Leistung ist ein Mythos entsprungen, der bis heute das Automobil begehrenswert macht und auch den Nimbus mancher Hersteller begründet.

Der meist gehegte Wunsch nach dem Kauf eines Oldtimers ist daher, diesen auch zu fahren. Der heutige Automobilbau ermöglicht zwar im Vergleich zu früher geradezu sensationelle Fortschritte in Sachen Sicherheit, Leistungsausbeute und Fahrkomfort, ohne die eine Mobilität im heutigen Ausmaß nicht möglich wäre. Damit einher geht jedoch auch eine Entkoppelung von den elementaren Gegebenheiten wie Fahrdynamik, Krafteinwirkung und Geräuschkulisse. Das Fahren und Beherrschen des Fahrzeugs mit allen Sinnen geht verloren und die für einen sicheren Fahrbetrieb notwendigen instinktiven Reaktionen durch natürliche Wahrnehmung sind kaum noch vorhanden.

Die Frage, warum die Freude am Fahren mit „alten" Fahrzeugen so groß ist, obwohl wir doch heute Fahrzeuge haben, die kaum noch Wünsche offen lassen, ist berechtigt. Wahrscheinlich einfach „eben deshalb …"!

Kapitel 1

Was versteht man eigentlich unter …

Gastbeitrag Dr. Gundula Tutt

Historische Fahrzeuge als bedeutsamen Teil unseres technischen und kulturellen Erbes zu verstehen, bedeutet auch, die damit zusammenhängenden Fachbegriffe „sauber" zu definieren.*

Der Begriff „restauriert" etwa wird im Kfz-Handwerk, an den Stammtischen der Oldtimerszene, aber auch in Gutachten häufig verwendet. Dabei wird er jedoch oft sehr diffus benutzt, letztlich als Synonym für alles, was mit Reparatur und Erneuern an alten Fahrzeugen im Zusammenhang steht. Nur selten wird exakt unterschieden, ob die originale Substanz erhalten blieb und/oder ob die tatsächlich aus der Geschichte des Fahrzeugs stammenden handwerklichen Lösungen noch erkennbar sind. Es geht sogar so weit, dass Fahrzeuge, die unter ausschließlicher Verwendung von Neuteilen aufgebaut wurden, als „top restauriert" bezeichnet werden. Auch der Begriff „Patina" wird nicht selten dafür genutzt, Verschleiß oder selbst Defekte als eine positiv zu empfindende Tatsache darzustellen.

* Im Völkerrecht, den UNESCO Standards, der Charta von Venedig, der Europäischen Norm DIN EN 15898:2011-12 sowie von verschiedenen Gremien aus dem Bereich des Kulturgutschutzes wurden bereits klar umrissene und inzwischen international akzeptierte Definitionen zur Beschreibung und Bearbeitung von Kulturgütern festgelegt.

Eine solchermaßen verfremdende Nutzung von Begriffen gegenüber einem kulturhistorischen und wissenschaftlichen Sprachgebrauch führt letztlich zu einer Art Szenejargon, der einer klaren Verständigung eher im Wege steht als nützt und insbesondere auch missbräuchlicher Anpreisung Vorschub leisten kann.

Und nicht zuletzt treffen bei Oldtimern kulturhistorisches, juristisches und technisches Verständnis aufeinander, sodass auch dadurch (vermeintliche) Mehrdeutigkeiten von Fachbegriffen entstehen können, die es im Folgenden aufzulösen gilt. Das kulturhistorische Verständnis steht hierbei im Vordergrund, da die Eigenschaft als Kulturgut den eigentlichen und öffentlichen Wert eines Oldtimers darstellt und ihn vom einfachen Gebrauchtwagen abgrenzt (siehe Kapitel 2, Abschnitt 2 und VkBl. 2011 S. 257).

1.1 Diese Bilder machen 80 Jahre Motorentwicklung deutlich.

Der Begriff „mobiles technisches Kulturgut" stammt ursprünglich aus der kultur-geschichtlichen Fachsprache und bezieht sich auf jedes Schienen-, Wasser-, Luft- und Kraftfahrzeug, das ein besonderes Zeugnis der menschlichen Kultur- und Technikgeschichte darstellt.

Dazu zählen nicht nur der technische Einfluss, das Design, authentische Mate-rialien und innovative Produktionsprozesse. Auch die Art, wie Fahrzeuge durch ihre Nutzung die Gesellschaft verändert haben, oder historische Besonderheiten, in denen Gebrauchsgeschichten eng mit bestimmten Ereignissen, Personen und Landschaften verbunden sind, etwa:

- Frühe Elektrofahrzeuge wie die Produkte der Detroit Electric Co., die zwischen 1907 und 1939 mit innovativen technischen Konstruktionen wichtige Grundlagen zur Elektromobilität gelegt haben.
- Der Gräf & Stift Doppelphaeton (1910), in dem Erzherzog Franz Ferdinand und seine Frau Sophie in Sarajevo einem Attentat zum Opfer fielen. Dieser Wagen wurde so zum Zeitzeugen eines zentralen historischen Ereignisses des 20. Jahrhunderts.
- Der Ford T (1908–1927) hat mit rund 1,5 Mio. Exemplaren zur Massen-motorisierung und zur Massenproduktion beigetragen.
- „Lokomobile" und „Bulldogs" der Firma Lanz (1859–1956) ermöglichten die nachhaltige Veränderung der Landwirtschaft und der Produktion von Nahrungsmitteln.
- Umrüstung von Mercedes-Benz 170 V und Citroën Traction Avant auf Holz-vergaser in und nach dem 2. Weltkrieg als Beispiele für den Umgang mit Mangelwirtschaft.
- BMW Isetta, Goggomobil und Tempo-Dreirad als typische Vertreter der Wirtschaftswunderzeit (1950–1965), in der Fahrzeuge der Grundstein für ersten bescheidenen Wohlstand waren.
- VW-Bus (Bulli) oder Citroën 2CV mit psychedelischer Bemalung/Beschriftung als Ausdruck des Lebensgefühls einer Generation und der sogenannten Hippie-Bewegung (1965–1971).
- Aston Martin DB5 (1964) als „automobiler Hauptdarsteller" in „James Bond 007 – Goldfinger" (1964).

Diese Gedanken liegen auch der von der *Fédération Internationale des Véhicules Anciens* (FIVA) schon 2012 verabschiedeten *Charta von Turin* zugrunde. Sie ist eine Leitlinie zum verantwortungsvollen Umgang mit einem historischen Fahrzeug. Im Gegensatz zur Richtlinie für die Begutachtung von Oldtimern nach § 23 StVZO ist diese Charta nicht als Vorschrift zu verstehen. Vielmehr wurde sie von der FIVA als Selbstverpflichtung und Anleitung verabschiedet. Sie soll die Sammler bei wichtigen Entscheidungen und Maßnahmen im Zusammenhang mit der verantwortungsvollen Nutzung und Erhaltung ihrer historischen Fahrzeuge unterstützen.

Nun, in diesem Sinne – was versteht man eigentlich unter …

… Oldtimer?

„Oldtimer" ist eine Wortschöpfung des deutschsprachigen Raumes und wird ausschließlich dort verwendet. Im Englischen hingegen steht das Wort für alte Personen (alter Mann) und wird nicht mit historischen Fahrzeugen in Zusammenhang gebracht.

Bei uns hat sich der Begriff jedoch im Hinblick auf Fahrzeuge fest in der Alltagssprache etabliert. Die offizielle Definition im nationalen deutschen Zulassungsrecht gemäß § 2 Nr. 22 Fahrzeug-Zulassungsverordnung (FZV) lautet:

Fahrzeuge, die vor mindestens 30 Jahren erstmals in Verkehr gekommen sind, weitestgehend dem Originalzustand entsprechen, in einem guten Erhaltungszustand sind und zur Pflege des kraftfahrzeugtechnischen Kulturgutes dienen.

Leicht abweichend davon legt die FIVA, als Weltverband der Oldtimerclubs, jedoch ohne rechtliche Verbindlichkeit, fest:

Ein historisches Fahrzeug ist ein mechanisch angetriebenes Fahrzeug, das mindestens 30 Jahre alt ist, das in einem historisch korrekten Zustand erhalten und gewartet wird, dessen Nutzung nicht auf täglichen Transport ausgerichtet ist und das wegen seines technischen und historischen Wertes bewahrt wird.

… Youngtimer?

„Youngtimer" ist ebenfalls eine Wortschöpfung aus dem deutschsprachigen Raum als Ableitung des Begriffs „Oldtimer". Ursprünglich stammt der Begriff aus dem Motorsport, um eine Fahrzeugklasse zu bilden, die zu jung für den historischen Motorsport war, aber zu alt, um in jeweils aktuellen Rennen mitfahren und bestehen zu können.

Ein Status als „Youngtimer" ist (bisher) weder gesetzlich geregelt noch über Verbände verbindlich festgelegt. Es hat sich jedoch eingebürgert, darunter Fahrzeuge zu verstehen, die zwar noch keine 30 Jahre alt, aber bereits aus dem üblichen Straßenbild verschwunden sind (häufig 15 bis 20 Jahre nach der Produktion). Sie haben ihre übliche Gebrauchsphase somit überstanden und die Phase des bewussten Erhalts begonnen. Die Schwelle vom Alltagsauto zum Liebhaberfahrzeug ist bereits überschritten.

… Hersteller eines Fahrzeugs?

„Hersteller" ist diejenige natürliche oder juristische Person, die ein Produkt entwickelt und herstellt oder herstellen lässt und dieses Produkt unter eigenem Namen bzw. eigener Marke vermarktet. Bei Fahrzeugen ist dies das Unternehmen, welches verantwortlich für den Zusammenbau oder auch für das Zusammenführen von Komponenten und Teilen ist. Dabei handelt es sich normalerweise gleichzeitig um diejenige Person/Firma, die die Marken- und Namensrechte an einem Fahrzeugmodell besitzt.

Mit Blick auf Typgenehmigungsverfahren sei darauf hingewiesen, dass der Hersteller nicht zwingend der Produzent des Genehmigungsobjektes sein muss. Gemäß Richtlinie 2007/46/EG ist er vielmehr die Person oder Stelle, die gegenüber der Genehmigungsbehörde für alle Belange des Typgenehmigungs- oder Autorisierungsverfahrens verantwortlich ist (siehe Kapitel 2, Abschnitt 7 „Bestandsschutz und Nach-/Umrüstungspflichten").

… Nachbauer?

„Nachbauer" ist im Gegensatz zum ursprünglichen Hersteller die Person oder das Unternehmen, welche(s) ein Fahrzeug produziert, das die gebaute Kopie eines historischen Fahrzeugs darstellt, ohne über die entsprechenden Markenrechte zu ver-

1.2 Um dem Begriff „restaurieren" gerecht zu werden, bedarf es besonderen Kenntnissen und handwerklichen Fähigkeiten.

fügen. Der Nachbauer wird bezüglich dieses einen Fahrzeugs selbst zum Hersteller und wird (bei positiver Bewertung im Rahmen der Anforderungen des Zulassungsrechts) in den Fahrzeugpapieren entsprechend als Hersteller eingetragen.

… Nachbau und Replika?

„Nachbauten" und „Replikas" sind Kopien von historischen Fahrzeugen, die ohne die identitätsgebenden Hauptbaugruppen angefertigt wurden, d. h. ohne

- originales Chassis/Rahmen, mit entsprechender Fahrgestellnummer, bzw. die entsprechenden identitätsgebenden Bauteile bei Fahrzeugen mit selbsttragender Karosserie,
- ein legal registriertes Ersatzchassis bzw. – bei Fahrzeugen mit selbsttragender Karosserie-Bodengruppe – mit neuer Stirnwand inkl. Karosseriebereich im Umfeld der Fahrgestellnummer.

Entsprechende Duplikate können nicht in die legale Nachfolge des Fahrzeugs eintreten, das als Vorbild für die Kopie gedient hat, weil ihnen eine dokumentierte historische Identität fehlt. Sie sind daher mit ihren historischen Vorbildern nicht gleichzusetzen und nicht von sich aus historische Objekte. Derartige Duplikate sollten deutlich als „Nachbau" oder „Replika" gekennzeichnet werden. Im Moment ihrer Fertigstellung beginnt jedoch eine eigene Identität, die ihrerseits nach entsprechender Zeit ggf. Oldtimer-Status erlangen kann.

Während die „Replika" als Kopie eines historischen Fahrzeugs entweder durch den ursprünglichen Hersteller selbst oder in dessen Lizenz entsteht, erfolgt der „Nachbau" durch einen nicht eigens autorisierten Dritten (siehe „Nachbauer").

… Special?

„Special" ist ein Begriff, den das Zulassungsrecht nicht kennt, der in der Praxis jedoch schon seit der Vorkriegszeit Verwendung findet. Er bezeichnet nach der eigentlichen Herstellung oder Auslieferung durchgeführte

- individuelle Karrosserieumbauten,
- Modifikationen oder komplette Veränderungen an den technischen Hauptkomponenten (Motor, Antriebsstrang, Räder, Fahrwerk, Schaltung, Bremsen, Lenkung), die das einst typische Fahrverhalten eines Fahrzeuges verändern.

Basis eines Special ist immer ein Fahrzeug mit dokumentierter historischer Identität. Der Zeitpunkt der Umbauten sollte nachvollziehbar festgehalten und belegt werden. Bei der Benennung des Fahrzeugtyps sollte dieser Zeitpunkt dem ursprünglichen Baujahr des Wagens nachgestellt werden. Zu unterscheiden ist dabei zwischen einem

1. historischen Special, verändert **innerhalb** der normalen Gebrauchs-phase des zugrunde liegenden Wagens:
   Riley-Cabriolet Special **umgebaut 1936** aus einem geschlossenen Riley Serienmodell Baujahr 1933 – sinnvolle Bezeichnung *Riley Special 1933/1936.*

2. historischen Special, entstanden **außerhalb** der normalen Gebrauchs-phase des zugrunde liegenden Wagens, wenn die Veränderungen selbst **bereits mindestens 30 Jahre alt** sind:
   Riley-Cabriolet Special **umgebaut 1970** und modifiziert nach einem Vorbild von 1936 auf der Basis eines geschlossenen Riley Serienmodell Baujahr 1933 – sinnvolle Bezeichnung *Riley Special 1933/1970.*

Werden solche Modifikationen außerhalb der normalen Gebrauchsphase ausgeführt, entsprechen sie häufig nur sehr oberflächlich historischen Vor-bildern, nicht aber den in der Gebrauchsphase des jeweiligen Fahrzeuges üblichen Parametern. Ein extremes Beispiel dafür sind Kitcar-Umbauten, wie sie etwa von der Firma HAZ in den 1980er-Jahren für VW Käfer angeboten wurden und deren Form sich grob an die Karosserie eines Bugatti Typ 35 anlehnt.

Zulassungsrechtlich ist zu beachten, dass ein solcher „Special"-Umbau im Rahmen der historischen Parameter des zugrunde liegenden Fahrzeugtyps und in jedem Fall nach denjenigen Umbauvorgaben erfolgt sein muss, die zum Zeitpunkt der Maßnahme relevant waren.

3. Tribute Cars
   Dabei handelt es sich um mehr oder weniger genau ausgeführte Umbau-ten eines Standard-Modells mit historischer Identität in eine Kopie eines berühmten oder seltenen Fahrzeuges. Dies erfolgt regelmäßig nach der Gebrauchsphase des Vorbilds, wenn dieses bereits Sammler- oder Kulturstatus erlangt bzw. eine besondere Renngeschichte aufzuweisen hat. Ein so entstehender Special tritt jedoch nicht in die legale Nach-folge des Vorbildes ein, sondern trägt weiterhin seine eigene Identität, die als Basis für den Umbau diente. Die Bezeichnung erfolgt entspre-chend.

Der Umbau einer VW 1200 Limousine Baujahr 1962 zum Erscheinungsbild von „Herbie", ausgeführt von der Firma DLS Mobile im Jahr 2014, würde also bezeichnet als *VW 1200 DLS Special 1962/2014*.

Darum Vorsicht: Moderne Special, die außerhalb der normalen Gebrauchsphase entstanden sind und deutliche Veränderungen beinhalten, die während der Gebrauchsphase unüblich waren, sind zulassungsrechtlich problematisch. Die Erteilung eines H-Kennzeichens ist auch nach 30 Jahren nicht möglich, wenn der Umbau nicht den gesetzlichen Vorgaben entspricht, die zum Zeitpunkt der Veränderung gültig waren.

… ursprünglichem Zustand?

Unter „ursprünglich" versteht man jenen Zustand und diejenigen Komponenten, die bei der Auslieferung/Herstellung des Fahrzeugs vorhanden waren.

… Matching Numbers?

Ein „Matching-Numbers"-Status setzt die numerische oder alphanumerische Übereinstimmung aller in den Produktions- oder Auslieferungspapieren aufge-

1.3
Gelebte Fahrkultur

führten und gekennzeichneten Bauteile mit den aktuell im Fahrzeug vorgefundenen Bauteilen voraus. Umgangssprachlich wird aber häufig bereits die Übereinstimmung bei Fahrgestellnummer und Motornummer als „Matching Number" bezeichnet.

… Bauteilen aus der Herstellungszeit des Fahrzeugs?

Hiermit sind Teile gemeint, die der ursprünglichen Spezifikation des Fahrzeugs entsprechen, jedoch von anderen Fahrzeugen gleichen Typs und aus derselben Zeit stammen können. Dasselbe gilt für aus damaliger Produktion stammende Ersatzteile.

… Bauteilen im herstellungszeitlichen Stil?

Hierbei handelt es sich um mehr oder weniger genaue Kopien von Komponenten der Herstellungszeit, die zu einem späteren Zeitpunkt angefertigt wurden (Nachbauteile).

… original/gebrauchszeitlich/zeitgenössisch?

Kein Begriff wird im „Oldtimerslang" so unterschiedlich und missverständlich-beliebig verwendet wie der des „Originals". Die dabei unterlegten Bedeutungen reichen von „unberührt erhalten" bis zu „jedes Detail wurde bis ins Letzte so überarbeitet, dass das Fahrzeug nun aussieht, als sei es gerade vom Band gerollt".

Zum „Original" gehören nach kulturgeschichtlicher Lesart alle Bauteile, Spuren und Veränderungen, die aus der normalen Gebrauchsphase des jeweiligen Fahrzeuges stammen. Dies umfasst also die bei der Auslieferung vorhandenen Komponenten und Konfigurationen zuzüglich aller Spezifikationen/Modifikationen aus der Gebrauchsphase (siehe dort), sodass ein Fahrzeug durchaus auch im Original unterschiedliche Phasen durchlaufen haben kann.

Nicht als original/gebrauchszeitlich/zeitgenössisch gelten dagegen spätere, nach der Gebrauchsphase erfolgte Veränderungen, auch wenn sie „im zeitgenössischen Stil" oder „in zeitgenössischer Machart" ausgeführt wurden/werden (siehe auch „authentisch" und „Special").

… originalgetreu/authentisch/historisch korrekt?

Immer wieder wird davon gesprochen, bei einer Restaurierung sei „der Originalzustand wiederhergestellt" worden. Dies ist jedoch irreführend: Die tatsächlich aus der Geschichte des Fahrzeugs stammenden Materialien, technischen Bauteile und individuellen Veränderungen können durch Restaurierungsmaßnahmen, Reparaturen oder andere Bearbeitungen lediglich erhalten werden. Sind sie einmal verloren gegangen oder wurden sie überarbeitet bzw. verändert, kann man ihren früheren, tatsächlich historischen Zustand und die dazugehörigen Materialien nur noch nachahmen, nicht aber tatsächlich wiedergewinnen. Es gilt: „Neu gemacht – auch in alter Technik – bleibt trotzdem neu!"

Daher werden alle Veränderungen, Ersatzteile, Reparaturen oder Restaurierungen, die in der Sammlungsphase erfolgt sind und gebrauchszeitlichen Komponenten, Konfigurationen und Gestaltungen dieses Fahrzeugtyps entsprechen oder sie nachbilden, als „originalgetreu" bezeichnet.

Dies umfasst ersetzte Verschleißteile, überarbeitete Oberflächen (bis hin zur Neulackierung), Reparaturen, restaurierte Bereiche usw., soweit sie entsprechend dem historischen Vorbild vorgenommen wurden.

Nicht darunter fallen jedoch Veränderungen der technischen Spezifikationen, des charakteristischen Fahrverhaltens und des Designs gegenüber dem gebrauchszeitlichen Zustand des jeweiligen Fahrzeuges (siehe dazu „Special" und „Modifikationen während der Sammlungsphase").

… herstellungszeitlichen Spezifikationen, herstellungszeitlicher Ausführung?

Hierbei handelt es sich um die serienübliche Ausstattung des entsprechenden Fahrzeugmodells inklusive aller seinerzeit durch den Hersteller für diesen Fahrzeugtyp angebotenen Optionen, selbst wenn sie erst später (nach Herstellervorgaben und mit zulässigen Teilen) ausgeführt wurden (z. B. Umbauten zum Leichenwagen oder Feuerwehraufbauten).

… Spezifikationen der Gebrauchsphase des Fahrzeugs, gebrauchszeitlichen Spezifikationen?

Dies umfasst die bei der Auslieferung vorhandenen Komponenten und Konfigurationen zuzüglich aller Modifikationen aus der Gebrauchsphase. Ein historisches Fahrzeug kann durchaus im Laufe seiner Gebrauchsphase unterschiedliche Konfigurationen und Designs gezeigt haben, die als verschiedene Phasen des historischen Originals gesehen werden müssen.

Entscheidend für diese zeitliche Einordnung ist, dass die entsprechenden Konfigurationen tatsächlich bereits während der Gebrauchsphase des Fahrzeugs vorhanden waren bzw. eingerüstet wurden (vgl. „Modifikationen während der Gebrauchsphase"). Ein entsprechender Nachweis obliegt dem Besitzer.

… Modifikationen während der Gebrauchsphase?

Die zeitliche Einordnung aller technischen und gestalterischen Veränderungen, die an einem Fahrzeug während der Phase seines normalen Gebrauchs vorgenommen wurden. Dies kann auch mehrere unterschiedliche „Phasen" mit unterschiedlichen Parametern beinhalten, wenn das Fahrzeug in dieser Zeit mehrfach modifiziert wurde.

Wichtig ist, dass diese Veränderungen für das individuelle Fahrzeug dokumentiert sind und **in seiner Gebrauchsphase ausgeführt und abgeschlossen** wurden. Ein entsprechender Nachweis obliegt dem Besitzer.

… Modifikationen während der Sammlungsphase?

Hier ist zu unterscheiden in

1. Veränderungen außerhalb der Gebrauchsphase, aber ausgeführt vor mindestens 30 Jahren. Diese haben inzwischen eine eigene historische Grundlage, bezogen auf das Datum ihrer Ausführung. Das Fahrzeug kann ein H-Kennzeichen erlangen, wenn die Änderungen gemäß damaliger Vorschriftenlage durchgeführt und amtlich dokumentiert sind.

2. Moderne Veränderungen außerhalb der Gebrauchsphase, die aber noch keine 30 Jahre alt sind. Diese werden (noch) nicht als „historisch" betrachtet. Sind die Veränderungen substanziell, beginnt die Frist von 30 Jahren ggf. neu zu laufen und das Fahrzeug kann vorher noch kein H-Kennzeichen erlangen.

Vorsicht: Moderne Veränderungen an historischen Fahrzeugen (H-Kennzeichen vorhanden) können unter Umständen sogar zum Verlust des H-Kennzeichens führen, z. B. bei Verwendung von technischen Komponenten, die in der

Gebrauchszeit noch nicht verfügbar waren. Diese durchgeführten Veränderungen bedürfen oft einer technischen Einzelbegutachtung nach dem derzeitigen Rechtsstand. Die Frist zur Erlangung des H-Kennzeichens (30 Jahre) beginnt dann mit dem positiven Abschluss und der Dokumentation der Einzelbegutachtung. Dies gilt insbesondere beim Einsatz modernerer Bremssysteme, Getriebe, Servolenkung etc.

… Erhaltungszuständen und altersbedingten Veränderungen?

Es gilt: Die einzelnen Veränderungen können unter Verwendung nachfolgender Begriffe klar beschrieben werden. Der Übergang von einem Phänomen ins andere kann jedoch fließend sein.

Neuwertig

Als „neuwertig" bezeichnet man Fahrzeuge ohne erkennbare Alterungs- oder Gebrauchsspuren.

1.4 Verkörperung der Gebrauchsphase eines Einsatzfahrzeuges.

Patina

Veränderungen, die sich als Folge des normalen Gebrauchs, der normalen Wartung, entsprechend der normalen Alterung der Materialien und als Spuren von normaler Pflege an und in den zum Fahrzeug gehörenden Materialien bilden, z. B.:

- Lackierungen beginnen matt zu werden,
- Farben werden heller (kreiden aus),
- Polierspuren auf Lacken oder anderen Oberflächen,
- Verspröden und Bildung von Rissen bei Beschichtungen,
- Anlaufen von Metallen,
- Ausbleichen von Textilien, Gilben,
- normale Abnutzungsspuren durch Gebrauch, ohne dass die Verschleißgrenze schon erreicht ist.

1.5
„Unberührte" Fahrzeuge
machen ihre Geschichte
ablesbar.

Schaden

Veränderungen am Fahrzeug, die seine Benutzung deutlich einschränken oder sogar unmöglich machen. Dazu gehören Veränderungen durch anhaltende, starke Vernachlässigung (Standschäden) oder Phänomene, die eine rasch weiter fortschreitende Zerstörung der Substanz verursachen, wie

- deutliche, tiefer gehende Korrosion,
- tiefer gehende Kratzer sowie Beulen und Dellen,
- Veränderung der Lackoberfläche (flächige Haarrissbildung, schuppenartige Ablösung) durch Verwendung von Substanzen (meist im Rahmen von Nachlackierung), die chemisch nicht kompatibel sind, z. B. bei der Verwendung von 2-K-Lack auf Nitrolack,
- Ablösung von Chrombeschichtungen,
- Austrocknung und somit starkes Aushärten von Gummiteilen,
- Risse in Polsterungen, die sich bei Benutzung vergrößern.

Merke: Schadensphänomene gehören nicht zur Patina!

Schmutz

Fremdanhaftung von Materialien, die sich entfernen lassen, ohne die Substanz des Gegenstandes zu beschädigen, wie

- Staub,

- Schlammspritzer (auch jene, die durchgehärtet und verkrustet sind),
- Vogelkot, Blütenstaub (wenn diese rückstandslos zu entfernen sind),
- Nahrungsrückstände auf Polstern.

… den verschiedenen Maßnahmen der Erhaltung und Bearbeitung von historischen Fahrzeugen?

Alle Fahrzeuge unterliegen der Abnutzung und der Alterung und weisen, je nach Nutzung, Wartung, Pflege und Unterbringung, unterschiedliche Erhaltungszustände auf. Dies macht verschiedene Maßnahmen der Bearbeitung notwendig.

Grundsätzlich gilt, dass verloren gegangene Originalsubstanz nicht zurückzuholen ist. Außerdem ist stets die zulassungsrechtliche Relevanz zu beachten, die sich bei allen Maßnahmen durch Ersatz und/oder Erhaltungsmaßnahmen von sicherheitsrelevanten- und/oder genehmigungspflichtigen Bauteilen ergeben kann (siehe Kapitel 2, Abschnitt 6 „Bauartgenehmigungspflicht für Ersatzteile"). Vor jeder Bearbeitung sollte man hier verantwortungsvoll abwägen.

Erhaltung (präventiv)

Erhaltende Maßnahmen dienen dazu, Verlusten und Schäden vorzubeugen oder ihre Entstehung zumindest deutlich hinauszuzögern. Sie verändern aber nicht die vorhandene Substanz. Der Zustand des Fahrzeugs, seine individuelle Qualität und sein spezifischer Erinnerungswert bleiben gewahrt (auch bezeichnet als „präventive Konservierung"). Dazu gehören beispielsweise gute Aufbewahrungsbedingungen, insgesamt gute Wartung und Pflege sowie das Abnehmen aggressiver Schmutzauflagen.

Konservierung (stabilisierend)

Die Konservierung umfasst alle Eingriffe, die das Fahrzeug sichern und seiner Stabilisierung dienen, ohne den Bestand zu verändern und ohne seinen historischen oder materiellen Bestand in irgendeiner Weise zu gefährden. Es wird damit also ausschließlich der weitere Verfall verhindert oder zumindest aufgehalten. Dazu können jedoch Materialien zur Erhaltung der bestehenden Substanz eingebracht werden (auch bezeichnet als „stabilisierende Konservierung").

Es handelt sich also um Eingriffe zur Stabilisierung derjenigen Materialien und Zustände, die am Fahrzeug zu diesem Zeitpunkt vorhanden sind. Alle Spuren der Herstellung, des Gebrauchs und der Alterung, aber auch alle bereits erfolgten Beschädigungen bleiben unangetastet. Es wird lediglich so eingegriffen, dass weitergehende Schäden und Veränderungen verhindert werden. Solche Maßnahmen sind meist äußerlich nicht sichtbar, wie

- zusätzliche Diagonalverstrebungen bei Fahrzeugen mit Holzskelett, um gelockerte Holzrahmen-Konstruktionen zu verstärken,
- Fixieren von Bauteilen,
- Sichern von Risskanten, etwa im Bereich des Interieurs,
- Festigung von Beschichtungen,
- offenliegende Metallbereiche mit Schutzüberzügen gegen Korrosion schützen.

Restaurierung

Verloren gegangene Originalsubstanz lässt sich nur noch mehr oder weniger genau imitieren. Bei einer Restaurierung sollte darum nur so viel wie nötig und so wenig wie möglich eingegriffen werden. Sie darf nicht das originale Design, die originalen technischen Parameter und die charakteristischen Fahreigenschaften eines historischen Fahrzeuges verändern.

Eine Restaurierung umfasst daher auch die Ergänzung von fehlenden Teilen oder Sektionen mit dem Ziel, einen früheren Zustand des Gesamtgegenstandes wieder ablesbar und „verständlich" zu machen oder auch seine ursprüngliche Benutzbarkeit wiederherzustellen. Dabei sollen jedoch spekulative, nicht durch originale Befunde und klare Erkenntnisse abgesicherte Bearbeitungen oder Ergänzungen so weit wie irgend möglich vermieden werden.

1.6
Handwerkliche Fertigkeiten
vergangener Zeiten
sollten erkennbar bleiben.

Die Restaurierung wird insgesamt wesentlich weiter eingreifen als eine Konservierung. Dabei sollten sich restaurierte Bereiche harmonisch in den verbleibenden historischen Bestand einfügen, bei genauerer Untersuchung jedoch sicher von diesem unterscheiden.

Wenn ein Fahrzeug grundlegend restauriert werden muss, müssen in den meisten Fällen auch Reparaturen durchgeführt und neu angefertigte (rekonstruierte) Komponenten verwendet werden. Bereiche und Komponenten, die in dieser Art bearbeitet und ergänzt werden, sollten möglichst originalgetreu ausgeführt, angemessen dokumentiert und markiert werden.

Reparatur

Die Reparatur hat zum Ziel, die volle Funktionsfähigkeit des Fahrzeugs wieder herzustellen, und nimmt unter Umständen keine Rücksicht auf die authentische, zum Fahrzeug gehörende Substanz. Es werden dabei außerdem meist Arbeitstechniken und Materialien eingesetzt, die dem heutigen professionellen Stand der Technik entsprechen und ein langfristig gesichertes Ergebnis garantieren:

- Durchgerostete Stellen in einem größtenteils noch intakten Kotflügel werden nicht instand gesetzt, sondern der gesamte Kotflügel durch ein passendes Nachbauteil ersetzt (häufig beispielsweise bei VW Käfer).
- Ein defekter Vergaser wird nicht instand gesetzt, sondern durch ein technisch passendes, neues Bauteil (möglicherweise auch modernerer Machart) ersetzt.
- Es werden moderne Schrauben und Verbindungssysteme eingesetzt.
- Im Bereich der Elektrik werden moderne Kabel und Verbindungssysteme verwendet.

Renovierung

Renovierungen werden im Fahrzeugbereich umgangssprachlich häufig mit einer „besonders hochwertigen" Restaurierung gleichgesetzt und missverständlich als „Komplett-Restaurierung" oder „Restaurierung zum Concours-Zustand" bezeichnet.

Renovierung meint jedoch die Überarbeitung eines historischen Fahrzeuges, bei der der seinerzeit fabrikneue Zustand übertroffen wird. Hierfür werden in vielen Fällen auch heutige Fertigungstechniken und moderne Materialien eingesetzt. Ziel einer solchen Bearbeitung ist es, alle Alterungs- und Gebrauchsspuren zu beseitigen. Auch Erscheinungen, die für die Herstellungszeit des Fahrzeugs typisch sind, im Vergleich zu heutigen Neuwagen jedoch als Unregelmäßigkeiten empfunden werden (z. B. unregelmäßige Spaltmaße), unterliegen der „Verbesserung".

Wiederaufbau

Auf Basis eines Fahrzeugs mit dokumentierter historischer Identität, dessen Komponenten zu einem großen Teil zerstört oder verloren gegangen sind, wird die Grundsubstanz nach originaler Spezifikation neu aufgebaut (Zerstörung bedeutet dabei nicht unbedingt „marode", es kann auch unfallbedingt zerstört bzw. teilzerstört sein).

Achtung: Im Sinne einiger Versicherer mit spezieller Ausrichtung auf Oldtimer werden als Leistungshöchstgrenzen auch sogenannte „Wiederaufbauwerte" angeboten. Hierbei unterscheidet man jedoch nicht zwischen „Renovierung" und „Wiederaufbau".

… Dokumentation?

Die Zusammenstellung von gesicherten Informationen über ein historisches Fahrzeug hinsichtlich seiner wertrelevanten Komponenten und geschichtlichen Ereignisse (wie Renneinsätze oder Nutzung von Personen des öffentlichen Lebens) hat Einfluss auf die Wertermittlung. Dazu zählen u. a.

- Dokumente, die Informationen über den materiellen Bestand, die individuelle Geschichte oder die Vorbesitzer eines Fahrzeuges enthalten,
- Zeichnungen, Fotografien oder andere bildliche Dokumente,
- Gutachten und Beschreibungen über den Zustand oder die Konfiguration eines Fahrzeuges zu einem bestimmten Zeitpunkt sowie zu konservierende oder restaurierende Maßnahmen,
- Ergebnisse von Untersuchungen.

Für die zulassungsrechtliche Behandlung sind u. a. folgende Dokumente erforderlich:

- amtliche Dokumente mit Aussage zum Tag der Erstzulassung (z. B. nachvollziehbare Zulassungsdokumente des Herkunftslandes),
- belastbare technische Daten (z. B. über nachträglich durchgeführte technische Änderungen),
- Dokumente über Eigentumsrechte und Zollbescheinigungen.

Kapitel 2

Rechtliches I – Zulassung und Technische Überwachung

Auf rechtliche Belange stößt ein Oldtimer-Besitzer nicht nur beim Kauf, sondern vor allem auch bei der Zulassung und der dieser nachfolgenden Technischen Überwachung. Erst das Zulassungsrecht verleiht den offiziellen Oldtimer-Status und nach ihm wird auch darüber entschieden, ob das Fahrzeug überhaupt – bzw. im Falle von Umbauten oder Veränderungen weiterhin – am öffentlichen Straßenverkehr teilnehmen darf. Zulassung und Technische Überwachung bleiben damit Dauerthema im Leben eines Oldtimers.

1 Entstehung des „Oldtimer" im Zulassungsrecht

1.1 Erste Aufnahme des Begriffs „Oldtimer" und rote Kennzeichen

Mit der 49. AusnahmeVO zur StVZO vom 15. September 1994 (VkBl. 1994 S. 672) fanden die Begriffe „Oldtimer-Fahrzeuge" und „Pflege des kraftfahrzeugtechnischen Kulturgutes" erstmalig Eingang in die StVZO. Darin war geregelt, dass für diese Fahrzeuge zur Teilnahme an Veranstaltungen keine Betriebserlaubnis vorliegen müsse und anstelle regulärer amtlicher Kennzeichen rote Kennzeichen verwendet werden könnten. In der Begründung dazu heißt es:

Die Zahl der Personen und Vereinigungen wächst, die sich um die Förderung und Pflege von Oldtimer- und Veteranenfahrzeugen bemühen. Solche Fahrzeuge, die in der Regel mindestens 20 Jahre alt sind, jedoch nicht selten ein Alter von 30 oder mehr Jahren erreichen, sind im allgemeinen nicht mehr zum Verkehr auf öffentlichen Straßen bestimmt, sondern werden nur noch auf Rallyes und ähnlichen Veranstaltungen vorgeführt, ... da es sich bei den Fahrzeugen um keine üblichen Beförderungsmittel, sondern vielmehr um Gegenstände der Pflege von Automobiltradition und technischem Kulturgut handelt.

Ergänzend dazu wurde im VkBl. 1995 S. 248 für das wiederkehrend zu verwendende rote Oldtimerkennzeichen die Fahrzeugerkennungsnummer beginnend mit „07" festgelegt. Seitdem hat sich der Begriff „rotes 07er-Kennzeichen" für dieses Oldtimerkennzeichen eingebürgert.

Damit war eine wesentliche Erleichterung für die Halter von entsprechenden Fahrzeugen geschaffen worden, um an Oldtimertreffen u. Ä. teilnehmen zu können. Die roten Kennzeichen waren jedoch nach der 49. AusnahmeVO zunächst nur mit deutlichen Einschränkungen zulässig. Außerdem oblag ihre Zuteilung dem Ermessen der örtlich zuständigen Zulassungsbehörde.

1.2 Einführung des Oldtimerkennzeichens (H-Kennzeichen)

Bereits 1997 wurde daraufhin das dauerhafte Oldtimerkennzeichen (H-Kennzeichen) in die StVZO eingeführt. Die neuen Paragrafen regelten, dass

- dazu eine eigene Begutachtung als Oldtimer und die Erteilung einer speziellen Betriebserlaubnis erforderlich sei (§ 21c StVZO),
- das Oldtimerkennzeichen nur für Fahrzeuge zugeteilt werden dürfe, die vor 30 Jahren oder eher erstmals in den Verkehr gekommen sind (§ 23 Abs. 1c StVZO),
- sowie das Muster des neuen Oldtimerkennzeichens (Anlage Vc StVZO).

Damit wurde der Begriff „Oldtimer" gesetzlich geregelt. Die Begutachtung nach § 21c StVZO durfte nur von amtlich anerkannten Sachverständigen der Technischen Prüfstellen durchgeführt werden. Parallel wurde eine *Richtlinie für die Begutachtung von Oldtimer-Fahrzeugen* veröffentlicht im VkBl. 15/1997 einschließlich eines *Anforderungskataloges für die Begutachtung von Oldtimern*, dem die obersten Landesbehörden zur einheitlichen Anwendung durch Sachverständige zugestimmt hatten.

Gleichzeitig wurde das Kraftfahrzeugsteuerrecht angepasst. Zur Unterscheidung der Oldtimer von nicht als Oldtimer zugelassenen „normalen alten" Fahrzeugen wurde die *Emissionsbezogene Schlüsselnummer (EMI)* 98 für Oldtimer aller Fahrzeugklassen eingeführt. Die jeweilige EMI ist Grundlage der Besteuerung eines Fahrzeugs gemäß seinem Schadstoffausstoß, sodass eine einheitliche EMI für alle als Oldtimer (H-Kennzeichen) zugelassenen Fahrzeuge einen einheitlichen Jahressteuersatz bedeutete, unterschieden nach Krafträdern und allen übrigen Fahrzeugen. Der einheitliche Steuersatz betrug damals für Krafträder 90,– DM, für übrige Fahrzeuge 375,– DM.

1.3 Verankerung des Oldtimers in FZV und StVZO

Zum 01.03.2007 wurde die Fahrzeug-Zulassungsverordnung (FZV) neu eingeführt, und viele der bisher in der StVZO enthaltenen Regelungen wurden durch die FZV ersetzt. Im Rahmen dieser umfangreichen Änderungen wurde auch die Begutachtung zur Einstufung als Oldtimer grundsätzlich neu geregelt und gilt im Wesentlichen bis heute.

Die Definition eines Oldtimers findet sich nunmehr in § 2 Nr. 22 FZV:

Oldtimer: Fahrzeuge, die vor mindestens 30 Jahren erstmals in den Verkehr gekommen sind, weitestgehend dem Originalzustand entsprechen, in einem guten Erhaltungszustand sind und zur Pflege kraftfahrzeugtechnischen Kulturgutes dienen.

§ 21c StVZO, in dem bis dahin die Betriebserlaubnis für Oldtimer geregelt war, wurde gestrichen und stattdessen § 23 StVZO neu gefasst:

§ 23 Gutachten für die Einstufung eines Fahrzeugs als Oldtimer

Zur Einstufung eines Fahrzeugs als Oldtimer im Sinne des § 2 Nr. 22 der FZV ist ein Gutachten eines amtlich anerkannten Sachverständigen oder Prüfers oder Prüfingenieurs erforderlich. Die Begutachtung ist nach einer im Verkehrsblatt nach Zustimmung der zuständigen obersten Landesbehörden bekannt gemachten Richtlinie durchzuführen und das Gutachten nach einem in der Richtlinie festgelegten Muster auszufertigen. Im Rahmen der Begutachtung ist auch eine Untersuchung im Umfang einer Hauptuntersuchung nach § 29 durchzuführen, es sei denn, dass mit der Begutachtung gleichzeitig ein Gutachten nach § 21 erstellt wird.

Mit dieser Neuregelung wurde auch der Personenkreis zur Erstellung von Oldtimergutachten zusätzlich zu amtlich anerkannten Sachverständigen auf Prüfingenieure erweitert. Zudem entfiel die Erteilung einer gesonderten Betriebserlaubnis als Oldtimer durch die Zulassungsbehörde, um das Verfahren zur Anerkennung eines Oldtimers zu vereinfachen.

Ebenfalls wurden die Anforderungen für die Erteilung von roten 07er-Kennzeichen neu und einheitlich festgelegt (§ 17 FZV). Damit können diese Kennzeichen nur für Oldtimer zugeteilt werden, die nach der Definition ein Alter von mindestens 30 Jahren ab Erstzulassung erreicht haben. Die bis dahin von den Zulassungsbehörden geübte Praxis, 07er-Kennzeichen auch an sogenannte *Youngtimer* (mindestens 20 Jahre alt) auszugeben, ist damit nicht mehr möglich, zumal es dieser Begriff bisher nicht in die straßenverkehrsrechtlichen Vorschriften und auch nicht in die FIVA-Klassifizierungen geschafft hat.

§ 9 FZV „Besondere Kennzeichen" regelt, unter welchen Bedingungen ein Oldtimerkennzeichen zugeteilt werden kann und wie dieses ausgestaltet ist. Die Zulassungsstelle ist insoweit ermächtigt (VkBl. 22/2012), im Einzelfall vor der Zulassung liegende Zeiten des Betriebs außerhalb des öffentlichen Straßenverkehrs anzurechnen.

Die große Beliebtheit des Oldtimerkennzeichens zeigt sich an der stetig steigenden Entwicklung der Zulassungszahlen. Mitte 2000, also drei Jahre nach der Einführung, waren bereits 57.960 Fahrzeuge als Oldtimer zugelassen. Zum 01.01.2015 weist die Jahresbilanz des Kraftfahrt-Bundesamtes zum Fahrzeugbestand mittlerweile 493.659 Fahrzeuge mit H-Kennzeichen aus.

2 Richtlinie für die Begutachtung zur Einstufung als Oldtimer mit Kommentierung und Arbeitsanweisung

Die gesetzliche Grundlage zur Erstellung eines Gutachtens und damit der Entscheidung über die Einstufung eines Fahrzeugs als Oldtimer bildet § 23 StVZO. Danach ist ein solches Gutachten gemäß der Oldtimer-Richtlinie vom 6. April 2011 (veröffentlicht im Verkehrsblatt 7/2011) zu erstellen.

Als zentrale Vorschrift zur Anerkennung eines Oldtimers wird diese Richtlinie nachfolgend vorgestellt und, wo es hilfreich erscheint, erstmalig durch Kommentierungen erläutert.

Die Richtlinie ist als Anforderungskatalog zu verstehen und stellt den allgemeinen Rahmen dar. Zu Details soll der „Arbeitskreis Erfahrungsaustausch in der technischen Fahrzeugüberwachung (AKE)" beraten, dessen Vorsitz und Federführung beim Kraftfahrt-Bundesamt (KBA) liegen. Träger des AKE sind alle Überwachungsinstitutionen, weitere Mitglieder sind das Bundesministerium für Verkehr und die zuständigen obersten Landesbehörden. Dessen Ergebnisse können jedoch nur den Charakter einer Empfehlung erfüllen, da von diesem Arbeitskreis keine verbindlichen Vorgaben erstellt werden können.

Die Richtlinie umfasst Einführungserlass, Richtlinientext, den Anforderungskatalog für die Begutachtung eines Fahrzeugs zur Einstufung als Oldtimer gemäß § 23 StVZO sowie ein entsprechendes Muster für *Gutachten für die Einstufung eines Fahrzeugs als Oldtimer nach § 23 StVZO.*

Richtlinie für die Begutachtung von Oldtimern nach § 23 StVZO   Rili nach § 23 StVZO

BMVBS/LA 20/7342.12/00 vom 06.04.2011, VkBl. S. 257

Einführungserlass

Mit der Verordnung zur Neuordnung des Rechts der Zulassung von Fahrzeugen zum Straßenverkehr und zur Änderung straßenverkehrsrechtlicher Vorschriften vom 25. April 2006 (BGBl. Teil I S. 988), ist die Verordnung über die Zulassung von Fahrzeugen zum Straßenverkehr (Fahrzeug-Zulassungsverordnung – FZV) verkündet worden. Mit der Verordnung wurde auch die Straßenverkehrs-Zulassungs-Ordnung (StVZO) geändert. Die FZV wurde aus normativen Gründen am 10. Februar 2011 (BGBl. Teil I S. 139) nochmals erlassen.

Mit der FZV und der Änderung der StVZO sind unter anderem Änderungen für die Zuteilung von Oldtimerkennzeichen (H-Kennzeichen) eingetreten. War es vorher notwendig, für Oldtimer eine besondere Betriebserlaubnis zu beantragen, ist neben dem

Rili nach § 23 StVZO   Nachweis der Vorschriftsmäßigkeit ab dem 01.03.2007 nur noch ein Gutachten eines amtlich anerkannten Sachverständigen oder Prüfers für den Kraftfahrzeugverkehr einer Technischen Prüfstelle oder Prüfingenieurs einer amtlich anerkannten Überwachungsorganisation (aaSoP oder PI) für die Zuteilung eines Oldtimerkennzeichens erforderlich (§§ 9 Abs. 1 und 17 FZV). Damit ist die Möglichkeit geschaffen worden, die Begutachtung ebenfalls von Prüfingenieuren amtlich anerkannter Überwachungsorganisationen durchführen zu lassen.

Die Änderung der straßenverkehrsrechtlichen Vorschriften erfordert auch die Anpassung der Richtlinie. Die Anpassung hat zum Ziel, neben der mit der neuen Verordnung bereits erreichten Deregulierung, auch mit der neuen Gestaltung der Richtlinie eine Verwaltungsvereinfachung herbeizuführen. Die Struktur des Gutachtens ist übersichtlicher und einfacher gestaltet worden.

Im Rahmen der Anpassung der Richtlinie soll der bisherige Bewertungsmaßstab (VkBl. 1997 S. 538) nicht verändert werden. Weiterhin gilt: Neben der Originalität sind ein guter Pflege- und Erhaltungszustand in Abgrenzung von „normalen alten" Fahrzeugen einzuhalten.

Neu ist, dass auf eine Bewertungsskala aus Gründen der Vereinfachung zukünftig verzichtet wird. Eine Werteskala ist für die Zuteilung eines Oldtimerkennzeichen unerheblich. Das positiv abgeschlossene Gutachten ist für die Zulassungsbehörde ausreichend. Die Tätigkeit des Sachverständigen wird damit auf das Notwendige reduziert.

Die nachstehend bekannt gemachte Richtlinie ist ab dem ersten Tag des siebten auf die Bekanntmachung folgenden Monats anzuwenden. Die Richtlinie für die Begutachtung von „Oldtimer"-Fahrzeugen, VkBl. S. 515 vom 21.07.1997 und der im Zusammenhang mit der Richtlinie bekannt gemachte Anforderungskatalog wird mit der Inkraftsetzung der neuen Richtlinie aufgehoben.

Nach Zustimmung der zuständigen obersten Landesbehörden wird hiermit die Richtlinie für die Begutachtung von Fahrzeugen als Oldtimer und das Muster für das Gutachten nach § 23 StVZO bekannt gegeben.

Kommentar   Als besonders wichtig für die Einstufung als Oldtimer im Gegensatz zu „normalen alten" Fahrzeugen werden Pflege- und Erhaltungszustand bereits im Vorwort besonders herausgestellt.

In der bis dahin geltenden Fassung der Oldtimer-Richtlinie waren entsprechend der einschlägigen Oldtimerliteratur noch fünf Erhaltungsstufen definiert. Neben einer bestandenen Hauptuntersuchung (HU) musste sich das Fahrzeug als weitere Voraussetzung für die Zuteilung eines Oldtimerkennzeichens mindestens im Zustand 3 befinden, definiert als gebrauchter Zustand mit normalen Spuren der Jahre. Kleinere Mängel dürfen bestehen, das Fahrzeug muss aber voll fahrbereit sein, ohne Durchrostungen oder sofort notwendige Arbeiten. Nicht verbraucht, sondern gebrauchsfertig.

Auf diese Bewertungsstufen wurde in der Neufassung bewusst verzichtet. Zur Wertermittlung eines Oldtimers, insbesondere für Versicherungen, sind diese Bewertungsstufen jedoch nach wie vor gängige Praxis.

Kommentar

Wortlaut der Richtlinie

Rili nach § 23 StVZO

Der aaSoP oder PI hat zu Beginn seiner Begutachtung zu prüfen, welche nachstehend näher erläuterte Eingangsbedingung vorliegt und in welchem Umfang entsprechend seiner Zuständigkeit die Begutachtung abgeschlossen werden kann.

1. Folgende Randbedingungen können bei der Begutachtung für die Einstufung als Oldtimer vorliegen:

a) Das Fahrzeug ist zugelassen:

Es ist eine Begutachtung nach dieser Richtlinie und eine Untersuchung im Umfang einer HU nach § 29 StVZO durchzuführen.

Im einfachen Fall erreicht ein noch in Gebrauch befindliches Fahrzeug das Alter von 30 Jahren und soll weiterhin genutzt werden. Der Halter möchte jedoch einige Vorteile in Anspruch nehmen, z. B. die pauschale, in der Regel günstigere Kfz-Steuer für Oldtimer.

Kommentar

b) Ein außer Betrieb gesetztes Fahrzeug soll wieder zum Verkehr zugelassen werden:

Rili nach § 23 StVZO

Es ist eine Begutachtung nach dieser Richtlinie und eine Untersuchung im Umfang einer HU nach § 29 StVZO unter Beachtung der Anforderungen nach § 14 Abs. 2 FZV durchzuführen.

§ 14 Abs. 2 FZV legt fest, dass zur Wiederzulassung eines vorher abgemeldeten Fahrzeugs eine HU durchgeführt werden muss, wenn diese in der Zwischenzeit nach den vorgeschriebenen Fristen fällig gewesen wäre.

Kommentar

Ist die Zulassungsbescheinigung ("Fahrzeugbrief") des Fahrzeugs mit dem Aufdruck "Verwertungsnachweis lag vor" versehen und die Zulassungsbescheinigung Teil II durch Abschneiden der unteren linken Ecke bereits entwertet, kann die Wiederzulassung abgelehnt werden. Daher sollte in einem solchen Fall schon vor der Vorstellung zur HU Rücksprache mit der zuständigen Zulassungsbehörde genommen werden.

Sind auch die Fahrzeug- und Halterdaten im Zentralen Fahrzeugregister bereits gelöscht, was im Regelfall sieben Jahre nach der Abmeldung erfolgt, wird eine Untersuchung des Fahrzeugs nach § 21 StVZO, die sogenannte Vollabnahme, erforderlich.

Zu einer solchen umfassenden Begutachtung sind die technischen Daten des Fahrzeugs, einschließlich des Datums der Erstzulassung, vom Vorführenden in

Kommentar   nachvollziehbarer Form vorzulegen. Dies geschieht am einfachsten durch die Vorlage der (auch ggf. abgelaufenen oder ungültig gemachten) Zulassungs- bescheinigung Teil I und Teil II. Hieraus sind alle relevanten Daten ersichtlich bzw. können hieraus ermittelt werden. Liegen diese Zulassungsbescheinigungen nicht vor, müssen die erforderlichen Daten im Rahmen der Begutachtung durch den aaS ermittelt werden.

Rili nach § 23 StVZO   c) Das Fahrzeug soll nach vorheriger Zulassung in einem anderen Staat nun in Deutsch- land zugelassen werden:

Es ist eine Begutachtung nach dieser Richtlinie und eine Untersuchung nach § 29 StVZO unter Beachtungen der Anforderungen nach § 7 FZV durchzuführen.

Kommentar   Eine Untersuchung nach § 29 StVZO (HU) gilt gemäß § 7 FZV in diesem Fall nur für Fahrzeuge mit einer EG-Typgenehmigung, die für Pkw frühestens ab 01.01.1993 möglich war. Liegt eine solche EG-Typgenehmigung nicht vor, ist in jedem Fall vor einer Begutachtung nach der Oldtimer-Richtlinie eine Begut- achtung nach § 21 StVZO (Vollabnahme) erforderlich.

Rili nach § 23 StVZO   d) Die Bedingungen a) bis c) liegen nicht vor:

Es ist eine Begutachtung nach dieser Richtlinie und nach § 21 StVZO durchzuführen.

e) Das Fahrzeug ist nicht zugelassen und soll ein rotes Oldtimerkennzeichen führen (§ 17 FZV):

Es ist eine Begutachtung nach dieser Richtlinie und eine Untersuchung im Umfang einer HU nach § 29 StVZO durchzuführen.

Kommentar   Gemäß § 17 FZV benötigen Oldtimerfahrzeuge, die ein rotes Oldtimerkenn- zeichen führen sollen, keine Betriebserlaubnis. Für die Begutachtung nach der Oldtimer-Richtlinie und für die Durchführung der erforderlichen Untersuchung im Umfang einer HU müssen die technischen Daten vorgelegt werden.

Rili nach § 23 StVZO   Hinweis: Bei Kraftfahrzeugen, die mit Fremdzündungs- oder Selbstzündungsmotor angetrieben werden, umfasst eine Untersuchung im Umfang einer HU grundsätzlich auch den Untersuchungspunkt Motormanagement-/Abgasreinigungssystem; aus- genommen sind die in der Nummer 1.2.1.2 der Anlage VIII zur StVZO aufgeführten Kraftfahrzeuge sowie Krafträder, die bis zum 31. Dezember 1988 erstmals in Verkehr gekommen sind.

Kommentar   Dieser Hinweis innerhalb der Richtlinie stellt eindeutig klar, dass auch für Oldtimer eine sogenannte Abgasuntersuchung im Umfang der HU zwingend erforderlich ist, sofern die Fahrzeuge nach dem im Folgenden genannten Datum erstmals zugelassen wurden (Anlage VIII Nummer 1.2.1.2 StVZO):

Fahrzeuge mit Antrieb durch Fremdzündungsmotor
(Ottomotor)   EZ ab 01.07.1969

Fahrzeuge mit Antrieb durch Selbstzündungsmotor
(Dieselmotor)   EZ ab 01.01.1977

Krafträder   EZ ab 01.01.1989

Kommentar

2. Das Gutachten hat mindestens die im nachstehenden Muster enthaltenen Angaben aufzuweisen.

Rili nach § 23 StVZO

Das Muster legt die Mindestangaben, die das Oldtimergutachten enthalten muss, fest. Die äußere Form und Gestaltung des Gutachtens kann bei den einzelnen Überwachungsinstitutionen jedoch unterschiedlich sein. Als Beispiel ist ein Gutachten des TÜV Rheinland auf S. 73 ff. aufgeführt.

Kommentar

3. Die vom aaSoP oder PI unter Ziffer 4 und 5 des Musters zum Ausdruck gebrachte Würdigung hinsichtlich Zustand, Ausrüstung und Veränderungen des Fahrzeugs muss eine Antwort auf die entscheidende Frage geben: Kann das begutachtete Fahrzeug im Sinne dieser Richtlinie als ein kraftfahrzeugtechnisches Kulturgut betrachtet werden? Voraussetzung dafür ist, dass das Erscheinungsbild des Fahrzeugs dem bei der Auslieferung ab Werk oder der dokumentierten Modifikation in der anfänglichen Betriebszeit entspricht.

Rili nach § 23 StVZO

4. Kriterien für die Einstufung als Oldtimer gemäß § 2 Nr. 22 FZV sind:

– Guter Pflege- und Erhaltungszustand (Abgrenzung zu „normalen alten" Fahrzeugen).
– Die Hauptbaugruppen müssen angelehnt an den damaligen Originalzustand oder zeitgenössisch ersetzt sein.
– Durch eine zusätzliche Ausrüstung und Ausstattung darf der Originaleindruck des Fahrzeugs nicht beeinträchtigt werden.

Unter Beachtung der vorstehenden Kriterien kann unter Umständen auch bei in Ziffer 3 des Musters angegebenen nicht originalen Hauptbaugruppen oder Teilen in Abschnitt 5 bestätigt werden, dass das Ergebnis der Begutachtung positiv ist. In diesem Fall hat sich der aaSoP oder PI mit dem Leiter der Technischen Prüfstelle bzw. dem Technischen Leiter der Überwachungsorganisation oder den von ihnen benannten Experten abzustimmen (nachfolgend „Technische Leitung" genannt).

5. Beurteilungsmaßstab für den aaSoP oder PI im Sinne dieser Richtlinie sind der zugehörige Anforderungskatalog für Oldtimer, unter Berücksichtigung der jeweils gültigen Vorschriften.

Entscheidend für die Einstufung eines Fahrzeugs als Oldtimer ist seine Eigenschaft als kraftfahrzeugtechnisches Kulturgut gemäß § 2 Nummer 22 FZV, die im Oldtimergutachten zum Ausdruck kommen muss. Klar abgegrenzt werden Oldtimer nach § 23 StVZO mit H- oder rotem 07er-Kennzeichen von über 30 Jahre alten „normalen, alten Fahrzeuge", die regulär zugelassen werden.

Kommentar

Kommentar   Verbindlicher Maßstab der Beurteilung ist für den zuständigen aaSoP oder PI dabei der der Richtlinie beigefügte Anforderungskatalog. Die jeweils gültigen Vorschriften können durch diesen Katalog jedoch nicht ausgehebelt werden und müssen bei seiner Anwendung ebenfalls zwingend beachtet werden. Werden durch die StVZO Nachrüstungen vorgeschrieben, wie z. B. eine Warnblinkanlage, so müssen diese natürlich durchgeführt werden, auch wenn dadurch das Erscheinungsbild verändert wird (siehe auch Abschnitt 7).

Rili nach § 23 StVZO   **Anforderungskatalog für die Begutachtung eines Fahrzeugs zur Einstufung als Oldtimer gemäß § 23 StVZO**

Vorwort

Im Rahmen von Begutachtungen gemäß § 23 StVZO können Unterschiede bei der Beurteilung der Fahrzeuge auftreten. Gerade der Begriff „kraftfahrzeugtechnisches Kulturgut", der in der Richtlinie für die Begutachtung von Oldtimern genannt ist und als Grundvoraussetzung für die Zuteilung eines Oldtimerkennzeichens gilt, ermöglicht unterschiedliche Interpretationen bei der Begutachtung von Fahrzeugen gemäß § 23 StVZO.

Deshalb wurde ein Anforderungskatalog erstellt, der einer Begutachtung zugrunde gelegt werden muss.

Der Anforderungskatalog dient der Entscheidungsfindung im Rahmen einer Begutachtung von Fahrzeugen aller Klassen gemäß § 23 StVZO. Er hat das Ziel, einheitliche Anforderungen und Beurteilungskriterien zu definieren, damit es zu vergleichbaren Beurteilungsergebnissen kommt.

Der Anforderungskatalog stellt selbst nur einen allgemeinen Rahmen dar. Über Detailabstimmungen verständigen sich die zuständigen Stellen mit einer Arbeitsanweisung für Oldtimer im Arbeitskreises Erfahrungsaustausch in der technischen Fahrzeugüberwachung (AKE).

Kommentar   Das Vorwort betont die einheitlichen, vergleichbaren Beurteilungskriterien, über die sich alle zuständigen Stellen, die Oldtimergutachten erstellen, im Detail abzustimmen haben. Dies erfolgt regelmäßig im „Arbeitskreis Erfahrungsaustausch in der technischen Fahrzeugüberwachung (AKE)".

Während die Richtlinie mit dem Anforderungskatalog den allgemeinen Rahmen darstellt, soll der AKE also Detailfragen klären, um deren unterschiedliche Auslegung durch die beurteilenden Organisationen zu vermeiden. Die Ergebnisse sind in einer „Arbeitsanweisung des AKE" zusammengefasst. Sie haben jedoch nur den Charakter einer Empfehlung, da von diesem Arbeitskreis keine rechtlich bindenden Vorgaben erstellt werden können. Ergänzend ist innerhalb der folgenden Kommentierungen daher diese Arbeitsanweisung des AKE zum Thema Oldtimer vom 09.09.2014 (modifizierte Fassung) aufgenommen. In deren Vorbemerkung heißt es:

Die Arbeitsanweisung soll eine Hilfestellung zur Abstimmung der verschiedenen Überwachungsinstitutionen untereinander zu Detailfragen darstellen. Sie wird von den Überwachungsinstitutionen in **Eigenverantwortung** erstellt. Durch den ständigen Austausch von Erfahrungen und den stetigen altersbedingten Zuwachs von Oldtimern wird die Arbeitsanweisung kein abschließendes Werk darstellen und deshalb ständige Anpassungen erfahren.

Arbeitsanweisung

Die Arbeitsanweisung stellt keine zusätzlich notwendige Ausführungsvorschrift dar, die für die Anwendung der „Richtlichtlinie zur Begutachtung von Oldtimern" erforderlich ist. Sie soll lediglich helfen, die Erfahrungen und Ermessensspielräume abzugleichen, damit bei den Begutachtungen möglichst geringe Unterschiede auftreten.

Für den Oldtimerliebhaber empfiehlt es sich, bei Fragen vor und auch während einer Restaurierung mit dem später begutachtenden Sachverständigen Kontakt aufzunehmen.

Kommentar

Inhalt

Rili nach § 23 StVZO

1. Voraussetzungen für eine positive Begutachtung gemäß § 23 StVZO

2. Mindestzustand des Fahrzeugs

3. Durchführung der Begutachtung

– Fahrzeugidentität

– Aufbau/Karosserie

– Rahmen und Fahrwerk

– Motor und Antrieb

– Bremsanlage

– Lenkung

– Reifen/Räder

– Elektrische Anlage

– Innenraum

– Spezifische Besonderheiten bei Krafträdern

– Spezifische Besonderheiten bei Nutzfahrzeugen

1. Allgemeine Voraussetzungen für eine positive Begutachtung gemäß § 23 StVZO

– Nur Fahrzeuge, die vor mindestens 30 Jahren erstmals in Verkehr gekommen sind, weitestgehend dem Originalzustand entsprechen, in einem guten Erhaltungszustand sind und zur Pflege des kraftfahrzeugtechnischen Kulturgutes dienen, können als Oldtimer eingestuft werden und die Schlüsselnummer „0098" erhalten (§ 2 Nr. 22 FZV). Fahrzeuge, die vor mindestens 30 Jahren erstmals in Verkehr gekommen sind, aber die bezüglich der Erstzulassung diese Bedingung nicht erfüllen, unterliegen der Nachweispflicht des Verfügungsberechtigten. Gegebenenfalls ist eine Ausnahmegenehmigung erforderlich.

Kommentar   Die im letzten Satz genannte mögliche Ausnahmegenehmigung für Fahrzeuge, die zwar vor 30 und mehr Jahren in den Verkehr gekommen sind, aber nicht offiziell zugelassen waren, ist in § 9 Abs. 1 FZV festgelegt:

§ 9 FZV   (1) … Die nach Landesrecht zuständige Behörde (Zulassungsbehörde) kann im Einzelfall bei der Berechnung des in § 2 Nummer 22 geforderten Mindestzeitraums bestimmte vor dem Zeitpunkt des erstmaligen Inverkehrbringens liegende Zeiten, in denen das Fahrzeug außerhalb des öffentlichen Straßenverkehrs in Betrieb genommen wurde, anrechnen.

Kommentar   Die Begründung zu dieser Änderung lautet (s. VkBl. 22/2012 S. 851):

Arbeitsanweisung   Nach der Definition des Oldtimers in § 2 Nummer 22 muss ein solcher vor mindestens 30 Jahren erstmals in Verkehr gekommen (erstmalig zugelassen worden) sein. Die Änderung ermächtigt die Zulassungsbehörde, im Einzelfall vor der Zulassung liegende Zeiten des Betriebs außerhalb des öffentlichen Straßenverkehrs anzurechnen.

Kommentar   Damit erhält die Möglichkeit einer solchen Ausnahmegenehmigung Verordnungscharakter. Hierbei muss die zuständige Straßenverkehrsbehörde jedoch im Einzelfall entscheiden, ob eine solche Ausnahmegenehmigung überhaupt erforderlich ist. Diese Entscheidung hat sie dem begutachtenden aaSoP/PI vor der Begutachtung als Oldtimer bekannt zu geben, der sie dann im Oldtimergutachten vermerkt. Die AKE-Arbeitsanweisung ergänzt dazu:

Arbeitsanweisung   Eine Hauptvoraussetzung für die positive Begutachtung ist das Datum des Inverkehrbringens. Hierfür ist insbesondere dann das Herstellungsdatum des Einzelfahrzeuges ausschlaggebend, wenn die Voraussetzungen der Erstzulassung nicht erfüllt sind. Ist das Datum nicht konkret feststellbar, ist der 01.07. des Herstellungsjahres zu Grunde zu legen. Dies ist in Feld 22 der ZB I zu dokumentieren.

Zweifelhafte Erstzulassungs- bzw. Baujahrangaben aus den Fahrzeugpapieren sind für die Begutachtung nicht bindend und dürfen nicht übernommen werden. Dies gilt insbesondere bei Importfahrzeugen.

Kommentar   Der begutachtende aaSoP/PI muss also dokumentieren, was er als Grundlage für die Ermittlung des Datums der Erstzulassung zugrunde gelegt hat, falls keine eindeutigen Fahrzeugpapiere vorlagen.

Der Verweis auf Importfahrzeuge hängt insbesondere zusammen mit Dokumenten von Replikas aus den USA (z. B. Nachbauten von Porsche 356 auf VW-Basis oder Nachbauten von Cobras). In diesen Fällen wird oftmals ein „Certificate of title" (kurz: „Title") vorgelegt, dessen „issue date" dann als Grundlage für das Datum der Erstzulassung angeführt wird.

Zu beachten ist jedoch, dass ein solches „Certificate of title" lediglich einen Eigentumsnachweis für das Kraftfahrzeug darstellt, dessen „issue date" also zunächst nur eine Aussage über die Erstellung dieses Nachweises, keineswegs aber über das tatsächliche Erstzulassungsdatum des Fahrzeugs trifft. Bei jedem Halterwechsel wird ein neuer Title erstellt, somit ist mindestens nach dem zweiten Halterwechsel das Datum der Erstzulassung nicht mehr nachvollziehbar, lediglich das Modelljahr wird noch angegeben.

Kommentar

Eine etwas genauere Auskunft kann hingegen das vom Hersteller des Fahrzeugs ausgestellte Ursprungszeugnis „Certificate of origin" geben, in dem das Einkaufsdatum „date of purchase" angegeben ist. Bei der Zulassung wird dann ein neues Dokument, das „Certificate of title", ausgestellt, welches folglich das Erstzulassungsdatum enthält, aber wie oben erwähnt, bei einem neuen Besitzerwechsel und damit einem neuen Title nicht mit übernommen wird. Liegt bei dem Kauf eines gebrauchten Fahrzeugs der „Originaltitle" nicht mehr vor, muss aus den vorhandenen Angaben im Title der Tag der Erstzulassung recherchiert werden.

Zum Sonderfall des Zusammenbaus von Fahrzeugen aus neuen und gebrauchten Teilen und den Konsequenzen für das Erstzulassungsdatum siehe Abschnitt 7.

– Die Originalität muss in allen Hauptbaugruppen gegeben sein. Im Zweifelsfall sind erforderliche Nachweise vom Verfügungsberechtigten beizubringen. Die sachverständige Beurteilung einer Abweichung im Einzelfall ist vom aaSoP oder PI jeweils mit der „Technischen Leitung" der Überwachungsinstitution abzustimmen.
– Änderungen, die nachweislich innerhalb der ersten 10 Jahre nach Erstzulassung oder gegebenenfalls Herstellungsdatum erfolgt sind oder hätten erfolgen können, sowie Änderungen innerhalb der Fahrzeugbaureihe, sind zulässig. Nicht zeitgenössische Änderungen, die nachweislich vor mindestens 30 Jahren durchgeführt wurden, sind auch zulässig.

Rili nach § 23 StVZO

Zu den Hauptbaugruppen eines Fahrzeugs zählen:

Kommentar

- Aufbau/Karosserie
- Rahmen und Fahrwerk
- Motor und Antrieb
- Bremsanlage
- Lenkung
- Reifen/Räder
- Elektrische Anlage
- Innenraum.

Ist die Originalität dieser Hauptbaugruppen nicht mehr gegeben, fehlen wesentliche Elemente der historischen Basis als Kulturgut. Der begutach-

Kommentar

tende Sachverständige kann dann nur noch in begründeten Einzelfällen eine positive Beurteilung für eine Einstufung als Oldtimer abgeben. Über den AKE sind die Technischen Leiter aller Überwachungsinstitutionen in einem stetigen Erfahrungsaustausch, sodass auch solche Sonderfälle allen betroffenen Stellen zugänglich gemacht werden.

Für unschädliche Änderungen im Sinne der Einstufung als Oldtimer wird ein enger zeitlicher Rahmen von 10 Jahren ab Erstzulassung vorgegeben. Die AKE-Arbeitsanweisung präzisiert entsprechende zeitgenössische Änderungen der „Gebrauchsphase" wie folgt:

Arbeitsanweisung

Zeitgenössische Änderungen sind solche Änderungen, die innerhalb der ersten 10 Jahre nach Erstzulassung bzw. Herstellungsjahr üblich waren und vermehrt durchgeführt wurden. Dies sind Änderungen durch Original-, Zubehör- oder auch Tuningteile sowie -systeme.

Auch originalgetreue Nachbauten dieser Teile und Systeme – ggf. mit aktuellen Prüfzeugnissen – sind zulässig.

Als zeitgenössisch sind solche Umbauten zu betrachten, die damals häufig waren bzw. ein damaliges Prüfzeugnis vorweisen können. Nicht zeitgenössische Umbauten sind solche, die in Einzelfällen vorgenommen wurden. Daraus lässt sich nicht herleiten, dass ein solcher, in jüngerer Zeit durchgeführter Umbau richtlinienkonform ist.

– Positives Beispiel: Verwendung von Rädern, die damals schon erhältlich waren und für die ein gültiges Prüfzeugnis vorliegt.
– Negatives Beispiel: Bei einem VW Golf wurde in jüngerer Zeit ein Opel Kadett-Motor eingebaut. Das ist nicht richtlinienkonform, selbst wenn so etwas im Einzelfall in den 80er-Jahren schon gemacht wurde.

Derartige zeitgenössische Änderungen können auch nachträglich durchgeführt werden. Nicht zeitgenössische Änderungen müssen vor mindestens 30 Jahren durchgeführt worden sein. Hierzu zählen auch umfangreiche Umbauten (wie z. B. Hot-Rods, Kit-Cars oder Replikas).

Kommentar

Ein gutes Beispiel für auch umfangreichere, i. S. d. Oldtimers unschädliche Umbauten ist der VW-Buggy, der, wenn der Umbau nachweislich vor 30 oder mehr Jahren erfolgte, als Oldtimer eingestuft werden kann.

Rili nach § 23 StVZO

– Das vorgestellte Fahrzeug muss in einem erhaltungswürdigen Zustand sein. Voraussetzung dafür ist die nachgewiesene Vorschriftsmäßigkeit und ein Zustand gemäß Ziffer 2.

2. Mindestzustand des Fahrzeugs

Eine positive Begutachtung setzt grundsätzlich die Einhaltung folgender Bedingungen voraus:

– ohne erkennbare technische Mängel im Sinne der StVZO unter Berücksichtigung des damaligen Standes der Technik und Vorschriftenlage.

Nicht nur formale Kriterien, auch der Gesamteindruck des Fahrzeugs ist ausschlaggebend. Der erhaltungswürdige Zustand wird durch den Sachverständigen unter Einhaltung der unter Ziffer 2 des Anforderungskataloges geforderten
Bedingungen festgestellt.

Der Nachweis der Vorschriftsmäßigkeit wird durch die bestandene HU „ohne
erkennbare Mängel" erbracht, wobei sich die Anforderungen der HU teilweise
an den Stand von Technik und Vorschriften bei Erstzulassung des Fahrzeugs
anpassen.

Das Kriterium Gesamteindruck macht auch den Unterschied im Pflege- und Erhaltungszustand von „normalen alten" zu Fahrzeugen mit Oldtimerstatus deutlich.

— nur leichte für kraftfahrzeugtechnisches Kulturgut angemessene Gebrauchsspuren
  (Patina ja, aber Fahrzeug nicht „verbraucht"),

Kontrovers diskutiert wird oft die Unterscheidung zwischen „Patina" und
„verbraucht". Die Arbeitsanweisung des AKE setzt sich daher intensiv mit der
näheren Definition auseinander:

Leichte Gebrauchsspuren sind zulässig. Der Sachverständige hat im Rahmen der Begutachtung zu beurteilen, ob die Patina erhaltungswürdig ist.

Patina ist die Oberflächenschicht eines Fahrzeugs (Lack, Zierteile, Innenausstattung,
Motorraum, Kofferraum), welche durch bestimmungsgemäßen Gebrauch bei guter
Pflege mit den unvermeidlichen Abnutzungsspuren und voller Funktionstüchtigkeit
durch natürliche oder auch künstliche Alterung entstanden ist. Am Unterboden sind
altersgemäße Spuren (wie z. B. Anrostungen, Steinschläge, Kratzer etc.) akzeptabel.

Keine Patina sind z. B.:

— durch massive Sonneneinwirkung oder unsachgemäßes Polieren etc. entstandene
  örtliche Verfärbungen
— Abplatzungen und Lackrisse (nicht Haarrisse)
— Rauheiten
— Unterrostungen
— Farbabweichungen (durch unsachgemäßes Lackieren oder Austausch von Teilen)
— Risse in Sitzen, Verkleidungen, Verdecken und Armaturenbrettern.

Für Fahrzeuge mit stärkeren Gebrauchsspuren sieht die AKE-Arbeitsanweisung
nur in besonderen Fällen Ausnahmen vor:

Abweichungen von den Festlegungen des Anforderungskataloges in Bezug auf den
Fahrzeugzustand sind nur dann möglich, wenn

— das Fahrzeug vor 1945 produziert wurde oder

Kommentar

Rili nach § 23 StVZO

Kommentar

Arbeitsanweisung

Kommentar

Arbeitsanweisung

Arbeitsanweisung

- das Fahrzeug nachweislich sehr selten ist oder
- das Fahrzeug ein authentisches und historisches Wettbewerbsfahrzeug ist.

Grundsätzlich gilt: Je älter oder seltener das Fahrzeug ist, umso eher können Zugeständnisse bezüglich des optischen Zustandes erwogen werden.

Die Zulässigkeit der Abweichung ist jeweils im Einzelfall mit der Technischen Leitung abzustimmen.

Kommentar

Dem Ermessen des Sachverständigen sind bei Abweichungen von den regulär geforderten Voraussetzungen also enge Grenzen gesetzt. Eine Zustimmung „allein nach Gutdünken" ist ihm nicht möglich. Die erforderliche Abstimmung mit der Technischen Leitung dient dazu, Erfahrungs- und Ermessensspielräume abzugleichen, damit bei den Begutachtungen möglichst geringe Unterschiede auftreten.

Rili nach § 23 StVZO

- kein Fehlen wesentlicher Teile,
- keine erkennbaren Unfallrestschäden oder Anzeichen unsachgemäßer Instandsetzung und
- die wesentlichen Baugruppen befinden sich weitgehend in Originalkonfiguration, im Originalzustand oder im nachweislich zeitgenössischen Zustand.

Entspricht das Fahrzeug nicht diesen Bedingungen, ist eine positive Einstufung als Oldtimer zur Pflege des kraftfahrzeugtechnischen Kulturgutes *im Regelfall* nicht möglich.

Kommentar

Auch die letzten Punkte des Anforderungskataloges betonen nochmals, dass die Einstufung als Oldtimer einen erhaltenen kulturhistorischen Kern des Fahrzeugs voraussetzt und damit

- eine Vollständigkeit der wesentlichen Teile entsprechend dem Zustand, mit dem es in den Verkehr gekommen ist,
- ordnungsgemäße Reparaturen bei verunfallten Fahrzeugen sowie
- einen originalen oder zumindest zeitgenössischen Zustand (dieser Punkt präzisiert den gemäß § 2 Nr. 22 FZV geforderten Originalzustand).

Bei Fahrzeugen, die den Mindestanforderungen nicht entsprechen, ist die Einstufung als „Oldtimer" i. s. d. des § 23 StVZO nur in sehr engen Grenzen und in Abstimmung mit der zuständigen Technischen Leitung zulässig.

Rili nach § 23 StVZO

3. Durchführung der Begutachtung

Die nachfolgend aufgeführten Prüfpositionen sind Pflicht-Prüfpunkte für den aaSoP oder PI bezüglich des Originalzustands.

3.1 Fahrzeugidentität

Das Gesamt-Fahrzeug muss eindeutig zu identifizieren sein.

Die eindeutige und zweifelsfreie Identifizierung des Gesamt-Fahrzeugs ist Grundbedingung für eine Begutachtung des Fahrzeugs schlechthin.

Die Arbeitsanweisung des AKE gibt vor, diese insbesondere bei umfangreichen Umbauten kritisch zu überprüfen, da die vorgelegten Angaben vom tatsächlichen Bestand abweichen können.

Kommentar

– Original-FIN oder TP-Nr. vorhanden.
– Bis EZ 01.10.1969 kann FIN elektrisch eingraviert oder auf einem separaten aufgenieteten Blechschild angebracht sein.

Ist keine Identifikation möglich, ist nach § 59 Abs. 3 StVZO zu verfahren.

Rili nach § 23 StVZO

Die Identifizierung des Fahrzeugs erfolgt im Regelfall anhand der *Fahrzeug-Identifizierungsnummer (FIN)*, die der Hersteller erteilt, umgangssprachlich oft auch als „Fahrgestellnummer" bezeichnet. Wurde das Fahrzeug hingegen zur Erteilung einer Einzelbetriebserlaubnis durch einen aaS begutachtet, wurde im Rahmen dieser Begutachtung von der Technischen Prüfstelle eine sogenannte TP-Nr. als Identifizierungsnummer zugeteilt. Beide müssen original sein und mit den vorgelegten Dokumenten zweifelsfrei übereinstimmen. Sie müssen eingeschlagen bzw. eingraviert oder separat aufgenietet sein. § 59 Abs. 2 StVZO legt dazu fest:

Kommentar

(2) Die Fahrzeug-Identifizierungsnummer … muss … an zugänglicher Stelle am vorderen Teil der rechten Seite des Fahrzeugs gut lesbar am Rahmen oder an einem ihn ersetzenden Teil eingeschlagen oder eingeprägt sein.

§ 59 StVZO

In der bis zum 04.05.2012 geltenden Fassung der StVZO gibt es zu diesem Punkt folgende Übergangsvorschrift, die in der neuen ab 05.05.2012 geltenden Fassung allgemein übernommen wurde und daher weiter gilt (siehe Abschnitt 7):

Kommentar

Übergangsvorschrift zu § 59 Abs. 2 StVZO

An Fahrzeugen, die vor dem 1. Oktober 1969 erstmals in den Verkehr gekommen sind, darf die Fahrzeug-Identifizierungsnummer an zugänglicher Stelle am vorderen Teil der rechten Seite des Fahrzeugs auch auf einem angenieteten Schild oder in anderer Weise dauerhaft angebracht sein.

Damit ist sichergestellt, dass an diesen Oldtimern, die nachweislich vor dem 01.10.1969 erstmals zugelassen wurden, auch eine positive Begutachtung mit einem angenieteten oder aufgeschweißten Schild möglich ist.

2.1 Angenietetes Schild mit FIN   Quelle: Verfasser

Kommentar   Ist anhand der vorgelegten Unterlagen und den Angaben am Fahrzeug eine einwandfreie Identifikation nicht möglich, ist Rücksprache mit der zuständigen Zulassungsbehörde zu halten. Diese kann, nach Prüfung der Voraussetzungen, gemäß § 59 Abs. 3 StVZO eine Nummer, die die dort genannten Anforderungen erfüllt, neu zuteilen.

Rili nach § 23 StVZO   – Fabrikschild nach § 59 StVZO oder EG-Ausführung vorhanden, ein originales Fabrikschild kann beibehalten werden.

Kommentar   Ein Fabrikschild, das den geltenden Vorschriften zum Zeitpunkt der Erstzulassung entspricht, muss zusätzlich zur FIN vorhanden sein. Mindestangaben sind:

1. Hersteller des Fahrzeugs
2. Fahrzeugtyp
3. Baujahr (nicht bei zulassungspflichtigen Fahrzeugen)
4. Fahrzeug-Identifizierungsnummer
5. Zulässiges Gesamtgewicht
6. Zulässige Achslasten (nicht bei Krafträdern).

Rili nach § 23 StVZO   – Motor-Nummer bzw. Motortyp/Kennzeichnung muss original und sichtbar (z. B. durch eingeschlagene Nummer/Typ, durch Gussnummern) oder durch Übereinstimmung der optischen Erscheinung, ggf. inkl. der Nebenaggregate nachvollziehbar sein.

Kommentar   Neben der Identifizierungsnummer für das Gesamtfahrzeug ist auch die Identifizierbarkeit des eingebauten Antriebsmotors ein wichtiges Kriterium für die Einstufung als Oldtimer.

Rili nach § 23 StVZO   **3.2 Anforderungen an die Hauptbaugruppen des Fahrzeugs**

Das äußere Gesamterscheinungsbild des Fahrzeugs entspricht dem damaligen Originalzustand.

Weitere Anforderungen sind:

3.2.1 Aufbau/Karosserie

3.2.1.1 Außenhaut

– Nur originales oder zeitgenössisches Erscheinungsbild zulässig.
– Nur Originalwerkstoff bzw. bei Anbauteilen anderer freigegebener Werkstoff zulässig.
– Änderung der Fahrzeug- und Aufbauart unzulässig, es sei denn die Änderung ist zeitgenössisch.
  Ausnahme: Sofern im Rahmen der Fahrzeugbaureihe genehmigt, z. B.: Umbau Coupé in Cabrio oder PKW in LKW, zulässig.

Die Arbeitsanweisung des AKE präzisiert zur Außenhaut des Fahrzeugs, dass „ein anderer freigegebener Werkstoff" nur für nicht tragende Anbauteile zulässig ist.

Kommentar

Außerdem wird klargestellt:

Änderungen der Fahrzeug- oder Aufbauart außerhalb der damaligen Fahrzeugbaureihe/ ABE – wie z. B. Umbau Coupé/Cabrio oder PKW/LKW – sind unzulässig; ausgenommen davon sind:

Arbeitsanweisung

- Umbausätze (z. B. Buggy auf Käferbasis) mit damaligem Prüfzeugnis,
- standardisierte Serienumbauten (z. B. Leichenwagen oder „Baur-Cabrio"),
- vom Hersteller freigegebene Umbauten.

3.2.1.2 Lack

Rili nach § 23 StVZO

Nur zeitgenössische Farbgebung zulässig, d. h. gemusterte Lacke und/oder Motive (Airbrush) nur zulässig als zeitgenössische Designvariante, Reklamemotiv oder damalige Firmenaufschrift.

Die AKE-Arbeitsanweisung führt dazu aus:

Kommentar

Unter gemusterten Lacken werden mehrfarbige Lackierungen, auch mit geometrischen Strukturen (z. B.: Schachbrettmuster, Zebra-Look), verstanden.

Arbeitsanweisung

Lackfolien sind grundsätzlich nicht zulässig. Das gilt jedoch nicht für Rallyestreifen, originale Kantenschutzfolien oder Ähnliches.

Firmenaufschriften dürfen nur (Anm. d. Verf.: in zeitgenössischer Weise, d. h.) ohne Webseite, Mailadresse bzw. QR-Codes am Fahrzeug angegeben sein.

Nachlackierungen müssen fachgerecht ausgeführt sein (kein „Rollen", Pinsellackierung nur dann, falls original ab Werk).

3.2.1.3 Karosserie

Rili nach § 23 StVZO

Instandsetzungen dürfen das Gesamterscheinungsbild nicht beeinträchtigen und müssen fachgerecht ausgeführt sein.

3.2.2 Rahmen und Fahrwerk

3.2.2.1 Rahmen

Nur Originalausführung, Originalersatzteil oder vom Hersteller freigegebene Nachfertigung zulässig.

3.2.2.2 Fahrwerk

Nur Originalausführung oder Originalersatzteil und zeitgenössische Umrüstung(en) mit Werksfreigabe und/oder Prüfzeugnis zulässig.

In der Arbeitsanweisung des AKE wird zum Fahrzeugrahmen präzisiert:

Kommentar

Weitere Kriterien dazu sind:

Arbeitsanweisung

- Fachgerechte Teil-Instandsetzungen sind zulässig.

67

Arbeitsanweisung

– Nachfertigungen können nur mit Herstellerfreigabe oder ggf. damaligem bzw. aktuellem Prüfzeugnis positiv begutachtet werden.

– Massive Veränderungen – wie z.B. eine Rahmen-Verkürzung oder -Verlängerung – sind nur mit Herstellerfreigabe oder damaligem Prüfzeugnis möglich.

In den Fällen, die der Hersteller nicht beschrieben hat bzw. abdeckt, sind die DVS-Richtlinien zu beachten.

Kommentar

Hinsichtlich des Fahrwerks sind zulässig

Arbeitsanweisung

… auch Ersatzteile aus neuer Produktion, die mit originalen/zeitgenössischen Teilen vergleichbare Eigenschaften haben.

Rili nach § 23 StVZO

3.2.3 Motor und Antrieb

3.2.3.1 Motor

– Nur Originalausführung oder Motor aus der Fahrzeugbaureihe zulässig.

Kommentar

Es muss nachvollziehbar sein, dass der verbaute Motor entweder der Originalmotor ist oder diesem entspricht, ggf. einschließlich zulässiger Änderungen. Hierzu sind unter Umständen umfangreiche Recherchen erforderlich, die beispielsweise auch auf Reparaturanleitungen der Fahrzeughersteller zugreifen können. Bild 2.2 zeigt einen Auszug aus der Reparaturanleitung für Porsche Typ 356, aus der die eindeutige Zuordnung von Fahrzeugtyp und Motorkennzeichnungen ersichtlich ist.

Die Arbeitsanweisung des AKE konkretisiert dazu:

Arbeitsanweisung

Auch ein Ersatzmotor vom selben Hersteller ist unter folgenden Voraussetzungen zulässig:

– Die Motorbaureihe ist mindestens 30 Jahre alt und

– die Leistungsdaten liegen innerhalb der Baureihe des Fahrzeuges oder es liegt eine Freigabe des Fahrzeugherstellers vor.

– Motoren anderer Hersteller sind zulässig, wenn der Umbau nachweislich vor mindestens 30 Jahren erfolgt ist oder zeitgenössisch mit damaligem Prüfzeugnis erfolgte.

Rili nach § 23 StVZO

– Motor-Peripherie: Nur Originalbaugruppen (z.B. Gemischaufbereitung) oder zeitgenössische Änderung mit Werksfreigabe und/oder Prüfzeugnis zulässig.

– Bei Nachrüstung mit Abgasreinigungssystemen gelten die Anforderungen der 52. Ausnahmeverordnung zur StVZO.

– Nachbau der Abgasanlage in Edelstahl nur ohne Verschlechterung des Abgas- und Geräuschverhaltens zulässig.

– Nachrüstung einer Gasanlage nur zulässig, wenn innerhalb der ersten 10 Betriebsjahre erfolgt oder zeitgenössisch nachgerüstet.

Nach der Arbeitsanweisung des AKE sind zulässig:

Nachgerüstete elektrische Lüfter, Benzinpumpen, Ölkühler und Umbauten auf kontaktlose Zündung …, solange das Erscheinungsbild nicht wesentlich verändert wird.

Mit der 52. AusnahmeVO zur StVZO vom 13. August 1996 wurden die Anforderungen an Abgasreinigungssysteme für Fahrzeuge festgelegt, die vor dem 01.10.1995 erstmals in den Verkehr gekommen sind und nach dem 01.01.1996 nachträglich mit einem solchen Abgasreinigungssystem ausgerüstet wurden oder werden. Sie erhalten dann die Emissionsschlüsselnummer 0477 und den Klartext SCHADSTOFFARM E2/NACHG. Grundsätzlich gilt, das Fahrzeuge zur Verbesserung ihrer Emissionsschlüsselnummer derzeit ausschließlich mit einem Abgasreinigungssystem nachgerüstet werden können, das die Anforderungen der genannten AusnahmeVO voll erfüllt.

Die Nachrüstung mit einer Gasanlage als zeitgenössisch i. S. d Oldtimerbegutachtung zu werten, setzt voraus, dass es sich um eine Gasanlage mit „alter" Technik handelt, z. B. eine Venturi-Anlage, und der Fahrzeugtyp auch nach 1969 noch gebaut wurde.

Kommentar

Arbeitsanweisung

Kommentar

Bau-jahr	Fahrzeug- und Motortyp	Motortyp intern	Kurbel-gehäuse	Nocken H gesamt in mm	Vergaser	Hub / Bohr.	ε Verd.	PS bei U/min.	Motor-Nummer	Fahrgestell-Nummer Coupé	Fahrgestell-Nummer Cabriolet	Motortyp Speedster
1950	356/1100	369	2 GL	32,1	32 PBI	64/73,5	7:1	40 bei 4200	0101 – 0411	5001 – 5410		
1951	356/1100	369	2 GL	32,1	32 PBI	64/73,5	7:1	40 bei 4200	0412 – 0999 / 10001 – 10137	5132 – 5162 / 5411 – 5600		
	356/1300	506	2 GL	32,1	32 PBI	64/80	6,5:1	44 bei 4200	1001 – 1099 / 20001 – 20821	10001 – 10170 / 10350 – 10432		
	ab Okt. 356/1500	527	2 RL	31,7	40 PBIC	74/80	7:1	60 bei 5000	30001 – 30737	10531 – 11125		
1952	356/1100	369	2 GL	32,1	32 PBI	64/73,5	7:1	40 bei 4200	10138 – 10151	11126 – 12084	10433 – 10469	
	356/1300	506	2 GL	32,1	32 PBI	64/80	6,5:1	44 bei 4200	20822 – 21297			
	bis Sept. 356/1500	527	2 RL	31,7	40 PBIC	74/80	7:1	60 bei 5000	30738 – 30750		12301 – 12387	
	ab Sept. 356/1500	546	2 GL	32,1	32 PBI	74/80	7:1	55 bei 4400	30751 – 31025	50001 – 50098	15001 – 15116	
	ab Okt. 356/1500 S	528	2 RL	31,7	40 PBIC	74/80	8,2:1	70 bei 5000	40001 – 40117			
1953	356/1100	369	2 GL	32,1	32 PBI	64/73,5	7:1	40 bei 4200	10152 – 10161			
	356/1300	506	2 GL	32,1	32 PBI	64/80	6,5:1	44 bei 4200	21298 – 21636			
	356/1500	546	2 GL	32,1	32 PBI	74/80	7:1	55 bei 4400	31026 – 32569	50099 – 51645	60001 – 60394	
	356/1500 S	528	2 RL	31,7	40 PBIC	74/80	8,2:1	70 bei 5000	40118 – 40685			
	ab. Nov. 356/1500 S	589	2 RL	31,7	32 PBI	74/74,5	8,2:1	60 bei 5500	50001 – 50017			
1954	356/1100	369	2 GL	32,1	32 PBI	64/73,5	7:1	40 bei 4200	10162 – 10199			
	356/1300	506	2 GL	32,1	32 PBI	64/80	6,5:1	44 bei 4200	21637 – 21780			
	bis Mai 356/1300 S	589	2 RL	31,7	32 PBI	74/74,5	8,2:1	60 bei 5500	50018 – 50099			
	Juni bis Nov. 356/1300 A	506/1	2 GL	32,1	32 PBI	74/74,5	6,5:1	44 bei 4200	21781 – 21999			
	bis Nov. 356/1500	546	2 GL	32,1	32 PBI	74/80	7:1	55 bei 4400	32570 – 33899	51646 – 53008	60395 – 60722	80001 – 80200
	bis Nov. 356/1500 S	528	2 RL	31,7	40 PBIC	74/80	8,2:1	70 bei 5000	40686 – 40999			
	356/1300	506/2	3 GL	33,2	32 PBI	74/74,5	6,5:1	44 bei 4200	22001 – 22021			
	ab Nov. { 356/1300 S	589/2	3 RL	36	32 PBIC / 40 PICB	74/74,5	7,5:1	60 bei 5500	50101 –			
	356/1500	546/2	3 GL	33,2	32 PBI	74/80	7:1	55 bei 4400	33901 – 34119			
	356/1500 S	528/2	3 RL	36	40 PICB	74/80	8,2:1	70 bei 5000	41001 – 41048			
1955	356/1300	506/2	3 GL	33,2	32 PBI	74/74,5	6,5:1	44 bei 4200	22022 – 22245			
	bis Okt. { 356/1300 S	589/2	3 RL	36	32 PBIC / 40 PICB	74/74,5	7,5:1	60 bei 5500	– 50127			
	356/1500	546/2	3 GL	33,2	32 PBI	74/80	7:1	55 bei 4400	34120 – 35790	53009 – 55000	60723 – 61000	80201 – 81900
	356/1500 S	528/2	3 RL	36	40 PICB	74/80	8,2:1	70 bei 5000	41049 – 41999			
	356 A/1300	506/2	3 GL	33,2	32 PBI	74/74,5	6,5:1	44 bei 4200	22246 – 22273			
	ab Okt. 356 A/1300 S	589/2	3 RL	36	32 PBIC / 40 PICB	74/74,5	7,5:1	60 bei 5500	50128 – 50135	Modell 1956		
	356 A/1600	616/1	3 GL	33,2	32 PBIC	74/82,5	7,5:1	60 bei 4500	60001 – 60608	55001 – 55390	61001 – 61069	81901 – 82000
	356 A/1600 S	616/2	3 RL	36	40 PICB	74/82,5	8,5:1	75 bei 5000	80001 – 80110			
1956	356 A/1300	506/2	3 GL	33,2	32 PBI	74/74,5	6,5:1	44 bei 4200	22274 – 22471			
	356 A/1300 S	589/2	3 RL	36	32 PBIC / 40 PICB	74/74,5	7,5:1	60 bei 5500	50136 – 50155	55391 – 58311	61070 – 61499	82001 – 82850
	356 A/1600	616/1	3 GL	33,2	32 PBIC	74/82,5	7,5:1	60 bei 4500	60609 – 63926			
	356 A/1600 S	616/2	3 RL	36	40 PICB	74/82,5	8,5:1	75 bei 5000	80111 – 80756			

GL = Gleitlager, RL = Rollenlager, 2 = Kurbelgehäuse 2-teilig, 3 = Kurbelgehäuse 3-teilig

2.2 Auszug aus der Reparaturanleitung „Typen, Maße, Toleranzen" der Firma Porsche, 6. Auflage   Quelle: Porsche

Rili nach § 23 StVZO

3.2.3.2 Getriebe

Nur Originalausführung oder Getriebe aus der Fahrzeugbaureihe zulässig.

Kommentar

In der Arbeitsanweisung des AKE wird zum Getriebe präzisiert:

Arbeitsanweisung

Bei nachweislich nicht mehr existierenden Ersatzteilen bzw. -getrieben ist auch ein Ersatzgetriebe unter folgenden Voraussetzungen zulässig:

– das Getriebe ist mindestens 30 Jahre alt und
– die technischen Daten sind vergleichbar und
– das Erscheinungsbild bleibt weitgehend erhalten.

Rili nach § 23 StVZO

3.2.4 Bremsanlage

– Nur Originalausführung oder Anlage aus Fahrzeugbaureihe zulässig.
– Zeitgenössischer Umbau von mechanischer auf hydraulische Betätigung.
– Umbau Einkreis- auf Zweikreisanlage zulässig.

3.2.5 Lenkung

– Nur Originalausführung oder Anlage aus Fahrzeugbaureihe zulässig.
– Zeitgenössisches Sonderlenkrad, wenn Original oder mit Prüfzeugnis zulässig.

Kommentar

Die Arbeitsanweisung des AKE legt zur Lenkung fest:

Arbeitsanweisung

Nachträgliche Ausrüstungen mit einer Servolenkung sind nur zulässig, wenn es diese für die Baureihe wahlweise gegeben hat.

Rili nach § 23 StVZO

3.2.6 Reifen/Räder

– Nur Originalausführung oder Rad-/Reifenkombination aus Fahrzeugbaureihe zulässig.
– Zeitgenössische Umrüstung mit Prüfzeugnis oder Werksfreigabe zulässig.
– Umrüstung Diagonal- auf Radial-Reifen bei vergleichbaren Abmessungen zulässig.

Kommentar

Die Arbeitsanweisung des AKE legt zu Reifen und Rädern fest:

Arbeitsanweisung

– Bei fehlender Auswahl und nicht mehr erhältlichen Reifengrößen kann auf eine im Abrollumfang wenig abweichende Größe ausgewichen werden, sofern diese nicht mehr als 20 mm breiter als die originale Größe ist (Beispiel: 185/70R14 als Ersatz für 165R14). Dabei muss auf die Montierbarkeit und die Originalität der Räder geachtet werden.
– Zubehör-Räder mit zeitgenössischem Prüfzeugnis sind zulässig. Nachbauten in historischer Optik sind im Rahmen der technischen Voraussetzungen zulässig (Beispiel: neu aufgelegte ATS-Leichtmetall-Räder für VW Golf I mit aktuellem Prüfzeugnis).

Rili nach § 23 StVZO

3.2.7 Elektrische Anlage

3.2.7.1 Lichttechnische Einrichtungen (LTE)

– Nur Originalausführung oder Anlage aus Fahrzeugbaureihe zulässig.

– Bei Umbauten oder Nachrüstungen muss zeitgenössisches Erscheinungsbild erhalten bleiben.

Rili nach § 23 StVZO

3.2.7.2 Radio und Unterhaltungs-/Kommunikations-Elektronik

Nur fachgerechter Einbau ohne wesentliche optische Veränderungen von Armaturenbrett und Innenraum zulässig.

3.2.7.3 Übrige Ausstattung

Umrüstung von 6 V-Betriebsspannung auf 12 V-Betriebsspannung grundsätzlich zulässig, wenn fachgerecht ausgeführt.

Die Arbeitsanweisung des AKE konkretisiert zu Nachrüstungen an der elektrischen Anlage des Fahrzeugs:

Kommentar

Vorgaben aus der StVZO (z. B. Warnblinker, Bremsleuchten etc.) müssen eingehalten werden.

Arbeitsanweisung

Xenon-Scheinwerfer, Tagfahrleuchten, LED-Leuchten etc. sind erst dann zulässig, wenn diese in der jeweiligen Fahrzeugbaureihe erhältlich waren.

Der Einbau von elektronischen Geräten ist zulässig, wenn der Einbau fachgerecht erfolgte und die zeitgenössische Optik erhalten bleibt. Gegebenenfalls ist eine Blende vorzusehen.

Moderne Radioanlagen mit zeitgenössischer Optik sind zulässig. Wenn es für das betreffende Fahrzeug damals keine digitalen Radios gab, ist zumindest im ausgeschalteten Zustand eine analoge Anzeige darzustellen.

3.2.8 Innenraum

Rili nach § 23 StVZO

Das Erscheinungsbild der Innenausstattung entspricht weitestgehend dem Originalzustand oder ist zeitgenössisch modifiziert.

3.2.8.1 Sitze und Gurte

– Nur Originalausführung oder zeitgenössische Umrüstung mit damaligem Prüfzeugnis zulässig; wahlweise Ausführung aus Fahrzeugbaureihe zulässig.

– Sitzbezüge nur original, ähnlich oder zeitgenössisch zulässig.

– Nachrüstung von Gurten zulässig, wenn fachgerecht eingebaut.

3.2.8.2 Armaturenbrett

Nur aus Fahrzeugbaureihe oder mit zeitgenössischem Erscheinungsbild zulässig.

3.2.8.3 Behindertengerechte Bedienung

Nur fachgerechte Umbauten mit gültigem Prüfzeugnis in Verbindung mit Auflagen im Führerschein zulässig.

3.3 Spezifische Besonderheiten bei Krafträdern

Bezüglich der allgemeinen Baugruppen gelten sinngemäß die vorstehenden Festlegungen für Fahrzeuge.

Rili nach § 23 StVZO

3.3.1 Kraftstofftank

Nur Originaltank oder originalgetreuer Nachbau oder zeitgenössische Zubehörtanks zulässig.

3.3.2 Abgasanlage

Nur Originalanlage oder originalgetreuer Nachbau oder zeitgenössische Zubehöranlage zulässig.

3.3.3 Sitz/Sitzbank

Nur Originalbank, Sitz/Bank aus Baureihe, originalgetreuer Nachbau oder zeitgenössisches Zubehör zulässig.

3.4 Spezifische Besonderheiten bei Nutzfahrzeugen

Bezüglich der allgemeinen Baugruppen gelten sinngemäß die vorstehenden Festlegungen für Fahrzeuge.

3.4.1 Aufbau

Nur Original-Aufbau oder originalgetreuer Nachbau oder zeitgenössische Variante zulässig.

Kommentar

Die Arbeitsanweisung des AKE präzisiert:

Arbeitsanweisung

Ein nachträglicher Umbau zum Wohnmobil ist nur zulässig, wenn es diese Variante im damaligen Angebot des Herstellers gegeben hat oder der Umbau in den ersten 10 Jahren nach dem Inverkehrbringen oder schon vor nachweislich mindestens 30 Jahren erfolgt ist. Ein fachgerechter, zeitgemäßer Ausbau ist dabei Voraussetzung.

Rili nach § 23 StVZO

3.4.2 Lack

Nur zeitgenössische Reklamemotive und Firmenaufschriften zulässig.

Kommentar

In der Arbeitsanweisung wird dieser Punkt entsprechend dem Vorgehen bei Pkw präzisiert:

Arbeitsanweisung

Firmenaufschriften dürfen nur (Anm. d. Verf.: in zeitgenössischer Weise, d. h.) ohne Webseite, Mailadresse bzw. QR-Codes am Fahrzeug angegeben sein.

Anlage – Muster eines „Oldtimergutachtens"

Das nachfolgende Muster zur Rili nach § 23 StVZO beinhaltet die Mindestangaben eines Gutachtens zur Begutachtung eines Fahrzeugs und wurde von den einzelnen Überwachungsinstitutionen dementsprechend in die Betriebssysteme integriert.

Die Bilder 2.3 und 2.4 zeigen exemplarisch ein Gutachten des TÜV Rheinland für einen Oldtimer Ford Modell A.

Gutachten-Nummer:	**Muster**	Name und Anschrift der ausführenden Stelle ggf. Logo

Gutachten für die Einstufung eines Fahrzeugs als Oldtimer nach § 23 StVZO

Das Gutachten wurde nach der Nr. 1. a)[1] der Richtlinie für die Begutachtung von Oldtimern erstellt.[2]

1. Name des Auftraggebers	
Name:	

2. Fahrzeugdaten	
Fahrzeugidentifizierungsnummer oder TP-Nr.	
Bezeichnung der Fahrzeugklasse und des Aufbaus	
Hersteller – Kurzbezeichnung / Code	
Typ / Variante / Version / Code	
Handelsbezeichnung	
Baujahr / Herstellungsdatum (Tag oder mind. Jahr)	
Datum der Erstzulassung	
Amtl. Kennzeichen	

3. Technische Beschreibung		
Zustand der Hauptbaugruppen	erfüllt	nicht erfüllt
3.1. Aufbau / Karosserie		
3.1.1. Außenhaut		
Originales oder zeitgenössisches Erscheinungsbild		
Originalwerkstoff oder zulässige Werkstoffe		
3.1.2. Lack		
Zeitgenössische Farbgebung		
Zeitgenössische Reklamemotive / Firmenaufschriften		

---

[1] Zutreffenden Buchstabe a), b), c), d) oder e) eintragen
[2] Entsprechend der Randbedingung noch eine weitere Aussage über mit durchgeführte oder evtl. noch durchzuführende Untersuchung oder Begutachtung anfügen

3.2. Rahmen und Fahrwerk		
3.2.1. Rahmen		
Originalausführung / Originalersatzteil / Nachfertigung mit Herstellerfreigabe		
3.2.2. Fahrwerk		
Originalausführung / Originalersatzteil oder zulässige Umrüstung		
3.3. Motor und Antrieb		
3.3.1. Motor		
Originalausführung oder Motor aus Fahrzeugbaureihe		
Gemischaufbereitung original oder zulässige Umrüstung		
Abgasanlage original oder zulässige Umrüstung		
3.3.2. Getriebe		
Originalausführung oder zulässige Umrüstung		
3.4 Bremsanlage		
Originalausführung oder zulässige Umrüstung		
3.5. Lenkung		
Originalausführung oder zulässige Umrüstung		
Originallenkrad oder zulässiges Sonderlenkrad		
3.6. Reifen / Räder		
Originalausführung oder zulässige Umrüstung		
3.7. Elektrische Anlage		
3.7.1. LTE		
Originalausführung oder zulässige Umrüstung		
3.7.2. Radio		
Kein Radio vorh. / Originalausführung / zulässige Umrüstung		
3.7.3. Übrige Ausstattung		
Originalausführung / zulässige Umrüstung		
3.8. Innenraum		
3.8.1. Sitze / Gurte		
Originalausführung oder zulässige Um-/Nachrüstung		
3.8.2. Armaturenbrett		
Originalausführung oder zulässige Umrüstung		
3.9. Pflege- und Erhaltungszustand		
Guter Pflege- und Erhaltungszustand (Abgrenzung zu „normalen alten" Fahrzeugen)		

4. Zugehörige Abweichungen vom Originalzustand	
Zu *)	Beschreibung des Ist-Zustands, sofern vom Originalzustand abweichend:
3.1. Aufbau/Karosserie	
3.2. Rahmen/Fahrwerk	
3.3. Motor/Antrieb	
3.4. Bremsanlage	

*) nicht Zutreffendes kann entfallen

3.5. Lenkung	
3.6. Reifen/Räder	
3.7. El. Anlage	
3.8. Innenraum	

5. Ergebnis der Begutachtung	JA	NEIN
Das beschriebene Fahrzeug ist – ggf. unter Berücksichtigung der nachfolgenden Erläuterungen – ein Oldtimer im Sinne des § 23 StVZO		
Es wurde eine Hauptuntersuchung durchgeführt. *)		
Es wurde eine Untersuchung im Umfang einer Hauptuntersuchung durchgeführt. *)		
Es wurde eine Begutachtung nach § 21 StVZO durchgeführt. *)		
Ggf. separate Nr. des HU-Berichts bzw. des Gutachtens nach § 21 StVZO oder Nachweis bereits erteilter Einzelbetriebserlaubnis. *)		

Ort	aaSoP oder PI *)	
		Prüfstempel mit Kennnummer
Datum	Unterschrift	

*) nicht Zutreffendes kann entfallen

Erläuterungen zu 5.

zu 2.   Sofern sich Herstellungsdatum und Erstzulassung des Fahrzeugs unterscheiden, ist auch das Baujahr anzugeben.

zu 3.   Das Fahrzeug ist hinsichtlich des Zustands und der Originalität der Hauptbaugruppen zu beurteilen.

zu 4.   Der aaSoP oder PI hat den begutachteten Fahrzeugzustand nachvollziehbar zu dokumentieren. Nach der Herstellung oder Auslieferung des Fahrzeugs durchgeführte Veränderungen sind umfassend aufzuführen.

zu 5.   In seinem Gesamtergebnis trifft der aaSoP oder PI die Feststellung, ob das Fahrzeug gemäß § 23 StVZO die Einstufung eines Fahrzeugs als Oldtimer erhalten kann und es sich somit um ein kraftfahrzeugtechnisches Kulturgut handelt.
Bei Abweichungen ist eine Gesamtbewertung des Fahrzeugzustands unter Berücksichtung der Feststellungen in Nummer 3 und 4 zu den einzelnen Baugruppen vorzunehmen.
Sofern trotz Abweichungen eine positive Einstufung vorgenommen wurde, ist dies ausführlich zu begründen und unter Hinweis der Abstimmung mit der „Technischen Leitung" zu bestätigen.
Wurde eine Untersuchung im Umfang einer Hauptuntersuchung durchgeführt, ist die Einhaltung der Vorschriften zu bestätigen. Ansonsten ist auf die durchgeführte Hauptuntersuchung nach § 29 StVZO oder Begutachtung nach § 21 StVZO zu verweisen.

Negative Ergebnisse sind zu erläutern.

(Redaktioneller Hinweis: Im Gutachten muss die Gutachten-Nummer auf jeder neuen nummerierten Seite oben links aufgeführt sein.)

(VkBl. 2011 S. 257)

TÜV Rheinland Berlin Brandenburg Pfalz e.V.
Technische Prüfstelle für den Kraftfahrzeugverkehr

Ihr Servicebüro TÜV Rheinland Kraftfahrt GmbH
Humboldtstr. 9
52525 Heinsberg
02452/90310-0

Begutachtung eines "Oldtimer"-Fahrzeuges n. § 23 StVZO
Untersuchung im Umfang einer Hauptuntersuchung (§29 StVZO)

Amtliches Kennzeichen	
Unters.-Bericht	
Prüftermin	25.06.2015 10:56 Uhr
Prüfungsort	175 / 52525 Heinsberg
Fahrzeugart	PERSONENKRAFTWAGEN 01 0100
	OFFEN
Fahrzeughersteller	FORD (USA) 1028
Fahrzeugtyp	A 000000
Variante	
Version	
Verkaufsbezeichnung	
Fahrz. Ident.-Nummer	******TP
ZGG / Wegstreckenzähler	1550 kg / 23748 km (miles)
Erstzul./Letzte HU /Achsl.	01.07.1929 / - / -

Prüfergebnis	nächste Untersuchung
Ohne festgestellte Mängel	-

Sehr geehrter Herr

An Ihrem Fahrzeug wurden zum Zeitpunkt der Untersuchung keine Mängel festgestellt.

Hinweise:
A01 - Bremswirkung gem. Pkt.8 der HU-Bremsenrichtlinie ohne Beanstandung.

Messwerte:
Betriebsbremse: ZGM / Bremskräfte [daN]

Achse	Links	Rechts	Summe/Achse	
1	220	240	460	Blockiert
2	180	190	370	Blockiert

Abbremsung der BBA: 53 %

Feststellbremse / Bremskräfte [daN]

Links	Rechts	Summe/Achse
160	170	330

Abbremsung der FBA: 21 %   Blockiert

(3733) Dieter

Region Aachen   Stempel und Unterschrift
V.6.50/4.1.0/-/28540001000000006MX2OR9M/2. Exemplar

Information - berechtigt nicht zum Vorsteuerabzug

Prüfungsgebühr in EURO   91,20   inkl. MwSt.(19,00%)

Anlage: Gutachten gem. § 23 StVZO

2.3 Oldtimergutachten – Untersuchungsergebnis des TÜV Rheinland

TÜV Rheinland Berlin Brandenburg Pfalz e.V.

Technische Prüfstelle für den Kraftfahrzeugverkehr

Ihr Servicebüro TÜV Rheinland Kraftfahrt GmbH
Humboldtstr. 9
52525 Heinsberg
Tel.: 02452/90310-0

Gutachten für die Einstufung eines Fahrzeuges als Oldtimer nach §23 StVZO

mit Nr. ⬛⬛⬛⬛⬛⬛⬛⬛ vom 25.06.2015

Das Gutachten wurde nach der Nr.1. a der Richtlinie für die Begutachtung von Oldtimern erstellt

Weitere durchgeführte oder evtl. noch durchzuführende Untersuchungen oder Begutachtungen:

Keine

1. Auftraggeber

⬛⬛⬛
⬛⬛⬛⬛⬛
⬛⬛⬛⬛⬛ ⬛ ⬛

⬛⬛⬛ ⬛⬛⬛⬛⬛⬛⬛

3. Technische Beschreibung

3.1. Aufbau / Karosserie

3.1.1. Außenhaut	Originales oder zeitgenössisches Erscheinungsbild	**erfüllt**
	Originalwerkstoff oder zulässige Werkstoffe	**erfüllt**
3.1.2. Lack	Zeitgenössische Farbgebung	**erfüllt**
	Zeitgenössische Reklamemotive/Firmenaufschriften	**erfüllt**

3.2. Rahmen und Fahrwerk

3.2.1. Rahmen	Originalausführung/Originalersatzteil/Nachfertigung mit Herstellerfreigabe	**erfüllt**
3.2.2. Fahrwerk	Originalausführung/Originalersatzteil oder zulässige Umrüstung	**erfüllt**

3.3. Motor und Antrieb

3.3.1. Motor	Originalausführung oder Motor aus Fahrzeugbaureihe	**erfüllt**
	Gemischaufbereitung original oder zulässige Umrüstung	**erfüllt**
	Abgasanlage original oder zulässige Umrüstung	**erfüllt**
3.3.2. Getriebe	Originalausführung oder zulässige Umrüstung	**erfüllt**

3.4. Bremsanlage	Originalausführung oder zulässige Umrüstung	**erfüllt**
3.5. Lenkung	Originalausführung oder zulässige Umrüstung	**erfüllt**
	Originallenkrad oder zulässiges Sonderlenkrad	**erfüllt**
3.6. Reifen / Räder	Originalausführung oder zulässige Umrüstung	**erfüllt**

3.7. Elektrische Anlage

3.7.1. LTE	Originalausführung oder zulässige Umrüstung	**erfüllt**
3.7.2. Radio		**kein Radio vorhanden**
3.7.3. Übrige Ausstattung	Originalausführung oder zulässige Umrüstung	**erfüllt**

3.8. Innenraum

3.8.1. Sitze / Gurte	Originalausführung oder zulässige Umrüstung	**erfüllt**
3.8.2. Armaturenbrett	Originalausführung oder zulässige Umrüstung	**erfüllt**
3.9. Pflege-,Erhaltungszust.	Guter Pflege- und Erhaltungszustand	**erfüllt**
	(Abgrenzung zu "normalen alten" Fahrzeugen)	

2. Fahrzeugdaten

Fahrz. Ident.-Nummer	******TP⬛⬛⬛⬛⬛	
Fahrzeugklasse und Aufbau	PERSONENKRAFTWAGEN OFFEN	01 0100
Hersteller-Kurzbez./Code	FORD (USA)	1028
Typ/Variante/Version/Code	A	000000
Handelsbezeichnung		
Baujahr / Herstellungsdatum	1929	
Datum der ersten Zulassung	01.07.1929	
Amtl. Kennzeichen	⬛⬛⬛⬛	

4. Zugehörige Abweichungen vom Originalzustand:

Keine

5. Ergebnis der Begutachtung

Das beschriebene Fahrzeug ist - ggf. unter Berücksichtigung der nachfolgenden Erläuterungen - ein Oldtimer im Sinne des §23 StVZO   **JA**

Es wurde eine Untersuchung im Umfang einer Hauptuntersuchung durchgeführt.

Erläuterungen:

Ort der Begutachtung: Heinsberg
Datum der Begutachtung: 25.06.2015
Unterschrift und Name

(3733) Dieter ⬛⬛⬛
V.6.50/4.1.0/-//28540001000000006MX2OR9M

2.4 Oldtimergutachten – Beschreibung des TÜV Rheinland

2.5 Ford Modell A, für den das Gutachten erstellt wurde (siehe auch die Bilder 2.3 und 2.4).

2.6 Diese Fahrzeuge sind ihren historischen Vorbildern – Porsche 550 und AC Cobra – rein optisch nachempfunden. Unter den aus glasfaserverstärktem Kunststoff (GFK) bestehenden Karosserien findet man neuzeitliche Technik vor. Es handelt sich somit um Nachbauten. Sind diese Nachbauten nicht bereits vor 30 Jahren gebaut, ist die Erteilung eines H-Kennzeichens nicht möglich.   Quelle: Verfasser

3 Zulassung und Betriebserlaubnis (auch) bei Oldtimern

Kraftfahrzeuge müssen zum Betrieb auf öffentlichen Straßen zugelassen sein. Für den Oldtimerfreund interessante Ausnahmen von der Zulassungspflicht stellen lediglich dar

- Kleinkrafträder mit einem Hubraum bis 50 ccm und – je nach Baujahr – einer zulässigen Höchstgeschwindigkeit von 40, 45 oder 50 km/h sowie
- Leichtkrafträder bis 125 ccm Hubraum und mit höchstens 11 kW (15 PS) maximaler Leistung.

Alle Fahrzeuge hingegen, sowohl die zulassungspflichtigen als auch die zulassungsfreien, benötigen eine Betriebserlaubnis.

Diese kann als allgemeine deutsche Betriebserlaubnis auf Antrag des Fahrzeugherstellers oder Generalimporteurs für den betreffenden Fahrzeugtyp durch das Kraftfahrt-Bundesamt in Flensburg erteilt worden sein, oder – bei neueren Fahrzeugen – auch als europaweit geltende EU-Typgenehmigung.

Darüber hinaus kann einem Fahrzeug auch eine individuelle Einzelbetriebserlaubnis erteilt werden. Dies betrifft vorwiegend Fahrzeuge, die im Ausland betrieben und nach Deutschland importiert wurden. Daneben wird dieser Weg oft auch für Spezialkonstruktionen gewählt oder für Fahrzeuge, die nicht in Serie, sondern nur in wenigen Exemplaren gefertigt wurden.

Das Vorliegen einer Betriebserlaubnis ist Voraussetzung für die individuelle Zulassung des Kraftfahrzeugs durch die zuständige Zulassungsstelle (Zulassungsbehörde).

Besonders der Import von gebrauchten Fahrzeugen aus dem Ausland kann mit Fallstricken verbunden sein. Es ist daher ratsam, in solchen Fällen bereits frühzeitig den Rat eines Sachverständigen einzuholen, um Fehlinvestitionen zu vermeiden und auch die Beschaffung wichtiger erforderlicher Unterlagen rechtzeitig einzuleiten.

3.1 Grundsätzliches

Die auf ein Fahrzeug anzuwendenden Vorschriften ergeben sich aus dem Rechtsstand zum Zeitpunkt seines „erstmaligen Inverkehrbringens", im Regelfall das sogenannte Erstzulassungsdatum. Es findet sich meist auf den Zulassungsdokumenten – auch bei ausländischen Fahrzeugen. Die Zulassungsfähigkeit bezieht sich also auf die Einhaltung der in Deutschland zu diesem Zeitpunkt geltenden Vorschriften.

Im US-amerikanischen Rechtsraum findet sich die Besonderheit, dass statt des genauen Datums nur das Jahr des erstmaligen Inverkehrbringens dokumentiert ist. In diesen Fällen wird als Erstzulassungsdatum der 1. Juli des jeweiligen Jahres festgelegt. Liegt das Produktionsdatum des Fahrzeugs jedoch nachweisbar in dessen zweiter Jahreshälfte, wird als Erstzulassungsdatum der 1. Januar des Folgejahres bestimmt.

Das Erstzulassungsdatum ist insofern von großer Bedeutung, als die Anforderungen des Zulassungsrechts sich mit dem technischen Fortschritt weiterentwickeln. Ein 25 Jahre alter Pkw etwa wird nie eine Abgaseinstufung nach Euro 6 erreichen oder die aktuellen Vorschriften zum Fußgängerschutz erfüllen können. Würde das Zulassungsrecht nicht auf das Erstzulassungsdatum abstellen, sondern bei Wiederzulassungen oder Importfahrzeugen stets aktuelle Regelwerke zum Maßstab machen, wäre jede Wiederzulassung oder der Import von Oldtimern illusorisch.

3.2 Deutsche Fahrzeuge

Bei Fahrzeugen mit deutschen Fahrzeugpapieren, für die eine Betriebserlaubnis – sei es als Einzel- oder als Typgenehmigung – vorliegt, ist vor der Zulassung bzw. Wiederzulassung in der Regel nur eine Hauptuntersuchung erforderlich. Ein solches Fahrzeug (wieder) auf der Straße bewegen zu dürfen, ist also relativ problemlos möglich.

3.3 Importfahrzeuge

Fahrzeuge, die aus dem Ausland importiert werden und auch nicht über eine EG-Betriebserlaubnis verfügen, benötigen vor ihrer Zulassung in Deutschland eine sogenannte Vollabnahme gemäß § 21 StVZO zur Erteilung einer Einzelbetriebserlaubnis.

Diese geht über eine Hauptuntersuchung („die TÜV-Abnahme") hinsichtlich der Verkehrssicherheit hinaus, denn die technischen Daten zu diesen Fahrzeugen und die Konformität mit den (deutschen!) Zulassungsvorschriften zum Zeitpunkt der Erstzulassung müssen erst noch festgestellt werden. Je nach Bauart, Antriebsart und Alter des Fahrzeugs kann dies eine Abgasuntersuchung einschließen.

Gerade bei recht alten Fahrzeugen kann dies problematisch sein, da in früheren Zeiten die Zulassungsvorschriften verschiedener Staaten teilweise stark voneinander abwichen. So gibt es Länder, in denen die Reifen nicht für die mögliche Höchstgeschwindigkeit des Fahrzeugs ausreichend sein müssen, da dort ohnehin nicht so schnell gefahren werden darf. Oder die Vorschriften für lichttechnische Einrichtungen in Farbe oder Ausführung unterscheiden sich.

Eine entsprechende Nach- oder Umrüstung kann und muss dann gefordert werden, wenn sie technisch möglich und zumutbar ist. Die damit verbundenen Veränderungen stehen einer Zulassung als Oldtimer auch nicht im Wege. Dass dies nicht immer den Geschmack des Besitzers trifft oder dass dies die Originalität beeinträchtigen kann, hat der Gesetzgeber bewusst in Kauf genommen.

Nur für Fälle, in denen es nicht möglich oder nicht zumutbar ist, ein Fahrzeug so umzurüsten, dass die in Deutschland geltenden Vorschriften zur Zeit der Erstzulassung eingehalten werden können, hat der Gesetzgeber die Möglichkeit der „Ausnahme von straßenverkehrsrechtlichen Vorschriften" geschaffen. An sie ist jedoch ein strenger Maßstab anzulegen.

Nach einem positiven Ergebnis erstellt der Sachverständige ein Gutachten, mit dem die Zulassung bei der Straßenverkehrsbehörde erfolgen kann.

3.4 Oldtimergutachten und (Wieder-)Zulassung

Die erfolgreiche Begutachtung zur Einstufung als Oldtimer durch einen aaSoP/PI bestätigt die Einhaltung der dazu in der Oldtimer-Richtlinie festgehaltenen Regelungen. Da dieses Gutachten auch eine Überprüfung auf Verkehrstauglichkeit und Vorschriftsmäßigkeit umfasst, gilt es als bestandene Hauptuntersuchung und das Fahrzeug, z. B. Pkw, bekommt gleichzeitig „2 Jahre TÜV".

Abgemeldete Fahrzeuge mit deutschen Zulassungsdokumenten und ausländische Fahrzeuge, die über eine EG-Typgenehmigung verfügen und in einem EU-Staat zugelassen waren, können damit im Regelfall sofort (wieder) zugelassen werden.

Bei importierten Fahrzeugen aus anderen Staaten oder Fahrzeugen aus EU-Staaten ohne EG-Typgenehmigung ist zusätzlich zum Oldtimergutachten eine Vollabnahme nach § 21 StVZO (siehe Abschnitt 3.3) erforderlich.

3.5 Änderungen an Fahrzeugen
und Erlöschen der Betriebserlaubnis

Bauliche Änderungen an Fahrzeugen können nach § 19 StVZO zum Erlöschen der Betriebserlaubnis führen, wenn sie unzulässig sind.

Als Änderungen i. d. S. gelten das An- oder Abbauen von Teilen sowie Modifikationen von Bauteilen oder Baugruppen. Unfallbedingte Veränderungen, Verschleiß oder Abnutzung fallen nicht darunter.

Nun ist nicht jede Änderung begutachtungspflichtig. Was nicht fest mit dem Fahrzeug verbunden ist, gilt als Ladung und demzufolge nicht zum Fahrzeug gehörig. Dies umfasst Teile, die ohne Einsatz von Werkzeug angebracht oder gelöst werden können, wie beispielsweise Dachgepäckträger.

Weiterhin sind nur Änderungen relevant, soweit Abgas- und Geräuschvorschriften betroffen sind, die Fahrzeugart sich ändert oder Gefahren für die Verkehrssicherheit von dem Umbau ausgehen könnten. Beispiele für solche Änderungen sind: Umbau vom Pkw zum Lkw, Änderung an Auspuffanlagen, Fahrwerksfedern, Nachrüstung von Frontspoilern, Rädern, Anhängekupplungen, Umbau zum Cabrio usw. Ein Beispielkatalog findet sich in § 19 Absatz 2 StVZO.

Für diese Änderungen gibt es häufig Prüfzeugnisse in Form von Allgemeinen Betriebserlaubnissen oder Teilegutachten. Darüber hinaus gibt es Einzelfallbegutachtungen mit Einzelgenehmigungen.

In allen Fällen ist es jedoch ratsam, bereits vor einer beabsichtigten Änderung Rücksprache mit einem amtlich anerkannten Sachverständigen einer Prüfstelle zu halten, zumal es Änderungen gibt, die technisch und „normal" zulassungsrechtlich durchaus möglich, aber mit einem Status und einer Zulassung als Oldtimer nicht vereinbar sind:

Leichtmetallräder oder Niederquerschnittsreifen, die in der Zeit, für die der Oldtimer ein Zeitzeuge sein soll, noch gar nicht existierten, mögen technisch und grundsätzlich auch zulassungsrechtlich realisierbar sein. Sie können jedoch als nicht zeitgenössisch zum Verlust des Oldtimer-Status führen.

Gleiches ist auch für nicht abnahmepflichtige Veränderungen denkbar, etwa eine nicht zeitgenössische Innenausstattung oder Lackierung.

4 Hauptuntersuchung und Verkehrssicherheit bei Oldtimern

4.1 Periodisch technische Überwachung

Auch Oldtimer unterliegen der regulären, periodischen technischen Überwachung und „müssen zum TÜV".

Im Rahmen einer Hauptuntersuchung wird nicht nur der technische Zustand eines Fahrzeugs geprüft. Vielmehr geht es auch um Fragen der Vorschriftsmäßigkeit und die Richtigkeit der Beschreibung in den Fahrzeugpapieren.

Bei einem als Oldtimer anerkannten und zugelassenen Fahrzeug schließt dies auch immer wieder die Frage nach der Eigenschaft als kraftfahrzeug-historisches Kulturgut und dem zeitgenössischen Zustand ein. Sind die Voraussetzungen einer Einstufung als Oldtimer nicht mehr gegeben, kann eine Hauptuntersuchung auch zum Verlust des Oldtimer-Status führen.

In solchen Fällen darf der aaSoP/PI die Hauptuntersuchung nicht positiv abschließen und muss den Halter zur Prüfung bzw. Änderung seiner Fahrzeugpapiere an die Zulassungsbehörde verweisen.

Dabei wird nicht nur der i. S. d. Oldtimer-Status unzulässig veränderte (siehe Abschnitt 3.5), sondern auch der „vergammelte" Oldtimer zum Problem. Ein ehemals anerkanntes Fahrzeug in schlechtem, „verbrauchtem" Zustand ist eben auch kein Oldtimer mehr i. S. d. Gesetzgebers. Erhaltungswürdige Zeitzeugen sollen gefördert werden – Refit-Objekte nicht.

4.2 Gefälschte Ersatzteile als sicherheitsrelevante Mängel und Konsequenzen

Gefälschte Ersatzteile an sicherheitsrelevanten Bauteilen wie Rädern, Bremsen oder Lenkung stellen stets ein Sicherheitsrisiko dar, weil sie nicht geprüft sind und ihre Belastbarkeit oftmals geringer ist als die der Originalteile.

Hierbei ist zu unterscheiden zwischen

- Bauteilen, für die eine allgemeine Bauartgenehmigung vorgeschrieben ist,
- Bauteilen, die ein Prüfzeugnis benötigen (z. B. Leichtmetallräder),
- Bauteilen ohne eine besondere Kennzeichnung bzw. ein Prüfzeugnis.

Erstere müssen mit einem zugelassenen Prüfzeichen versehen sein. Im Rahmen der Hauptuntersuchung wird das Vorhandensein dieser Prüfzeichen kontrolliert und erkannte Fälschungen als Mangel (erheblicher Mangel) bewertet, der umgehend abzustellen ist. Ist eine unmittelbare Verkehrsgefährdung zu erwarten, wird das Fahrzeug sogar als „verkehrsunsicher (VU)" bewertet. Dies hat zur Folge, dass das Fahrzeug so lange nicht mehr im öffentlichen Straßenverkehr betrieben werden darf, bis der Mangel abgestellt ist. Anschließend ist erneut eine HU durchzuführen.

Handelt es sich um Bauteile, für die ein Prüfzeugnis erforderlich ist, müssen sie mit einer Kennzeichnung versehen sein, die im Prüfzeugnis aufgeführt ist. Liegt ein entsprechend gültiges Prüfzeugnis nicht vor oder stimmen Prüfzeugnis und Kennzeichnung des Bauteils nicht überein, wird auch dies als erheblicher Mangel (EM) bzw. bei unmittelbarer Verkehrsgefährdung als verkehrsunsicher (VU) eingestuft.

Auch Bauteile, die weder eine Bauartgenehmigung noch ein Prüfzeugnis benötigen, werden überprüft. Da diese Bauteile keine vorgeschriebene Kennzeichnung aufweisen müssen, sind Fälschungen im Rahmen der HU jedoch nur bedingt feststellbar. Handelt es sich beispielsweise um gefälschte Bremsscheiben, werden möglicherweise im Rahmen der Wirkprüfung (Prüfung der Bremse auf einem Bremsenprüfstand) die erforderlichen Abbremsungen nicht erreicht. Dies führt dann ebenfalls zur Einstufung als EM bzw. VU mit den geschilderten Konsequenzen.

5 Amtliche Kennzeichen für Oldtimer und ihre Verwendungsmöglichkeiten

Ohne amtliches Kennzeichen als Ausweis erfolgter Zulassung ist der Betrieb eines Kraftfahrzeugs im öffentlichen Verkehr nicht möglich. Die Zulassung wird durch die Fahrzeug-Zulassungsverordnung (FZV) geregelt und erfolgt durch die Zuteilung des Kennzeichens, Abstempelung der Kennzeichenschilder und Ausgabe der Zulassungsbescheinigung Teil I, früher landläufig auch bezeichnet als „Fahrzeugschein".

Zulassungsfreie Fahrzeuge (siehe Abschnitt 3) benötigen zwar eine Betriebs-erlaubnis, Kleinkrafträder jedoch nur ein Versicherungskennzeichen und Leicht-krafträder ein durch die Zulassungsbehörde zugeteiltes Leichtkraftradkenn-zeichen – ähnlich dem zulassungspflichtiger Fahrzeuge.

Für zulassungspflichtige Fahrzeuge gibt es eine Reihe unterschiedlicher Kenn-zeichen. Die folgenden Abschnitte sollen einen Überblick über die unterschied-lichen Verwendungszwecke und Unterscheidungsmerkmale geben.

5.1 (Normale) Schwarze Kennzeichen

Zweispurige Kraftfahrzeuge tragen ein- oder zweizeilige Kennzeichen an Vorder- und Rückseite. An Motorrädern und Dreiradfahrzeugen genügen Kennzeichen an der Rückseite.

Das durch die Zulassungsbehörde zugeteilte Kennzeichen besteht aus dem Unterscheidungskennzeichen des Verwaltungsbezirks, mit ein bis drei Buch-staben, und der individuellen Erkennungsnummer, zusammengesetzt aus ein oder mehreren Buchstaben und ein bis vier Zahlen (z. B. K-AA 999).

Schwarze Kennzeichen gibt es in drei verschiedenen Größen:

1. Allgemeines Kennzeichen
   Sie können einzeilig (wie bei den meisten Pkw) oder zweizeilig (wie häufig an der Rückseite von Lkw oder Anhängern) ausgeführt sein.
2. Kraftradkennzeichen
   Dem vergleichsweise schmalen Heck von Motorrädern wird durch ein etwas schmaleres zweizeiliges Kennzeichen mit entsprechend kleineren Buchstaben Rechnung getragen.
3. Verkleinertes zweizeiliges Kennzeichen
   Dieses ist zur Verwendung an üblicherweise noch kleiner gebauten Leicht-krafträdern gedacht.

5.2 Oldtimerkennzeichen

Fahrzeuge, die als Oldtimer im straßenverkehrsrechtlichen Sinne als kraft-fahrzeug-historisches Kulturgut anerkannt sind, bekommen ein sogenanntes H-Kennzeichen zugeteilt. Es entspricht in seiner Größe den allgemeinen Kenn-zeichen, die letzte Ziffer der Unterscheidungsnummer ist jedoch ein „H" (z. B. MK-GD 24 H).

Mit der Anerkennung als Oldtimer sind verschiedene Vorteile verbunden:

- Die Kraftfahrzeugsteuer wird nicht nach Hubraum oder Schadstoffaus-stoß bemessen, sondern für Motorräder pauschal mit 46,– €, für andere Kraftfahrzeuge mit 191,– € jährlich berechnet. Da Fahrzeuge aus früheren Epochen heutigen Kriterien der Umweltfreundlichkeit naturgemäß nicht ent-sprechen und die Motoren eine vergleichsweise geringe Leistungsausbeute bei großem Hubraum aufweisen, wäre ihr Betrieb bei regulärer Besteuerung für die meisten Oldtimerfreunde kaum zu finanzieren.
- Oldtimer dürfen Umweltzonen auch ohne Feinstaubplakette befahren. Anders wäre ihr Betrieb in und um viele Städte schlicht nicht mehr mög-lich, da der emissionstechnische Stand dieser Fahrzeuge das Erlangen einer Umweltplakette kaum jemals zulassen wird.
- Versicherungen tragen der im Regelfall geringen Laufleistung von Oldtimern, ihrer pfleglichen Behandlung und der dementsprechend geringen Beteiligung am Unfallgeschehen oftmals durch günstige Prämien Rechnung.

5.3 Wechselkennzeichen

Seit einigen Jahren gibt es die Möglichkeit, sogenannte Wechselkennzeichen zu beantragen, die gleichzeitig für zwei gleichartige Kraftfahrzeuge gelten (zwei Pkw, zwei Anhänger bis 750 kg, zwei Motorräder etc.).

Das Wechselkennzeichen besteht aus einem Teil, der für beide Fahrzeuge gemeinsam ist, und der fahrzeugbezogenen letzten Ziffer, die fest am jewei-ligen Fahrzeug verbleibt. Lautet es beispielsweise OHZ-AB 10 2 bzw. im Falle eines Oldtimers OHZ-AB 10 2H, verbleibt die 2 bzw. 2H als fahrzeugbezogener Teil stets am Fahrzeug, während das andere mit diesem Wechselkennzeichen zugelassene Fahrzeug dann OHZ-AB 10 1 bzw. OHZ-AB 10 1H trägt.

Das Wechselkennzeichen darf zur selben Zeit nur an einem der beiden Fahr-zeuge geführt werden und auch nur dieses Fahrzeug darf am öffentlichen

Straßenverkehr teilnehmen oder dort abgestellt werden. Das andere Fahrzeug muss zwingend auf privatem Grund verbleiben.

Beide Fahrzeuge unterliegen der Kraftfahrzeugsteuerpflicht, hier bietet das Wechselkennzeichen keinen finanziellen Gewinn. Jedoch bieten sich oft Vorteile hinsichtlich der Versicherungsprämie in der Größenordnung bis zu 40 Prozent.

5.4 Grüne Kennzeichen

„Grüne Kennzeichen" sind Fahrzeugen vorbehalten, die einem besonders förderungswürdigen Zweck dienen und deswegen von der Kraftfahrzeugsteuer befreit sind. Von der Farbgebung abgesehen (grüne Ziffern auf weißem Grund) entsprechen sie in der Gestaltung den allgemeinen Kennzeichen. Grüne Kennzeichen kommen für Oldtimer im Regelfall nicht infrage, da sie explizit einer Pauschalbesteuerung unterliegen. Steht jedoch ein besonders förderungswürdiger Zweck im Vordergrund, kann das Fahrzeug ein grünes Kennzeichen ohne den Zusatz „H" bekommen.

Eine missbräuchliche Verwendung dieser Fahrzeuge für andere Zwecke ist insofern leicht zu erkennen. Das klassische Beispiel ist der steuerbefreite Anhänger zum Transport von Sportpferden, welcher für den privaten Umzug genutzt wird.

5.5 Saisonkennzeichen

Ein Saisonkennzeichen zu beantragen, bietet sich an, wenn ein Fahrzeug regelmäßig nur einen Teil des Jahres über betrieben werden soll, etwa ein Cabrio oder ein Motorrad im Sommer oder das „Winterauto", auf das man in der wettermäßig eher unfreundlichen Jahreszeit wechselt.

Mit einem Saisonkennzeichen wird der Betriebszeitraum des Fahrzeugs von vornherein festgelegt und auf volle Monate bemessen. Er muss mindestens zwei und darf höchstens elf Monate umfassen. Der Halter spart damit den andernfalls jeweils erforderlichen Gang zur Zulassungsstelle, um das Fahrzeug an- oder abzumelden.

Saisonkennzeichen sind wie allgemeine Kennzeichen gestaltet, ergänzt jedoch um den in kleinen Ziffern angehängten Betriebszeitraum. Eine „04" oberhalb eines Querstriches mit einer „10" darunter bedeutet also, dass der Betriebszeitraum von Anfang April bis Ende Oktober reicht.

5.6 Ungestempelte Kennzeichen

Grundsätzlich müssen Fahrzeuge zugelassen sein, um im öffentlichen Straßenverkehr betrieben werden zu dürfen. Dass die Zulassung ordnungsgemäß erfolgt ist, lässt sich an der auf dem Kennzeichen angebrachten Siegelplakette erkennen.

Ausnahmsweise jedoch dürfen Fahrten, die im Zusammenhang mit dem Zulassungsverfahren stehen, innerhalb des jeweiligen Zulassungsbezirks und eines angrenzenden Bezirks auch mit ungestempelten Kennzeichen durchgeführt werden, vorausgesetzt, die Zulassungsstelle hat vorab ein Kennzeichen zugeteilt und das Fahrzeug ist haftpflichtversichert.

Dazu gehören insbesondere Fahrten zur Anbringung der Siegelplakette oder zur Durchführung einer Haupt- oder Sicherheitsuntersuchung.

Auch Rückfahrten nach der Abmeldung eines Fahrzeugs – bei der Abmeldung wird die Siegelplakette entfernt – sind mit dem bisher zugeteilten Kennzeichen bis 24 Uhr des Abmeldetages zulässig, solange noch eine Kraftfahrzeug-Haftpflichtversicherung besteht.

5.7 Kurzzeitkennzeichen

Fahrzeuge, die nicht zugelassen sind, können zu Prüfungs-, Probe- oder Überführungsfahrten in Betrieb gesetzt werden, wenn sie ein Kurzzeitkennzeichen führen.

Voraussetzung für die Erteilung des Kurzzeitkennzeichens ist, dass der Antragsteller für das betreffende Fahrzeug eine Kraftfahrzeug-Haftpflichtversicherung und eine gültige Hauptuntersuchung nachweist. Darüber hinaus müssen die Fahrzeuge über eine Einzelgenehmigung verfügen oder zu einem genehmigten Typ gehören. Dieser Nachweis wird durch die Fahrzeugpapiere bzw. die EG-Übereinstimmungsbescheinigung erbracht.

Liegt eine solche Genehmigung oder auch der Nachweis der Hauptuntersuchung nicht vor, kann die Zulassungsbehörde dennoch die Verwendung eines Kurzzeitkennzeichens für die Fahrt zu einer entsprechenden Untersuchungsstelle und zur ggf. erforderlichen Reparatur in dem betreffenden oder einem benachbarten Zulassungsbezirk genehmigen.

Das Kurzzeitkennzeichen darf nur an dem Fahrzeug verwendet werden, für welches es ausgegeben wurde, und auch nur bis zu dem seitens des Straßenverkehrsamtes festgelegten Datum.

Ein Kurzzeitkennzeichen besteht aus der Kennzeichnung der ausgebenden Zulassungsstelle und einer Zahlenfolge, die mit „03" oder „04" beginnt. Das Kennzeichen enthält darüber hinaus ein Ablaufdatum, da es längstens für fünf Tage ab der Zuteilung gültig ist. Dieses Ablaufdatum ist in einem gelben Feld am rechten Rand aufgebracht.

5.8 Rote Kennzeichen

Als Alternative zu Kurzzeitkennzeichen dürfen sogenannte rote Kennzeichen (rote Schrift auf weißem Grund) zu Prüfungs-, Probe- oder Überführungsfahrten genutzt werden.

Die örtliche Zulassungsbehörde teilt diese Kraftfahrzeugherstellern, Kraftfahrzeugteileherstellern, Kraftfahrzeugwerkstätten und Kraftfahrzeughändlern zu. Die persönliche Zuverlässigkeit des jeweiligen Antragstellers ist über ein polizeiliches Führungszeugnis zu belegen.

Vorteil der roten Kennzeichen ist, dass sie an unterschiedlichen Fahrzeugen verwendet werden können. Der Inhaber ist dabei verpflichtet, ein besonderes Fahrzeugscheinheft zu führen, in dem alle Fahrten im Detail eingetragen werden. Ein Verleih dieser Kennzeichen an andere Personen oder Firmen ist nicht gestattet.

Rote Kennzeichen bestehen aus den für den Verwaltungsbezirk festgelegten Buchstaben und einer Zahlenkombination, die mit „06" beginnt, beispielsweise B 061234.

5.9 Rote Oldtimerkennzeichen

Rote Oldtimerkennzeichen dürfen nur für die Fahrzeuge verwendet werden, für die sie von der Zulassungsstelle ausgegeben wurden. Im Gegensatz zu den roten Dauerkennzeichen ist die Ausgabe der roten Oldtimerkennzeichen aber auch an Privatpersonen möglich.

Die Zulassungsbehörden sind auch hier verpflichtet, sich durch ein polizeiliches Führungszeugnis von der persönlichen Zuverlässigkeit des Antragstellers zu überzeugen sowie sich den Nachweis einer entsprechenden Haftpflichtversicherung vorlegen zu lassen.

Das rote Oldtimerkennzeichen weist die Buchstaben des Verwaltungsbezirks auf sowie eine Erkennungsnummer, die mit „07" beginnt.

Der Vorteil der roten Oldtimerkennzeichen ist, dass neben Prüfungs-, Probe- oder Überführungsfahrten mit diesen Kennzeichen auch die Teilnahme an Veranstaltungen „zur Pflege und Darstellung kraftfahrzeug-historischen Kultur-gutes" samt den dazu erforderlichen An- und Abfahrten möglich ist, ohne dass die betreffenden Oldtimer über eine weitere Zulassung oder Betriebserlaubnis verfügen müssen. Wie für jedes Fahrzeug, das den Status Oldtimer trägt, ist auch hier die Vorlage eines Gutachtens nach § 23 StVZO bei der Ausgabe der roten 07er-Kennzeichen erforderlich.

Ähnlich den allgemeinen roten Kennzeichen ist nach § 17 Abs. 2 FZV ein Fahr-zeugscheinheft auch für rote Oldtimerkennzeichen zu führen und die Fahrten sind entsprechend einzutragen.

5.10 Ausfuhrkennzeichen

Soll ein nicht (mehr) zugelassenes Fahrzeug „auf eigenen Rädern" dauerhaft in einen anderen Staat verbracht werden, benötigt es dazu ein Ausfuhrkennzeichen.

Dieses besteht aus der Kennung der Zulassungsstelle, einer Zahlenkombination, einem nachgestellten „A" und einem roten Feld am rechten Rand, in welchem das Ablaufdatum der Zulassung vermerkt ist.

Ein Ausfuhrkennzeichen wird nur befristet, längstens für ein Jahr erteilt. Der Termin der nächsten Hauptuntersuchung muss nach dem Ablaufdatum liegen, die erforderlichen Daten zur Ausstellung einer Zulassungsbescheinigung müssen ebenso vorliegen wie der Nachweis einer Haftpflichtversicherung.

Menschen, die sich bereits seit Langem mit Kraftfahrzeugen und deren Zulas-sung beschäftigen, werden feststellen, dass die Regelungen zu Ausfuhr-, Kurz-zeit- und roten Kennzeichen im Laufe der Jahre aufgrund von Missbrauchsfällen verschärft wurden, sodass manches heutzutage etwas umständlicher zu hand-haben ist. Dies betrifft vor allem die Pflicht, beim Antrag auf Kurzzeit- oder Ausfuhrkennzeichen eine gültige Hauptuntersuchung vorzulegen.

5.11 Auf keinen Fall: Fahrten ohne Kennzeichen

Der Gedanke, eine kurze Strecke im Straßenverkehr zurückzulegen, ohne zuerst den vielleicht etwas umständlich erscheinenden Weg über die Zulassungsstelle zu einem der oben beschriebenen Kennzeichen zu gehen, mag manches Mal naheliegen.

Die Versuchung, das Fahrzeug „für ein paar Meter" ohne Kennzeichen zu bewe-gen, von einem anderen zugelassenen Fahrzeug die Kennzeichen „auszuleihen" oder vielleicht selbst erstellte Pappschilder zu verwenden, mag dann groß sein.

Allein: Derartiges sollte sofort wieder verworfen werden, da der Gesetzgeber sowohl den Kennzeichenmissbrauch als auch das missbräuchliche Herstellen und Verwenden von Kennzeichen unter Strafe gestellt hat. Straftaten mit und unter Verwendung von Fahrzeugen sollen damit besser verfolgt und geahndet werden können.

Dies dient nicht nur dem Schutz der anderen Verkehrsteilnehmer, sondern zuletzt auch dem des Fahrzeugführers selbst, da in den genannten Fällen kein Versicherungsschutz durch eine Haftpflichtversicherung besteht. Sollte es dann zum Unfall kommen, müsste der Führer dieses Fahrzeugs sämtliche Schäden, die er verursacht hat, aus eigenem Vermögen begleichen. Je nach Schadensbild können dabei schnell hohe Summen zustande kommen.

Diese möglichen Folgen wird der verantwortungsvolle Oldtimer-Liebhaber vor Augen haben und von derartigen Vorhaben, im Interesse aller, Abstand nehmen.

6 Bauartgenehmigungspflicht für Ersatzteile

Teile, die für die Verkehrssicherheit eines Fahrzeugs besonders wichtig sind, müssen in einer „amtlich genehmigten Bauart" ausgeführt sein. Diese Teile sind in § 22a StVZO aufgelistet. Dabei handelt es sich u.a. um die Beleuchtungseinrichtungen, Sicherheitsglas, Auflaufbremsen, Heizungen, Verbindungseinrichtungen (Anhängekupplungen).

Dass ein Bauteil in amtlich genehmigter Bauart ausgeführt ist, wird durch Prüfzeichen kenntlich gemacht.

- Nationale Prüfzeichen bestehen aus einer Wellenlinie von drei Perioden, Kennbuchstaben und Nummer $\sim\!\sim\!\sim$ **M 4280**.
- Daneben gibt es auch ECE-Prüfzeichen nach folgendem Beispiel

und EG-Prüfzeichen entsprechend Beispiel

030148.

ECE- und EG-Prüfzeichen sind den nationalen Prüfzeichen gleichgestellt.

Bei Oldtimern wird an entsprechenden Bauteilen überwiegend noch das nationale Prüfzeichen angebracht sein. Im Rahmen einer Restaurierung kann ein Bauteil mit einem gleichwertigen ECE- bzw. EG-Prüfzeichen angebaut werden.

Wichtig ist gerade bei recht alten Fahrzeugen und schwieriger Ersatzteillage, dass bei der Nachfertigung genehmigungspflichtiger Teile durch einen anderen als den bisherigen Hersteller in jedem Fall eine neue Bauartgenehmigung für diese Teile beantragt werden muss. Andernfalls, d.h. ohne Prüfzeichen auf bauartgenehmigungspflichtigen Teilen, ist das Fahrzeug nicht zulassungsfähig.

7 Bestandsschutz und Nach-/Umrüstungspflichten

Grundsätzlich ist es ausreichend, dass ein Fahrzeug alle Vorschriften erfüllt, die bei seiner Erstzulassung galten. Jedoch gib es davon einige Ausnahmen, durch die auch für anerkannte Oldtimer eine Nach- bzw. Umrüstungspflicht begründet wird, z. B. für den Einbau einer Warnblinkanlage oder einer Diebstahlsicherung.

Bestandsschutz und Umrüstungsvorgaben finden sich in § 72 StVZO und den sogenannten *Übergangsvorschriften* zur StVZO. § 72 Abs. 1 StVZO legt dabei allgemein fest:

Für Fahrzeuge sowie für Systeme, Bauteile und selbstständige technische Einheiten für diese Fahrzeuge, die vor dem 5. Mai 2012 erstmals in den Verkehr gekommen sind, gelten die zum Zeitpunkt ihrer Zulassung geltenden Vorschriften einschließlich der für diese Fahrzeuge erlassenen Nachrüstvorschriften fort.

Während für Fahrzeuge, die in Deutschland erstmals zugelassen waren, im Regelfall keine großen Probleme zu erwarten sind, können bei aus dem Ausland importierten Oldtimern je nach Land und Baujahr unterschiedlichste Um- und Nachrüstungen erforderlich werden. Die wichtigsten sind nachfolgend erläutert.

Ein Sonderfall sind Fahrzeuge, die aus neuen und gebrauchten Teilen neu zusammengesetzt wurden. Dies kann in verschiedenen Varianten erfolgen:

- Es können an einem bestehenden, einwandfrei zu identifizierenden Fahrzeug beschädigte Teile durch Neuteile ersetzt werden.
- Mit Bauteilen aus mehreren alten Fahrzeugen und einigen Neuteilen kann ein Fahrzeug nach altem Vorbild zusammengebaut werden.
- Nach dem Vorbild eines Oldtimers erfolgt ein Nachbau aus Neuteilen.

Daraus folgt:

- Ist anhand einer am Fahrzeug vorhandenen Fahrzeug-Identifizierungsnummer eine eindeutige Zuordnung der Fahrzeugpapiere zum vorgeführten Fahrzeug möglich, bleibt das alte Fahrzeug bestehen, auch wenn Teile erneuert wurden. Es gelten die Zulassungsvorschriften zum Erstzulassungsdatum.
- Werden jedoch Altteile verschiedener Fahrzeuge und Neuteile zu einem sogenannten Nachbaufahrzeug zusammengebaut, entsteht dadurch ein neues Fahrzeug. Als Hersteller gilt dann derjenige, unter dessen Verantwortung das Fahrzeug zusammengebaut wurde. Dieses Fahrzeug muss alle zum Zeitpunkt des Zusammenbaus geltenden Vorschriften erfüllen (Quelle: BLFA-TK 110. Sitzung; MVI Ba-Wü). Es wird eine neue FIN oder TP-Nr. zugeteilt.

- Wird ein Fahrzeug komplett nachgebaut, entsteht – auch wenn das äußere Erscheinungsbild identisch mit dem Oldtimer ist – ein neues Fahrzeug, das alle zum Entstehungszeitpunkt geltenden Vorschriften erfüllen muss. Es wird eine neue FIN oder TP-Nr. zugeteilt.

7.1 Diebstahlsicherung (Lenkradschloss u. Ä.)

Alle Kraftfahrzeuge müssen mit einer Sicherung gegen unbefugte Benutzung, im allgemeinen Sprachgebrauch „Diebstahlsicherung", ausgerüstet sein. Die entsprechende Vorschrift des § 38a StVZO wurde zum 01.01.1962 eingeführt. Da es für diese Bauvorschrift keine Übergangsbestimmung gibt, gilt sie rückwirkend für alle Kraftfahrzeuge, sodass auch bei Oldtimern eine Nachrüstung erforderlich ist.

Zulässig sind Lenkradschlösser, Schalthebelsperren oder Panzerzündspulen, soweit diese Sicherungseinrichtungen fest im Fahrzeug eingebaut sind.

- Beim Lenkradschloss darf der Zündstrom erst nach dem Entriegeln des Lenkradschlosses einschaltbar sein.
- Bei der Schalthebelsperre wird der Gangschalthebel in der Leerlaufstellung oder im Rückwärtsgang gesperrt.

Ist eine Nachrüstung technisch nicht möglich bzw. nicht zumutbar, besteht die Möglichkeit, nach Rücksprache mit der zuständigen Genehmigungsbehörde (Zulassungsstelle) eine Ausnahmegenehmigung zu beantragen. Hierzu empfiehlt es sich, vorab mit einem Sachverständigen Kontakt aufzunehmen.

7.2 Lichttechnische Einrichtungen / Beleuchtung

Die Bauartgenehmigungspflicht für Lichttechnische Einrichtungen (LTE), also die Fahrzeugbeleuchtung, wurde erst stufenweise für die einzelnen LTE eingeführt. An Fahrzeugen mit einer Erstzulassung vor dem 01.01.1954 ist für lichttechnische Einrichtungen keine Bauartgenehmigung erforderlich.

Die Bauartgenehmigungspflicht besteht bei Fahrzeugen mit Erstzulassung

- ab dem 01.01.1954 für
  - Schluss- und Bremsleuchten,
  - Rückstrahler,
  - Scheinwerfer für Fern- und Abblendlicht,
  - Kennzeichenbeleuchtung,
  - Begrenzungs- und Parkleuchten,

- ab dem 01.04.1957 für Fahrtrichtungsanzeiger,
- ab dem 01.01.1961 für
  - Glühlampen für Scheinwerfer mit asymmetrischem Abblendlicht,
  - Nebelscheinwerfer,
- ab dem 01.01.1986 für Rückfahrscheinwerfer.

Gesetzlich vorgeschrieben und damit ggf. nachrüstungspflichtig sind

- Fahrtrichtungsanzeiger an Krafträdern (Blinker) ab Erstzulassungsdatum 01.01.1962,
- Rückfahrscheinwerfer an Pkw und Lkw ab Erstzulassungsdatum 01.01.1987. Sie dürfen nur leuchten, wenn der Rückwärtsgang eingelegt ist und der Zündschlüssel in Startstellung steht.
- eine Leuchtweitenregelung, d.h. die Einstellung der Abblendlichtscheinwerfer in Abhängigkeit von der Beladung vom Fahrersitz aus, ab Erstzulassungsdatum 01.01.1990,
- die Ausrüstung mit einer oder zwei Nebelschlussleuchten an mehrspurigen Fahrzeugen mit einer bauartbedingten Geschwindigkeit von mehr als 60 km/h ab Erstzulassungsdatum 01.01.1991. Bei Anbringung von nur einer Nebelschlussleuchte muss diese in der Mitte oder links davon angebracht sein. Sie darf nur eingeschaltet werden können, wenn die vorderen Scheinwerfer (Abblend- und/oder Fernlicht) eingeschaltet sind.

7.2.1 Warnblinkanlage

In Deutschland besteht für mehrspurige Fahrzeuge, die mit Fahrtrichtungsanzeiger ausgerüstet sein müssen, eine generelle Nachrüstpflicht einer Warnblinkanlage.

Diese Verpflichtung kann bei Fahrzeugen, die noch keine elektrische Beleuchtung haben (Vorkriegswagen), ggf. die Nachrüstung einer Lichtmaschine erforderlich machen.

7.2.2 Winker, Pendelwinker

Anstelle der vorgeschriebenen Blinkleuchten für gelbes Licht sind an Fahrzeugen mit Erstzulassung bis zum 01.04.1974 auch Winker mit gelbem Blinklicht oder Pendelwinker zulässig, wenn die Fahrzeuglänge nicht mehr als 4,0 m und die Fahrzeugbreite nicht mehr als 1,6 m beträgt (z. B. alter VW-Käfer).

7.2.3 Rote Blinkleuchten nach hinten

Bei einer Erstzulassung des Fahrzeugs vor dem 01.01.1970 dürfen die nach hinten leuchtenden Blinker auch rotes Licht abstrahlen. Bei einem späteren Erstzulassungsdatum ist die Umrüstung auf gelbes Licht erforderlich.

7.3 Lärm-, Abgas- und Umweltvorschriften

Die Emissionen (Geräusch und Abgas) des Kraftfahrzeugverkehrs sind mit Zunahme der Motorisierung immer weiter in den Vordergrund gerückt. Umweltschutz hat heute beim Verordnungsgeber den gleichen Stellenwert wie die Verkehrssicherheit.

Zur Erfüllung der immer strengeren Anforderungen sind technische Innovationen und Entwicklungen erforderlich. Oldtimer werden die heute gültigen Vorgaben zu Lärm und Abgas kaum jemals erfüllen und auch nicht mit vertretbarem Aufwand auf den heute gültigen Standard nachgerüstet werden können. Jedoch gilt, dass auch Oldtimer stets mindestens die Anforderungen erfüllen müssen, die zum Zeitpunkt der Erstzulassung vorgeschrieben waren.

Bei Unklarheiten, welche Grenzwerte z. B. ein zu restaurierendes Fahrzeug am Ende erfüllen muss, wird die frühzeitige Rücksprache mit einem Sachverständigen empfohlen.

7.4 Nachrüstpflichten bei Importfahrzeugen

Auch Importfahrzeuge müssen die Anforderungen erfüllen, die am Tag ihrer Erstzulassung in Deutschland maßgeblich waren (siehe Abschnitt 3). Daher gilt es beim Import einige Dinge zu beachten, um bei der Zulassung in Deutschland keine unangenehmen Überraschungen zu erleben. Häufige Importländer sind die europäischen Nachbarländer und mit verstärktem Interesse die USA.

7.4.1 Import aus europäischen Ländern

Der innereuropäische Import von Oldtimern bereitet der Erfahrung nach nur einen mäßigen Umrüstungsbedarf, der bei der Begutachtung des Einzelfahrzeugs ermittelt wird (siehe Abschnitt 3.3 zur Vollabnahme bei Importfahrzeugen).

Eine Ausnahme bilden Fahrzeuge aus England. Durch die Besonderheiten des dortigen Linksverkehrs sowie teilweise andere Zulassungsvorschriften sind hier zumindest folgende Umrüstungen erforderlich:

- Austausch der asymmetrischen Scheinwerfer von Linksverkehr auf Rechtsverkehr.
- Ergänzung der Rückspiegel an der linken Seite.
- Die FIN (dort: Klebeschild) ist ordnungsgemäß anzubringen.
- Beim Import von offenen Fahrzeugen, z. B. Roadstern, ist die Anbringung einer Sonnenblende erforderlich.
- Ist das Fahrzeug nur mit einer Nebelschlussleuchte ausgerüstet, muss diese in der Mitte oder links angeordnet werden.

Ein beliebtes Importfahrzeug sind die Londoner Taxis. Bei älteren Modellen sind deren Türen oftmals noch hinten angeschlagen. Dies ist bei uns ab Erstzulassungsdatum 01.07.1963 nicht mehr zulässig. Der letztendlich erforderliche Umrüstbedarf ergibt sich bei der Einzelbegutachtung durch den Sachverständigen.

7.4.2 Importland USA

Viele USA-Fahrzeuge der 60er-, 70er- und auch der 80er-Jahre haben „Kultstatus" in Deutschland. Ebenfalls beliebt sind in den USA gefertigte Nachbauten von deutschen oder europäischen Autolegenden, etwa des Porsche 356.

Die teilweise heute noch erheblichen Unterschiede in den Zulassungsvorschriften der USA zu denen in Deutschland können je nach Fahrzeug und Baujahr jedoch umfangreiche Umrüstungen erforderlich machen. Da die Bauvorschriften auch in den einzelnen Bundesstaaten der USA nicht in allen Punkten identisch sind, kann sogar beim gleichen Fahrzeugtyp ein unterschiedlicher Umfang der erforderlichen Umrüstungen entstehen. Eine verbindliche Festlegung zum Umfang der erforderlichen Umrüstungen kann daher nur im Rahmen einer Begutachtung im Einzelfall getroffen werden (siehe Abschnitt 3.3 zur Vollabnahme bei Importfahrzeugen).

- Ein wesentlicher Unterschied sind die Scheinwerfer und deren Lichtverteilung. In den USA werden Sealed-Beam-Scheinwerfer eingesetzt, die in Deutschland und Europa nicht zulässig sind. Dies macht entsprechende optische Messungen der einzelnen Scheinwerfer erforderlich. Sofern die Anforderungen nicht erfüllt werden, muss auf entsprechende zulässige Scheinwerfer umgerüstet werden.
- Die restliche Beleuchtung hat in der Regel keine Bauartgenehmigung nach europäischem bzw. deutschem Recht. Sind vergleichbare Prüfzeichen vorhanden, kann der Sachverständige jedoch eine „In-Etwa-Wirkung" bestäti-

gen. Andernfalls sind zumutbare Um- oder Nachrüstungen erforderlich (z. B. bauartgenehmigte Rückstrahler).

- Eine Bauartgenehmigung nach europäischen bzw. deutschen Vorschriften wird in der Regel auch bei Sicherheitsgurten und Verglasung fehlen. Auch hier besteht bei vorhandenen vergleichbaren Prüfzeichen die Möglichkeit der Bescheinigung einer „In-Etwa-Wirkung".
- Als weitere Abweichungen von deutschen Vorschriften finden sich häufig:
  - Farbe der Gläser für die hinteren Blinker und Warnblinker,
  - seitlich rückstrahlende Mittel,
  - Kontrollleuchten,
  - Skala des Tacho in Meilen/Stunde statt km/h,
  - keine Anzeige der bauartbedingten Höchstgeschwindigkeit auf der Tachoskala,
  - Rückenlehne Fahrersitz nicht verstellbar,
  - vorgesehener Platz für das amtliche Kennzeichen vorne und/oder hinten nicht ausreichend für ein vorgeschriebenes deutsches Kennzeichen,
  - montierte Bereifung nicht ausreichend für die bauartbedingte Höchstgeschwindigkeit des Fahrzeugs.

Bei der Abnahme nach § 21 StVZO (Vollabnahme) legt der Sachverständige zu diesen und ggf. entsprechend weiteren Punkten jeweils fest, ob ggf. eine Ausnahme befürwortet werden kann oder entsprechend umgerüstet werden muss.

Keine Ausnahmen sind hingegen von Abgas- und Lärmvorschriften möglich. Fehlen in den Dokumenten von US-Fahrzeugen Angaben zu Abgasverhalten, bauartbedingter Höchstgeschwindigkeit, Geräuschpegel (Stand- und Fahrgeräusch), Motorleistung u. Ä., müssen diese Werte durch belastbare Bescheinigungen nachgewiesen werden, da sie unabdingbare Voraussetzung für die Beschreibung des Fahrzeugs sind. Ist dies nicht möglich, müssen sie am Einzelfahrzeug durch den Sachverständigen ermittelt werden, was Kosten und Prüfumfang der Abnahme je nach Umfang erheblich steigern kann.

8 Zulassung von historischen Feuerwehrfahrzeugen als Oldtimer

Nach § 19 Abs. 2a StVZO erlischt die Betriebserlaubnis von Fahrzeugen, die für besondere Einsatzzwecke gebaut sind, wenn sie nicht mehr im Rahmen dieses Zweckes bzw. von den dort privilegierten Organisationen eingesetzt werden.

Unter diese Regelung fallen auch Feuerwehrfahrzeuge. Um sie zur Pflege des historischen Kulturgutes in begründeten Einzelfällen dennoch zulassen zu können, regeln die Bundesländer die Zulassung dieser Fahrzeuge mit entsprechenden Ausnahmen durch Erlasse. Da diese leicht unterschiedlich sein können, ist der jeweils im Bundesland der neuen Zulassung gültige zu prüfen.

In Nordrhein-Westfalen gilt ein entsprechender Erlass vom 14.12.2012, Az: III B 2-21-11/9. Als Grundlagen für die Erteilung der Betriebserlaubnis eines solchen Fahrzeugs wird hier ein Gutachten eines amtlich anerkannten Sachverständigen für den Kfz-Verkehr in Verbindung mit einem Gutachten nach § 23 StVZO für die Einstufung als Oldtimer bestimmt. Die Erteilung der Betriebserlaubnis erfolgt dann durch die zuständige Zulassungsbehörde als Ausnahmegenehmigung von § 19 Abs. 2a StVZO.

Sollen das blaue Rundumlicht und das Einsatzhorn am Fahrzeug verbleiben, sind dafür weitere Ausnahmegenehmigungen erforderlich. Diese werden meist mit Auflagen versehen, etwa dass das blaue Rundumlicht bei Fahrten im öffentlichen Verkehrsraum abzudecken ist und dass seine Benutzung einschließlich Einsatzhorn zu unterbleiben hat.

9 Fahrerlaubnisrecht und Führerschein

Wer auf öffentlichen Straßen ein Kraftfahrzeug führen möchte, muss eine dazu vorgeschriebene, gültige Fahrerlaubnis besitzen. Oldtimer machen da keine Ausnahme.

Mit der zunehmenden Rechtsvereinheitlichung auf europäischer Ebene wurde vor einigen Jahren der EU-Führerschein ("Scheckkartenführerschein") eingeführt, der nun sukzessive die alten nationalen Führerscheine ersetzt.

Es gilt der Grundsatz der Besitzstandswahrung, sodass jeder Fahrerlaubnisinhaber seine ehemals erworbenen Fahrberechtigungen behält, sei es bei der Umstellung von DDR- auf bundesdeutsche oder von nationalen auf EU-Führerscheine.

Die alten Klassen 1, 2, 3, 4 oder 5 werden dabei in die neuen EG-Fahrerlaubnisklassen "übersetzt". Insoweit die neuen Klassen den alten nicht genau entsprechen, werden bestimmte Berechtigungen mit zusätzlichen Schlüsselziffern kenntlich gemacht.

Hierbei sollte der Inhaber stets prüfen, ob auch alle seine Berechtigungen im neuen Führerschein erfasst wurden. Das Fahren ohne (gültigen) Führerschein ist gesetzlich sanktioniert – und sei es nur aus Unwissenheit heraus, weil eine frühere Berechtigung im Rahmen der Umstellung verloren gegangen ist. Wer sich hinsichtlich seiner Fahrberechtigung nicht ganz sicher ist, sollte sich in der Führerscheinabteilung des TÜV oder bei der Führerscheinstelle des Straßenverkehrsamtes erkundigen.

9.1 Alte (nationale) Fahrerlaubnis

Inhaber des alten Führerscheins der Klasse 1 dürfen sämtliche motorisierten Zweiräder fahren. Eingeschlossen sind darin „asymmetrisch gebaute Dreiräder", also Motorradgespanne bzw. Motorräder mit Beiwagen, die zur Gruppe der Einspurfahrzeuge – also der Motorräder – gerechnet werden.

Besitzer einer Fahrerlaubnis der Klasse 2 dürfen bis zum Erreichen des 50. Lebensjahres von dieser Gebrauch machen. Danach erlischt sie zunächst einmal, kann aber nach erfolgreich absolvierter Gesundheitsprüfung durch einen Arzt mit der Zusatzqualifikation „Verkehrsmedizin" für jeweils 5 Jahre verlängert werden. Bei dieser Gelegenheit wird der alte (Papier-)Führerschein seitens der Fahrerlaubnisbehörde durch einen EG-Kartenführerschein ersetzt.

Inhaber einer Fahrerlaubnis der Klasse 3 dürfen Pkw-Anhängerzüge fahren, wenn der Zug nicht mehr als drei Achsen hat. Tandemachsen – zwei Achsen, die weniger als einen Meter voneinander entfernt sind – gelten dabei als eine Achse. Sind die Achsen weiter voneinander entfernt, wird die alte Fahrerlaubnis der Klasse 2 bzw. eine neue EU-Fahrerlaubnis Klasse BE erforderlich. Letztere ist recht einfach durch Umschreibung der Klasse 3 beim zuständigen Straßenverkehrsamt zu erlangen – also Umtausch des alten Führerscheins in einen Kartenführerschein.

Inhaber einer Fahrerlaubnis der Klasse 3 dürfen weiterhin Kraftfahrzeuge mit bis zu 8 Fahrgastplätzen bis zu einer zulässigen Gesamtmasse (Anmerkung: der neue Begriff „Zulässige Gesamtmasse (zGM)" und die alte Bezeichnung „Zulässiges Gesamtgewicht (zGG)" meinen in der Praxis das Gleiche) von 7.500 kg führen. Auch sie dürfen mit Anhänger gefahren werden. Gerade an dieser Stelle ist darauf zu achten, dass im Rahmen einer Umschreibung die erforderlichen Berechtigungen übernommen werden, um weiterhin „7,5-Tonner" fahren zu dürfen, da die neue Klasse B lediglich eine zGM von 3.500 kg vorsieht.

Ebenfalls mit der Klasse 3 zu führen sind symmetrisch aufgebaute motorisierte Dreiräder, die als Mehrspurfahrzeuge gelten und damit – je nach Aufbau – als Personenkraftwagen oder Lastkraftwagen. Klassische Beispiele für diese Fahrzeugkategorie sind das Goliath-Dreirad, Trikes (motorradähnliche Fahrzeuge mit einer Pkw-Hinterachse), Piaggio-Dreirad-Lieferwagen oder Morgan-Threewheeler.

Kompliziert wird der Fall jedoch bei Dreirädern mit doppeltem Vorderrad, die in Schräglage um Kurven bewegt werden. Beträgt die Spurweite mehr als 460 mm, gelten diese als Pkw und fallen damit unter die Fahrerlaubnis der Klasse 3, andernfalls der Klasse 1. Das typische Gefährt, welches per Spurweitenänderung vom Klasse-1- zum Klasse-3-Fahrzeug umgebaut werden kann, ist der Piaggio-Roller Typ MP3.

Führerscheine der Klasse 4, die vor dem 01.04.1980 erworben wurden, berechtigten zum Fahren der „schnellen 50er" – der sogenannten Kleinkrafträder alten Rechts –, die meist bis zu 85 km/h schnell waren bzw. sind. Im Zuge verschiedener Übergangsregelungen, die der Anlage 3 der Fahrerlaubnis-Verordnung (FeV) zu entnehmen sind, wurde diese Fahrerlaubnis auf die heutigen Leichtkrafträder erweitert; das sind Motorräder oder Roller (auch mit Beiwagen) bis 125 ccm und bis zu 11 kW (15 PS) Maximalleistung, bei denen das Verhältnis der Leistung zum Gewicht 0,1 kW/kg nicht übersteigt.

Alte Führerscheine der Klasse 4 werden heute in die EU-Fahrerlaubnisklasse A1 umgeschrieben, mit der auch dreirädrige Kraftfahrzeuge mit symmetrisch angeordneten Rädern gefahren werden dürfen, sofern deren Leistung 15 kW (21 PS) nicht übersteigt (Beispiel: Trike). In diesem Zusammenhang ist interessant, dass ein Doppelrad mit einer Spurweite von weniger als 460 mm als ein Rad zählt.

Führerscheine der Klassen 3 und 4, die ab dem 01.04.1980 erworben wurden, berechtigten nur noch zum Fahren von Kleinkrafträdern oder Dreiradfahrzeugen bis 50 ccm Hubraum und bis 45 km/h Höchstgeschwindigkeit. Zu Letzteren zählen die Piaggio- und Ape-Dreiräder, die in den letzten Jahren häufiger den Weg aus Italien nach Deutschland gefunden haben.

Der Führerschein der Klasse 4 berechtigt auch zum Führen von land- oder forstwirtschaftlichen Zugmaschinen, die maximal 40 km/h schnell sein, mit Anhängern aber mit maximal 25 km/h bewegt werden dürfen.

9.2 EU-Fahrerlaubnis

Der Inhaber einer EU-Fahrerlaubnis der Klasse B darf Personenkraftwagen und andere Kraftfahrzeuge bis 3.500 kg zGM führen, einschließlich eines Anhängers bis 750 kg zGM. Auch schwerere Anhänger sind möglich, insofern dabei zusätzliche Bedingungen eingehalten werden:

- Die Summe der zulässigen Gesamtmassen von Zugfahrzeug und Anhänger darf 3.500 kg nicht überschreiten. Ein bestimmtes Verhältnis der zGM von Zug- und Anhängefahrzeug ist nicht (mehr) vorgeschrieben. Damit ist ein Führerschein der Klasse B ausreichend, um etwa einen VW Golf mit einer zGM von knapp 2.000 kg und einen Anhänger mit einer zGM von 1.500 kg zu betreiben.
- Überschreitet die Summe beider zulässiger Gesamtmassen die Grenze von 3.500 kg, ist der Betrieb bis zu einer zGM des Zuges von 4.250 kg mit einer Fahrerlaubnis der Klasse B96 („Anhängerschein") möglich. Diese setzt den Führerschein Klasse B voraus und kann nach einer theoretischen und praktischen Schulung in einer Fahrschule ohne weitere Prüfung erworben werden. Die Fahrschule stellt dann eine Bescheinigung aus, auf deren Basis die Führerscheinstelle beim Straßenverkehrsamt die Fahrerlaubnis der Klasse B96 erteilt.
- Übersteigt die Summe der zulässigen Gesamtmassen von Zugfahrzeug und Anhänger hingegen 4.250 kg, ist eine Fahrerlaubnis der Klasse BE („Anhängerschein") erforderlich. Wie Klasse B96 kann diese erst nach Erwerb der

Klasse B erlangt werden. Dazu ist zwar nur eine praktische Ausbildung in einer Fahrschule erforderlich, es muss jedoch zusätzlich eine praktische Prüfung abgelegt werden.

Wichtig ist, dass es nicht auf die tatsächliche, sondern auf die zulässige Gesamtmasse ankommt. Sie findet sich im Fahrzeugbrief oder -schein unter Ziffer 15 bzw. Feld F.1 und F.2.

Mit Klasse C1 können Fahrzeuge bis zu einer zGM von 7.500 kg gefahren werden. Klasse C1E ist die dazugehörige Anhängerklasse, wobei die Summe der zGM von Zug- und Anhängefahrzeug 12.000 kg nicht überschreiten darf. Für Altinhaber der Führerscheinklasse 3 werden die Klassen C1 und C1E zeitlich unbefristet erteilt bzw. umgeschrieben.

Klasse C ist die Fahrerlaubnisklasse für schwere Fahrzeuge, auch jenseits der 7.500 kg. Klasse CE ist die entsprechende Anhängerklasse. Eine Fahrzeugkombination fällt allerdings auch dann in die Klasse CE, wenn das Zugfahrzeug zwar unter 7.500 zGM bleibt, die Summe der zGM von Zug- und Anhängefahrzeug 12.000 kg aber überschreitet (z. B. Sattelzug). Eine Sattelzugmaschine alleine kann bei einer zGM von nicht mehr als 3.500 kg auch mit einer Fahrerlaubnis der Klasse B gefahren werden.

Fahrzeuge, die – außer dem Sitz des Fahrers – mehr als 8 Fahrgastplätze (meist Sitze) aufweisen, gelten als Kraftomnibus. Für sie gelten die Fahrerlaubnisklassen D1, D1E sowie D, DE. In die Klasse D1 fallen Fahrzeuge mit mehr als 8, jedoch nicht mehr als 16 Fahrgastplätzen, deren Länge 8 m nicht übersteigt. Bei mehr als 16 Fahrgastplätzen oder längeren Fahrzeugen ist die Fahrerlaubnis der Klasse D gefordert. Soll dazu noch ein Anhänger mit mehr als 750 kg zGM gezogen werden, verlangt der Gesetzgeber die entsprechenden Anhänger-Führerscheine – also je nach Anzahl der Fahrgastplätze bzw. der Länge des Fahrzeugs Klasse D1E bzw. Klasse DE.

Hinweis für Dreiradfahrzeuge: Seit dem 18.01.2013, dem Inkrafttreten der 3. EU-Führerschein-Richtlinie, wird für alle Arten von Dreiradfahrzeugen ein Motorradführerschein benötigt. Dies gilt für Motorräder mit Beiwagen genauso wie für Lastendreiräder von Piaggio oder Neigeroller im Stile eines Piaggio MP3.

Kapitel 3

Rechtliches II –
Kauf und Verkauf

Vorbemerkung

J eder Oldtimer ist ein Unikat. Meist kennt nur der Eigentümer seine Historie, „Macken" und Eigenheiten. Genau so individuell wie das jeweilige Fahrzeug können auch die rechtlichen Probleme sein, die im Rahmen eines Oldtimererwerbs entstehen.

Die nachfolgenden Ausführungen sollen dem interessierten Käufer, Verkäufer und Leser einen ersten Überblick über die wesentlichen rechtlichen Fallstricke rund um den Oldtimererwerb ermöglichen. Ziel dieses Kapitels soll und kann es jedoch nicht sein, individuelle Rechtsfragen abschließend zu beantworten. Insbesondere bei dem Erwerb von großen Vermögenswerten oder sich anbahnenden Auseinandersetzungen ersetzt dieses Kapitel keine anwaltliche Beratung.

1 Der Erwerb eines Oldtimers

Auch wenn der Oldtimer- im Vergleich zu einem Neu- oder Gebrauchtwagenkauf über verschiedene Eigenheiten verfügt, hat dies doch nicht dazu geführt, dass der Gesetzgeber Spezialvorschriften für den Oldtimerhandel erlassen hätte. Es finden somit die allgemeinen gesetzlichen Grundlagen für den Kauf beweglicher Sachen Anwendung.

Den besonderen Umständen beim Kauf eines Oldtimers trug letztlich aber eine sich fortwährend weiterentwickelnde Rechtsprechung Rechnung. In einer Reihe von Einzelfallentscheidungen bezog diese immer wieder Stellung zu Spezialproblemen, entschied dabei über grundsätzliche sowie alltägliche Fallfragen. Zur Erklärung der bestehenden rechtlichen Vorgaben und insbesondere dazu, wie gesetzliche Regelungen im Rahmen eines Oldtimerkaufs auszulegen sind, wird deshalb nachfolgend immer wieder auf Entscheidungen von grundlegender Bedeutung hingewiesen.

Ausdrücklich ist zu beachten, dass gerade ein Oldtimerkauf sehr individuelle Einzelfallfragen mit sich bringen kann. Die nachfolgenden Erläuterungen sind daher nicht als Checkliste anzusehen, wie sie möglicherweise bei einem Gebrauchtwagenkauf Sinn machen würde. Insbesondere die Frage, auf welche vertraglichen Vereinbarungen ein Käufer drängen sollte, hängt bei einem Oldtimererwerb sehr stark von den individuellen Käuferinteressen und der dem Kauf zugrunde liegenden Motivation ab.

So erfüllen sich manche Oldtimer-Fans einen Traum, auf dessen Erfüllung sie lange gewartet haben. Nicht selten geht die Liebe zu alten Fahrzeugen so weit, dass ganze Sammlungen entstehen. Für diese Käufer ist es selbstverständlich, dass die große Liebe zumindest hin und wieder zu einer kleinen Spritztour ausgeführt oder sogar der permanente Begleiter im Stadtverkehr wird. Wer dann nicht über die Lust und/oder die Fähigkeiten verfügt, sich jedes Wochenende mit technischen Problemen auseinanderzusetzen, wird besonderen Wert auf Verkehrstauglichkeit legen. Das vertragliche Risiko dieser Gruppe besteht oft darin, dass Liebe bekanntlich blind machen kann.

Mancher Käufer sieht sein Fahrzeug hingegen explizit als Projekt an. Dann ist es gerade Teil des Hobbys, sich um das Fahrzeug zu kümmern, es zu verbessern und ggf. Umbauten nach eigenem Gusto herbeizuführen. Was für diese Käufer als Vertragsinhalt wesentlich ist, ergibt sich einzig aus ihrem persönlichen Projektplan. Doch auch ein Bastler muss darauf vertrauen, dass er auf einer soliden Grundkonstruktion aufbauen kann. Für ihn sollten somit im Vertrag auf jeden Fall die tragenden Teile thematisiert werden oder zumindest Gegenstand einer genauen Begutachtung sein.

Schließlich gibt es aber auch immer mehr Käufer, die den Erwerb eines Oldtimers vornehmlich als Geldanlage begreifen. Das Geld wird nicht auf die Bank, sondern in die Garage gebracht. Das Garagentor öffnet sich in diesen Fällen eher selten, da die Käufer ihre Geldanlage nicht den Gefahren der Wertminderung aussetzen wollen. Treibendes Argument ist dann auch weniger die „Nutzbarkeit" des Fahrzeugs, sondern der Wiederverkaufswert. Die große Gefahr für diese Käufergruppe ist somit nicht, dass man einem bestimmten Fahrzeug aus Liebe verfällt. Vielmehr ist es hier das vermeintliche Schnäppchen, das eine traumhafte Rendite verspricht. Insbesondere die Zusicherung der Originalität des Oldtimers als zentraler, wertbildender Faktor dürfte bei diesen Käufern im Mittelpunkt des Vertrages stehen.

Unabhängig von seiner Motivation sollte ein verständiger Oldtimer-Käufer über Fach- und Sachverstand verfügen oder sich diesen durch externen Rat verschaffen. Hier liegt auch der erste große Unterschied zum Gebrauchtwagenkauf. Während sich das Vertrauen des Laien beim Gebrauchtwagenkauf noch auf vermeintlich objektive Informationen und Unterlagen wie ein gepflegtes Checkheft oder die Anzahl der Vorbesitzer stützen kann, dürfte dies bei einem Oldtimer, der schon per Definition eine Historie von mehr als 30 Jahren hinter sich hat, als Vertrauensbasis nicht ausreichen. Hier sind vielmehr genaue Kenntnisse der fachlichen Materie, der teilweise komplexen straßenverkehrsrechtlichen Vorgaben wie auch der rechtlichen Besonderheiten bei einem Oldtimerkauf unentbehrlich.

1.1 Der Kaufvertrag

Ausgangspunkt eines Oldtimererwerbs ist der Kaufvertrag.

1.1.1 Die Form

Für den Kauf eines Fahrzeugs bedarf es grundsätzlich keiner besonderen Form. Theoretisch ist deshalb der Kauf eines Oldtimers auch mündlich bzw. „per Handschlag" möglich. Während das Handschlaggeschäft bei gewerblichen Händlern fast völlig verschwunden ist, erfreut es sich unter Verwandten und Freunden immer noch einer gewissen Beliebtheit. Denn gerade in der Oldtimerszene wechselt ein Fahrzeug, mit dem man sich persönlich verbunden fühlt, nicht selten in bekannte und vertrauensvolle Hände.

Von einer mündlichen Abrede ist jedoch aus juristischer Sicht dringend abzuraten, denn der schriftliche Vertrag erfüllt mehrere Funktionen:

Es muss zunächst die alte Juristenweisheit bemüht werden: „Vertrag kommt von vertragen." In einem schriftlichen Vertrag haben beide Parteien die Möglichkeit, zum Zeitpunkt des Vertragsschlusses ein gemeinsames Verständnis von den zuvor vereinbarten Konditionen des Kaufes und von den Eigenschaften des Kaufgegenstandes zu dokumentieren. Spätestens bei der Abfassung der für die jeweilige Seite wichtigen Vertragspunkte sollte den Vertragspartnern bewusst werden, ob sie auch wirklich dasselbe unter den zuvor besprochenen Verkaufskonditionen wie z. B. zugesicherten Eigenschaften des Oldtimers verstehen. Die schriftliche Form ist somit die Grundlage dafür, spätere Auseinandersetzungen um vermeintliche oder absichtliche Missverständnisse zu vermeiden. Der dauerhafte (Rechts-)Frieden, den ein schriftlicher Vertrag bringen kann, sollte deshalb auch bei einem Kauf unter Bekannten und Freunden nicht unterschätzt werden.

In manchen Fällen kann der schriftliche Abschluss eines Vertrags aber auch zum Problem werden. Dies ist häufig der Fall, wenn die Parteien sich im (Fach-) Vorgespräch zwar ausgiebig den vertraglichen Bedingungen sowie den Mängeln und angeblich vorhandenen Eigenschaften des Fahrzeuges widmen, es jedoch versäumen, diese mündlichen Vereinbarungen und Beschreibungen auch tatsächlich im Vertrag niederzuschreiben. Sollte es dann über diese mündlichen Nebenabreden zum Streit kommen, tun sich meist – gewollt oder ungewollt –

erhebliche Erinnerungslücken hinsichtlich dieser Absprachen auf. Treffen die Parteien sich daraufhin vor Gericht wieder, fällt die Beweisführung schwer. Denn der unterschriebene Kaufvertrag hat als *Privaturkunde* eine starke Beweiskraft.

Es gilt zunächst die Vermutung, dass die vorgelegte Vertragsurkunde vollständig und umfassend die Erklärungen und den Parteiwillen wiedergibt. Mit der Vermutung der Vollständigkeit wird gleichzeitig unterstellt, dass es mündliche Nebenabreden nicht gegeben hat. Daran, sie zu widerlegen, werden hohe Anforderungen gestellt. Wer einen solchen Beweis führen wollte, müsste auf Zeugen, Begleitumstände oder auf dem Kauf ggf. vorgelagerte schriftliche Korrespondenz zurückgreifen, um das Gericht von seinem Standpunkt zu überzeugen. Das wird in vielen Fällen nicht einfach sein. Denn letztlich muss er immer wieder gegen sich gelten lassen, dass die Nichtaufnahme bestimmter Dinge zu einer Kaufsache in einen Vertrag eindeutig dafür spricht, dass die Vertragsparteien diese Punkte zur Zeit des Vertragsschlusses gerade nicht verbindlich regeln wollten.

> **Praxistipp**
>
> Im Rahmen der Verkaufsverhandlung und der Begutachtung eines Fahrzeugs sollten Stichpunkte gemacht werden. Bei Vertragsschluss sollte unbedingt darauf geachtet werden, dass alle Punkte, die zuvor mündlich vereinbart wurden und die für den Käufer oder den Verkäufer von wesentlicher Bedeutung sind, Eingang in den späteren Vertrag finden. Dies gilt insbesondere für mündlich zugesicherte Eigenschaften des Fahrzeugs.

1.1.2 Die vertragliche Regelung

Neben der Beschreibung einer Kaufsache enthält ein Kaufvertrag meist noch weitere vertragliche Regelungen wie Haftungsausschluss, Regelungen zum Gefahrübergang oder Garantieversprechen. Diese Klauseln regeln nicht, welcher Gegenstand geschuldet wird, sondern unter welchen Konditionen das Geschäft abgewickelt wird. Sollten keine vertraglichen Regelungen getroffen worden sein, kommen die gesetzlichen Regelungen oder die einschlägige Rechtsprechung zur Anwendung.

Die Parteien stehen somit immer vor der Wahl, die gesetzlichen Vorgaben zu akzeptieren oder lieber eine individuelle Lösung zu wählen. Hierbei ist zu beachten, dass keineswegs alle gesetzlichen Regelungen disponibel sind, bestimmte gesetzliche Regelungen also nicht durch individuelle Regelungen ersetzt werden dürfen. Es ist die Aufgabe des Anwalts, seinem Mandanten an dieser Stelle die unterschiedlichen Regelungsoptionen aufzuzeigen und eine Empfehlung auszusprechen. Verzichtet man hingegen auf anwaltlichen Rat, so muss man sich vor Augen führen, dass Vertragsklauseln, die gegen geltendes Recht verstoßen, unwirksam sind. Statt der gewünschten (rechtswidrigen) Regelung kommt also dann die gesetzliche Regelung zur Anwendung.

Sofern eine Vertragspartei auf die Wirksamkeit bestimmter Klauseln besonders angewiesen ist, sollte der Vertrag deshalb von einem Anwalt gegengelesen werden. Dies gilt vor allem in den Fällen, in denen sich bereits bei Abschluss des Kaufvertrags die Möglichkeit einer späteren gerichtlichen Auseinandersetzung andeutet. Durch die Fülle an Vorgaben, die Verbraucher vor dem Geschäftsgebaren mancher gewerblicher Anbieter schützen sollen, wird zumindest dem Unternehmer der Gang zum Anwalt zur Überprüfung der von ihm verwendeten vertraglichen Vorlagen selten erspart bleiben.

1.1.3 AGB und Musterverträge

Ziel eines Kaufvertrages ist es, die zwischen den Vertragsparteien im Vorfeld erzielte Einigung über die Vertragskonditionen zu Papier zu bringen. Im Idealfall haben beide Parteien dasselbe Verständnis von den gegebenen Zusagen, Beschreibungen und Hinweisen. Dies gilt fast immer für den vereinbarten Kaufpreis, der naturgemäß im Zentrum der Vertragsverhandlung steht.

Praxistipp

Sofern ein kostenloses Kaufvertragsmuster aus dem Internet verwendet wird, sollte man sich zumindest darüber informieren, wer der Ersteller des Vertrages ist. So ist es für den Käufer eines Pkw wenig sinnvoll, ein Muster zu verwenden, das von einem Autohändler entworfen wurde. Man sollte sich vielmehr an Anbieter halten, die eine ähnliche Interessenlage haben oder zumindest eine neutrale Position einnehmen.

Manche Vertragskonditionen werden hingegen bis zur Vorlage eines unterschriftsreifen Vertrages oft gar nicht thematisiert oder nur grob umrissen. Hierbei handelt es sich zumeist um Vertragsbedingungen, deren Existenz auf geltende Gesetze oder einschlägige Rechtsprechung zurückzuführen ist. Sie werden selten individuell geregelt. Vielmehr schlägt an dieser Stelle die Stunde der Allgemeinen Geschäftsbedingungen oder – bei Verkäufen unter Privatpersonen – der aus dem Internet heruntergeladenen Muster-Kaufverträge.

Einer der wichtigsten Teile eines (Muster-)Vertrags ist die individuelle Beschreibung des Kaufgegenstandes. In vielen „Musterverträgen" wird dieser Teil des Vertrages mit „Mängeln" überschrieben. Letztlich sollte aber eine ausführliche Beschreibung des Oldtimers eingefügt werden, die sich nicht notwendigerweise in der Auflistung der Mängel erschöpft.

Bei Allgemeinen Geschäftsbedingungen (AGB) handelt es sich gemäß ihrer Definition um „für eine Vielzahl von Verträgen vorformulierte Vertragsbedingungen". Dem folgend, werden sie von den meisten gewerblichen Händlern genutzt. Die in AGB geregelten Vertragskonditionen werden oft von Juristen geschrieben und zielen nicht selten darauf ab, den Verwender einseitig zu begünstigen. Dieser Effekt wird dadurch etwas abgemildert, dass der Gesetzgeber und die

Rechtsprechung Grundsätze entwickelt haben, die eine einseitige extreme Belastung durch AGB verhindern sollen. Beispiel hierfür ist das Verbot von überraschenden Klauseln und von Klauseln, die die andere Partei unangemessen benachteiligen.

Da die Unwirksamkeit einer Klausel jedoch meist erst im Rahmen eines – oft langwierigen – Prozesses festgestellt werden kann, sollte man vor der Unterzeichnung eines Kaufvertrages einen Rechtsanwalt zurate ziehen. Soweit man davon absieht, etwa weil dies in keinem Verhältnis zu den Kosten des Oldtimers stehen würde, empfiehlt sich zumindest der Eigenanspruch, die Klauseln des Vertrages zu verstehen. Bei unklaren Regelungen sollte eine Erklärung des Verwenders erbeten oder die Klausel gestrichen werden.

> **Praxistipp**
> Musterverträge sind für eine Vielzahl von Anwendungsfällen konzipiert. Oft werden bestimmte Eigenschaften abgefragt, die angekreuzt oder ausgefüllt werden sollen. Es sollten nur die Felder ausgefüllt werden, bei denen sich die Parteien über den Inhalt Ihrer Erklärung sicher sind. Annahmen und Vermutungen über den Oldtimer sollten nicht in den Kaufvertrag aufgenommen werden, nur um ein vorgesehenes freies Feld zu füllen. Im Streitfall muss sich die erklärende Partei nämlich an ihren Angaben messen lassen.

1.1.4 Beschreibung des Fahrzeugs

Die Beschreibung des Kaufgegenstandes ist Kernstück des Vertrags. Ihr sollte die größte Aufmerksamkeit gewidmet werden.

Je nach Motivation des Käufers sollten in der Beschreibung unterschiedliche Schwerpunkte gesetzt werden. Will der Erwerber das Fahrzeug regelmäßig nutzen, wird er die Verkehrstauglichkeit des Fahrzeugs in den Vordergrund rücken. Soll der Oldtimer hingegen als Wertanlage dienen, wird eine Zusicherung der Originalität bestimmter Baugruppen vorrangiges Ziel der Verhandlungen sein.

> **Praxistipp**
> Vertragsänderungen, wie z. B. das Streichen von AGB-Klauseln, sollten in einem unterschriebenen Zusatz zum Vertrag festgehalten werden. Dies gilt auch für die Erklärung eines gemeinsamen Verständnisses von gewissen Klauseln. Erfolgt dieser Zusatz handschriftlich, kann dies sogar ein Vorteil für seinen Ersteller sein, denn es gilt der Grundsatz des Vorrangs von Individualvereinbarungen vor AGB.

Die Parteien definieren also durch die Beschreibung, in welchem Zustand sich das Fahrzeug bei Übergabe befinden und über welche besonderen Eigenschaften es verfügen muss. Rechtlich gesprochen wird damit die „Beschaffenheit" des Fahrzeuges vereinbart im Sinne des § 434 BGB. Dies bietet den Parteien die Möglichkeit, im Einzelfall festzulegen, welche Erwartungen der Käufer berechtigterweise haben darf, weil der Verkäufer im Rahmen der Verkaufsverhandlungen für das Vorhandensein dieser Beschaffenheit eine besondere Gewähr übernommen hat. Wird hingegen keine besondere Beschaffenheit vereinbart, sondern lediglich eine Eigenschaft seitens des Verkäufers dargestellt, darf der Käufer nur die Qualität und die Eigenschaften eines Fahrzeuges erwarten, die üblich sind. Dazu später mehr.

In die Beschreibung des Oldtimers sollten also alle Eigenschaften aufgenommen werden, auf deren Vorhandensein der Käufer gesteigerten Wert legt. Ob das Fahrzeug die erwarteten Eigenschaften hat, wird meist schon vor dem Abschluss des Kaufvertrags zwischen den Parteien besprochen. Leider kommt es nicht selten vor, dass die Parteien dabei „aneinander vorbeireden" und sich dieser Irrtum bis hin in den unterschriebenen Vertrag zieht. Die Gründe für derlei Missverständnisse können vielfältig sein. Neben der bewussten Täuschung ist es vor allem die unterschiedliche Erfahrung im An- oder Verkauf von Oldtimern, die dazu führt, dass Begrifflichkeiten und Aussagen falsch gedeutet werden (zu Begriffsklärungen siehe auch Kapitel 1). So kann der ausdrückliche Hinweis auf den Einbau eines Motors eines speziellen Typs für den Laien als belanglose Information erscheinen. Für den Fachmann kann dies hingegen zu der Einschätzung führen, dass sich der Oldtimer nicht mehr im Originalzustand befindet und beim Kauf des Fahrzeugs ein erheblicher Wertverlust anzusetzen ist.

Natürlich ist es immer eine Frage des Einzelfalls, ob zwei Parteien am Ende das gleiche Verständnis der beschriebenen Eigenschaften haben. Wird die Erwartung des Käufers nicht enttäuscht, wird niemand die Beschreibung des Kaufvertrags hinterfragen. Andernfalls ist letztlich im Rahmen eines Prozesses zu klären, wie der Käufer die Beschreibung des Oldtimers oder bestimmter Teile im Kaufvertrag billigerweise verstehen durfte.

Hinter welcher Beschreibung sich welche Erwartung verbergen darf, ist Gegenstand einer umfassenden Rechtsprechung, die sich stets weiter entwickelt. Im Folgenden seien daher unter Verweis auf einschlägige Gerichtsurteile übliche Sprachregelungen der Beschaffenheits- und Eigenschaftsbeschreibung eines Fahrzeugs sowie deren Aussagegehalt dargestellt.

1.1.4.1 „Oldtimer"

Mit der Verwendung des Begriffs *Oldtimer* im Kaufvertrag übernimmt der Verkäufer lediglich die Gewähr dafür, dass sich das Fahrzeug *weitestgehend* im Originalzustand befindet. In der Restaurierungspraxis sind konstruktionsbedingte Abweichungen vom Originalzustand, insbesondere auch die Trennung von Karosserie und Fahrzeugrahmen, keinesfalls unüblich. Es kann deshalb bei einem Fahrzeug, dass als „Oldtimer" beschrieben ist, kein rein ursprünglicher Zustand erwartet werden. So wurde beispielsweise entschieden, dass durch vorgenommene Restaurationen bei einem BMW Dixi, Baujahr 1929, mit Abweichungen vom Originalzustand zu rechnen ist. (OLG Koblenz, 08.06.2011 – 1 U 104/11)

1.1.4.2 „Originalzustand"

Der rechtliche Gehalt des Begriffes *Originalzustand* wird schon lange thematisiert. In Rede stand der Originalzustand eines Kraftrads der Marke BMW aus dem Jahr 1932. Das Gericht ging bei dem damals 36 Jahre alten Fahrzeug davon aus, dass ein Interessent trotz der Fahrzeugbeschreibung als „Originalzustand" zumindest davon hätte ausgehen müssen, dass die üblichen Verschleißteile im Laufe der Zeit ersetzt wurden. Die Erwartungshaltung des Käufers an den „Originalzustand" sollte sich deshalb nur auf das Erscheinungsbild beziehen dürfen, aber nicht auf die üblicherweise dem Verschleiß unterliegenden Teile. (LG Berlin, 14.11.1968 – 17 O 334/67)

Die Bezeichnung eines Fahrzeugs als in seinem Originalzustand befindlich bedeutet also nicht, dass es sich um ein bisher unbenutztes Fahrzeug handeln muss oder um ein Fahrzeug, das in allen Teilen noch seine ursprüngliche Originalität besitzt (OLG Koblenz, 08.06.2011 – 1 U 104/11). Eine solche Erwartungshaltung bedarf der gesonderten und ausdrücklichen Vereinbarung im Kaufvertrag.

Die Notwendigkeit, im Laufe der Zeit Reparaturen durchzuführen, darf jedoch andererseits nicht damit verwechselt werden, diese Reparaturen nicht auch originalgetreu durchführen zu müssen. So widmete sich der Bundesgerichtshof (BGH) der Frage, ob bei einem Maserati Ghibli, Baujahr 1970, Einscheiben- oder Zweischeibenkupplungen eingebaut sein müssten, um die Originalität des Fahrzeugs nicht einzuschränken. Daraus ergibt sich, dass sich die Originalität eines Fahrzeugs nach heutiger Rechtsprechung nicht nur auf das äußere Erscheinungsbild beschränkt. (BGH, 07.12.1994 – VIII ZR 213/94)

1.1.4.3 „Positive Begutachtung gemäß § 23 StVZO (Oldtimer)" bzw. „Oldtimerzulassung"

Ein positives Gutachten nach § 23 StVZO (ehemals § 21c StVZO) dokumentiert die Eigenschaft eines Fahrzeugs zum Zeitpunkt der Begutachtung. Eine erneute Überprüfung der relevanten Kriterien kann daher auch zum Verlust der Oldtimerzulassung führen, zumeist aufgrund einer zwischenzeitlich eingetretenen Verschlechterung oder Veränderung des Fahrzeugzustands.

Ist das Vorliegen einer Oldtimerzulassung oder einer positiven Begutachtung nach § 23 StVZO vertraglich vereinbart, stellt sich die Frage, was der Käufer erwarten darf, wenn das Fahrzeug damit beworben wird, dass es zum Zeitpunkt des Verkaufs eine solche aufweist. Will der Verkäufer mit der Beschreibung „Oldtimerzulassung" oder „positive Begutachtung gemäß § 23 StVZO (Oldtimer)" dafür einstehen, dass das Fahrzeug die entsprechenden Kriterien objektiv und auch bei der nächsten Begutachtung positiv erfüllen wird oder will der Verkäufer nur auf die aktuelle Dokumentenlage hinweisen? Nach Auffassung des BGH kommt es entscheidend darauf an, was der (private) Käufer bei einer solchen Aussage erwarten darf. Das Gericht entschied, dass ein Fahrzeug mit beworbener Oldtimerzulassung zum Zeitpunkt der Übergabe (!) objektiv alle Kriterien besitzen muss, die zu einer Oldtimerzulassung gehören – jedenfalls dann, wenn die erfolgte Begutachtung kurz vor dem Verkauf des Oldtimers erfolgte. (BGH, 13.03.2013 – VIII ZR 172/12)

Unabhängig davon, in welcher Form oder mit welcher Formulierung sich der Käufer eines Fahrzeugs vertraglich zusichern lässt, dass es sich bei dem Fahrzeug um einen Oldtimer nach § 23 StVZO handelt, liegt es letztlich nicht in der Hand des Verkäufers, was das Ergebnis einer künftigen hoheitlichen Prüfung ist, sondern einzig beim jeweiligen Prüfer. Dabei ist zu beachten, dass die gesetzlichen Grundlagen der Prüfung keine trennscharfen Prüfkriterien aufweisen und deshalb die Beurteilung eines Fahrzeuges mitunter auch differieren kann. Dem Prüfer wird insoweit auch eigenes Ermessen bei der Entscheidung eingeräumt. Da er sich unter anderem immer auch die Frage stellen muss, ob es sich bei dem vorgestellten Fahrzeug um „erhaltenswertes Kulturgut" handelt, kann das Ergebnis einer Begutachtung nach § 23 StVZO seitens der Vertragsparteien in manchen (Grenz-)Fällen also nicht als sicher vorausgesetzt werden.

Kommt der Prüfer letzten Endes zu einer negativen Begutachtung, hat der Käufer meist kein Interesse daran, mit dem Verkäufer darüber zu streiten, ob der vermeintliche Oldtimer nun einen Sachmangel hat oder ob die Einschätzung des Prüfers falsch war. Vielmehr will der Käufer in dieser Situation häufig vom Kauf Abstand nehmen. In der Praxis ist zu beobachten, dass viele Käufer den Kaufvertrag deshalb unter eine sogenannte aufschiebende Bedingung i. S. d. § 158 Abs. 1 BGB stellen. Häufig sind dabei folgende Formulierungen zu finden:

- „… das Bestehen der Abnahme zum H-Kennzeichen ist Voraussetzung zum Wirksamwerden des Vertrages …"
- „… Der Vertrag gilt erst nach Abnahme gem. § 23 StVZO als erfüllt …"
- „… Der Kauf wird nach positiver Abnahme gem. § 23 StVZO getätigt …".

Die Wirksamkeit des Kaufvertrages wird also an die Bedingung geknüpft, dass das Fahrzeug ein positives Gutachten für die Einstufung als Oldtimer erhält. Fällt die Begutachtung nicht positiv aus, kommt erst gar kein Kaufvertrag zustande. Der Vorteil für den Käufer ist dabei die fehlende vertragliche Bindung an den Verkäufer.

Er muss sich nach Erhalt eines negativen Prüfergebnisses weder mit dem Verkäufer darüber auseinandersetzen, ob das Fahrzeug einen Mangel hat, noch muss er sich um eine Rückabwicklung des Kaufvertrages bemühen. Vielmehr kann sich der Käufer auf den Standpunkt stellen, dass der Kaufvertrag nicht wirksam abgeschlossen wurde und deshalb für ihn keine Pflichten aus dem Vertrag entstanden sind. Aus Käufersicht hat diese Konstruktion deshalb durchaus Vorteile.

Einem Verkäufer ist hingegen zu raten, sich gegenüber dem Käufer hinsichtlich der Oldtimereigenschaft eines Fahrzeugs klar auszudrücken. Ein Verkäufer, der auf die Anfrage des Kunden nach der Oldtimerbegutachtung hin antwortete, dass das Fahrzeug *selbstverständlich über ein H-Kennzeichen verfüge*, erweckte nach der Auffassung des Gerichts den Eindruck, er verweise nicht nur auf eine ehemals durchgeführte Begutachtung, sondern verfüge selbst über das notwendige fachliche Wissen, um eine erneute Erteilung eines H-Kennzeichens beurteilen zu können. In der Folge wurde jedoch die erneute Vergabe des H-Kennzeichens abgelehnt. Im Ergebnis wurde dem Käufer das Recht zugesprochen, von dem Kaufvertrag zurückzutreten. (OLG Hamm, 24.09.2014 – 28 U 144/14)

> **Praxistipp**
>
> Zu empfehlen ist, dass der Eintritt der Bedingung ggf. genauer ausformuliert wird. So könnte z.B. der Zeitpunkt und Ort der Begutachtung vereinbart werden. Auf diese Weise kann der Käufer sicher sein, dass der Verkäufer nicht mehrere Anläufe bei verschiedenen Prüfstellen unternehmen musste, um schließlich eine positive Begutachtung zu erhalten. Denn ein solches Vorgehen könnte für den Käufer spätestens im Rahmen der nächsten hoheitlichen Überprüfung ein böses Erwachen bedeuten. Darüber hinaus hat aber auch der Verkäufer ein Interesse, möglichst zeitnah zu erfahren, ob er an den abgeschlossenen Vertrag noch gebunden ist. Bei der Formulierung einer wirksamen Bedingung sollte ein Anwalt um Hilfe gebeten werden.

1.1.4.4 Modellbezeichnung im Kaufvertrag

Die Zugehörigkeit eines Fahrzeugs zu einer gewissen Baureihe trifft keine Aussage über an ihm in der Vergangenheit vorgenommene Veränderungen. So wurde ein Fahrzeug im Rahmen seines Verkaufs als „Jaguar XK 150S Roadster" beschrieben, obwohl es nicht mehr über seinen ursprünglichen 3,4-l- und 250 PS starken Motor verfügte. Das Gericht hielt die gewählte Bezeichnung trotzdem für korrekt, da das Fahrzeug der Baureihe aus dem Jahr 1958 entsprach. Da weitere ausdrückliche Beschaffenheitsmerkmale im Kaufvertrag fehlten, konnte der Käufer sich nicht auf eine höhere Erwartungshaltung berufen (OLG Karlsruhe, 20.11.2014 – 9 U 234/12).

1.1.4.5 Informationen „laut Vorbesitzer"

Informationen über Fahrzeugeigenschaften enthalten hin und wieder den Zusatz „laut Vorbesitzer". In vielen Muster-Kaufverträgen ist sogar eine Zeile vorgegeben, in der die „Unfallfreiheit laut Vorbesitzer" erklärt werden soll.

Praxistipp

Nachträgliche technische Veränderungen können zu einem erheblichen Wertverlust führen. Gleichwohl muss der Verkäufer den Käufer nicht ungefragt über jede Veränderung aufklären. In Kaufverhandlungen sollten nachträgliche Veränderungen deshalb immer seitens des Käufers thematisiert und in den Vertrag aufgenommen werden, sofern der Verkäufer Kenntnis davon hat.

Der BGH entschied dazu, dass es sich bei der Information „Unfallfreiheit", bei der ausdrücklich auf den Vorbesitzer als Informationsquelle verwiesen wird, nicht um eine Beschaffenheitsvereinbarung zwischen Käufer und Verkäufer handele, da der Verkäufer diese Eigenschaft offensichtlich nicht zum Gegenstand des Vertrages machen wollte (BGH, 12.03.2008 – VIII ZR 253/05). Der Hinweis auf die Aussage des Vorbesitzers soll also vielmehr klarstellen, dass der Verkäufer – wenn er nicht selbst der Vorbesitzer ist – gerade keine zusätzliche Verantwortung für die Unfallfreiheit des Fahrzeugs übernehmen will.

Vergleichbar mit diesen Fällen war auch der Hinweis eines Verkäufers zu einer grünen Umweltplakette. Diese sei „schon bei Ankauf des Fahrzeuges angebracht gewesen", erklärte der Verkäufer im Rahmen des Verkaufs. Auch hier stellte sich das Gericht auf den Standpunkt, der Verkäufer habe nicht die Absicht gehabt, eigene Erkenntnisse weiterzugeben und dafür die Gewähr zu übernehmen. Dies sei auch für den Käufer erkennbar gewesen. (BGH, 13.03.2013 – VIII ZR 186/12)

1.1.4.6 „Oldtimer mit Macken"

Ein Porsche 911 Targa, Erstzulassung 2/1973, wurde als „Oldtimer mit Macken" bei einem Kilometerstand von 95.000 verkauft. Im Ergebnis kam das Gericht zu der Überzeugung, dass der Käufer bei dieser Beschreibung mit Verschleißerscheinungen rechnen musste. Im vorliegenden Fall wurden im Rahmen der folgenden Hauptuntersuchung erhebliche Mängel an Bremsanlage, Spureinstellung und Lenkung sowie Ölverlust festgestellt, obwohl das Fahrzeug als „fahrbereit" beschrieben war. (OLG Düsseldorf, 11.04.2013 – I-3 U 31/12)

1.1.4.7 „Fahrbereit"

Mit der Beschreibung, ein Oldtimer sei „fahrbereit", übernimmt der Verkäufer die Gewähr dafür, dass das Fahrzeug nicht mit Mängeln behaftet ist, aufgrund derer es bei einer Hauptuntersuchung als „verkehrsunsicher" einzustufen wäre, also bis zu seiner Reparatur nicht mehr in den Straßenverkehr gebracht werden dürfte, da ein unmittelbares Sicherheitsrisiko bestände.

„Fahrbereit" darf indes nicht mit dem Bestehen der Hauptuntersuchung gleichgesetzt werden. Vielmehr können auch Fahrzeuge als „fahrbereit" bezeichnet werden, die über „Erhebliche Mängel" verfügen. Erhebliche Mängel dokumentieren die Abweichung von gesetzlich geforderten Standards und können somit auch eine Verkehrsgefährdung darstellen. Im Unterschied zur Einstufung als „Verkehrsunsicher" ist jedoch nicht damit zu rechnen, dass aufgrund des Mangels der Weiterbetrieb des Fahrzeugs unmittelbar zu einem Unfall führen wird. (OLG Düsseldorf, 01.10.2008 – I-18 U 1/08)

1.1.4.8 „Restauriert"

Die Rechtsprechung ist der Auffassung, dass der Begriff „restauriert" eine konkrete Erwartungshaltung beim Käufer auslöst. Im betreffenden Fall wurde ein VW Karmann-Ghia mit der Beschreibung „komplett restauriert" zum Verkauf angeboten. Darin sahen die Richter eine versprochene Beschaffenheit des Oldtimers, an der sich der Verkäufer später festhalten lassen müsse. Nach Auffassung des Gerichts durfte der Käufer bei dieser Beschreibung erwarten, dass das Fahrzeug zumindest fahrbereit und im Wesentlichen frei von technischen und optischen Mängeln ist. (OLG Köln, 13.01.1993 – 16 U 93/92)

Nach noch weitergehender Auffassung soll gerade der Käufer eines Oldtimers, anders als der Käufer eines normalen Gebrauchtwagens, eine erhöhte Erwartungshaltung an die Anstrengungen stellen können, die zur Erhaltung des Zustandes unternommen wurden. Sofern ein Fahrzeug dann als „restauriert" bezeichnet wird, darf der Oldtimerkäufer davon ausgehen, dass tragende und nicht tragende Teile grundlegend, sorgfältig und fachmännisch überholt und vollständig von Rost befreit wurden sowie ein Schutz vor baldigem erneuten Rostbefall erfolgt ist. (OLG Köln, 26.05.1997 – 7 U 185/96)

1.1.4.9 Zustandsnoten

Beim Erwerb eines Oldtimers trifft man früher oder später immer auch auf Zustandsnoten.

Eine Zustandsnote stellt den Versuch dar, den Gesamteindruck eines Oldtimers in eine Notenskala von 1 bis 5 einzuordnen. Die Definition der verschiedenen Zustandsnoten orientiert sich meist an der Definitionsvorgabe der Classic Data Marktbeobachtung GmbH & Co. KG.

Die Rechtsprechung setzte sich bereits 1988 mit dem Thema Zustandsnoten auseinander. Man erkannte die praktische Relevanz der Noten für die Praxis sowie das Vertrauen, das ihnen im Rechtsverkehr entgegengebracht wurde. Das Gericht vertrat deshalb die Ansicht, dass es sich bei Zustandsnoten um

Beschreibungen handelt, für deren Richtigkeit der Verkäufer eine besondere Gewähr übernehmen will, sofern die Noten auch tatsächlich Eingang in den Vertrag gefunden haben. Das offensichtliche Abweichen eines Fahrzeugzustandes von einer zugeteilten Note gilt somit heute als Fehlen einer vereinbarten Beschaffenheit. (OLG Frankfurt, 02.11.1988 – 17 U 148/87)

Das Vertrauen in Zustandsnoten erfährt jedoch auch Grenzen. Ein Porsche 911 Targa wurde in der Begutachtung mit der Zustandsnote 3 – bewertet, jedoch mit dem Hinweis, dass diese sich nur auf den äußeren Zustand beziehe und eine sorgfältige Prüfung des Fahrzeuges ggf. zu einem anderen Ergebnis führen könnte im Toleranzbereich von einer halben Note. Auch wenn es im vorliegenden Fall nicht entscheidungserheblich war, wies das Gericht doch darauf hin, dass ein Käufer, der sich unter diesen Bedingungen nur auf eine Zustandsnote verlässt, grob fahrlässig handeln würde. (OLG Düsseldorf, 11.04.2013 – I-3 U 31/12)

2002 musste sich ein Gericht mit dem Erwerb eines Aston Martin Volante, Baujahr 1988, beschäftigen. Der Gesamtzustand des Fahrzeugs wurde mit der Note 5 bewertet. Entgegen der gängigen Praxis sollte dies aber den Höchstwert darstellen und damit einen „sehr gepflegten Zustand" des Fahrzeugs dokumentieren. Der Verkäufer wies zum vermeintlich besseren Verständnis darauf hin, dass es sich bei dieser Art der Notenvergabe um eine „Sammlerbewertung" handele. Entgegen der üblichen Rechtsprechung erkannte das Gericht darin aber keine Angabe, mit der der Verkäufer eine besondere Gewähr für einen guten Zustand des Fahrzeugs übernehmen wollte. Vielmehr könne man der eigenwilligen Benotung durch den Verkäufer keine klare Beschaffenheitsbeschreibung zuordnen, an der man ihn hätte messen können. (OLG Karlsruhe, 29.05.2002 – 9 U 133/01)

> **Praxistipp**
>
> Da die Definition der Zustandsnoten letztlich aber nicht verbindlich geregelt ist, sollte der Erwerber sich bei der Angabe einer Zustandsnote nicht nur mit der Bekanntgabe der jeweiligen Notenzahl begnügen, sondern auch Wert darauf legen, dass die der Zustandsnote zugewiesene Beschaffenheitsbeschreibung in Textform in den Kaufvertrag übernommen wird.

Diese Beispiele illustrieren, dass der Käufer an eine vergebene Zustandsnote zwar eine bestimmte Erwartungshaltung knüpfen darf, die Vergabe der Noten jedoch nicht die individuelle Beschaffenheitsbeschreibung der Kaufsache ersetzen sollte. Letztlich kann nur durch die individuelle Beschreibung von besonderen Eigenschaften dem Umstand Rechnung getragen werden, dass es eine Vielzahl von unterschiedlichen Oldtimern gibt, die wiederum eine Vielzahl von Mängeln und Eigenheiten aufweisen.

1.1.4.10 Aufklärungs- und Offenbarungspflichten des Verkäufers

Der Verkäufer eines Fahrzeuges verfügt oft über eine Fülle an Informationen zu dessen Zustand und Historie. Nicht jede dieser Informationen wird gegenüber dem Käufer offenbart.

Eine Aufklärungs- und Offenbarungspflicht besteht jedoch stets, wenn der Verkäufer davon ausgehen muss, dass die Informationen für den Käufer bei seiner Kaufentscheidung von „wesentlicher Bedeutung" sind. Der Umfang einer Aufklärungs- und Offenbarungspflicht hängt dabei übrigens auch von der Qualifikation des Verkäufers ab. Aus diesem Grund werden an den gewerblichen im Vergleich zum privaten Verkäufer oft erhöhte Anforderungen gestellt. Welche konkreten Aufklärungspflichten ein Verkäufer hat, muss bezogen auf den jeweiligen Einzelfall entschieden werden. Als Orientierung dient die bestehende Rechtsprechung.

So ist der Verkäufer beispielsweise verpflichtet, einen Hinweis zu geben, wenn er das Fahrzeug von einem „fliegenden" Zwischenhändler erworben hat und somit keine belastbaren Informationen des Vorbesitzers existieren (BGH, 16.12.2009 – VIII ZR 38/09). Soweit die Originalität des Oldtimers nicht ausdrücklich abgefragt wird bzw. Gegenstand des Kaufvertrages ist, muss der Verkäufer hingegen nicht über nachträgliche technische Veränderungen informieren (OLG Karlsruhe, 20.11.2014 – 9 U 234/12). Der Verkäufer hat aber wiederum auf Unfallschäden hinzuweisen, auch wenn eine ordnungsgemäße Reparatur erfolgte (BGH, 10.10.2007 – VIII ZR 330/06). Selbst wenn der Verkäufer keine positive Kenntnis von einem Unfallschaden hat, muss zumindest der gewerbliche Verkäufer auf nachlackierte Stellen hinweisen, die aus fachlicher Sicht auf einen möglichen Unfallschaden hinweisen (OLG Karlsruhe, 25.10.2010 – 4 U 71/09). Den privaten Verkäufer trifft zumindest die Pflicht, auf Nachfragen nach Schweißarbeiten an einem Oldtimer wahrheitsgemäß zu antworten (KG, 27.02.2004 – 25 U 131/03). Bagatellschäden (Kratzer und Schrammen) müssen hingegen nicht offenbart werden, auch wenn es sich um eine Mehrzahl von Schäden handelt (OLG Karlsruhe, 27.03.2001 – 3 AU 2/01), es sei denn, der Käufer bittet ausdrücklich um Auskunft.

1.1.5 Sachmängelhaftung

Sofern ein gekaufter Oldtimer einen Sachmangel i. S. d. § 434 BGB aufweist, bestimmen sich die Rechte des Käufers nach §§ 437 ff. BGB auf

1. Nacherfüllung (§ 439 BGB),
2. Rücktritt vom Vertrag (§ 440 BGB),
3. Minderung des gezahlten Kaufpreises (§ 441 BGB) und
4. Anspruch auf Schadensersatz.

1.1.5.1 Sachmangel

Ein Oldtimer gilt als mangelhaft, wenn der Zustand des Fahrzeugs zum Zeitpunkt des sogenannten Gefahrübergangs – meist ist das der Zeitpunkt der Übergabe des Fahrzeugs – nicht dem entspricht, was der Käufer billigerweise erwarten durfte. Anders ausgedrückt, liegt ein Mangel dann vor, wenn die Ist-Beschaffenheit von der Soll-Beschaffenheit abweicht.

Gemäß § 434 Abs. 1 BGB bestimmt sich die Soll-Beschaffenheit einer Kaufsache zunächst danach, ob eine bestimmte Beschaffenheit vereinbart wurde. Damit kann individuell zwischen den Parteien vereinbart werden, wann ein Fahrzeug als mangelhaft gelten soll, sodass der Verkäufer für das Vorhandensein einer bestimmten vereinbarten Beschaffenheit die Gewähr übernimmt.

In der Praxis ist oftmals die Abgrenzung zwischen (versprochener) Beschaffenheitsvereinbarung und bloßer Beschreibung schwierig. Die Rechtsprechung nimmt zumeist dann eine Beschaffenheitsvereinbarung an, wenn der Verkäufer Erklärungen über wertbildende Faktoren abgibt, die die Preisbildung maßgeblich beeinflussen können (OLG Köln, 18.12.1996 – 26 U 24/96). Denn dann muss der Verkäufer davon ausgehen, dass der Käufer auf das Vorhandensein dieser Beschaffenheit vertrauen wird.

Ist keine individuelle Beschaffenheitsvereinbarung getroffen, gilt ein Fahrzeug dann als mangelfrei, wenn es die Beschaffenheit aufweist, die „sich für die nach dem Vertrag vorausgesetzte Verwendung eignet". (§ 434 Abs. 1 Nr. 1 BGB)

Ist eine solche Verwendung ebenfalls nicht ersichtlich, kann der Käufer die Beschaffenheit erwarten, die sich für „die gewöhnliche Verwendung eignet" und die übliche Beschaffenheit aufweist (§ 434 Abs. 1 Nr. 1 BGB). Was letztlich in Bezug auf die „übliche" Beschaffenheit eines über 30 Jahre alten Fahrzeugs erwartet werden kann, ist im Regelfall für den Laien schwer zu bestimmen. In der Gerichtspraxis wird die Einschätzung, welcher Zustand seitens des Käufers billigerweise erwartet werden darf, deshalb oft einem Gutachter zukommen.

Der Originalzustand eines Oldtimers ist für viele Käufer von erheblicher Bedeutung. Gleichwohl ist es mit einem Blick auf das Alter der Fahrzeuge nicht ungewöhnlich, dass im Laufe der Zeit Veränderungen vorgenommen wurden. Das OLG Karlsruhe kam – gestützt auf Sachverständigenaussagen – zu dem Schluss, dass auch der Einbau eines anderen Motors eine übliche Praxis darstellen kann. Der fehlende Originalzustand wurde daher nicht als

Sachmangel gewertet. Ein Sachmangel hätte vielmehr nur dann vorgelegen, wenn der Verkäufer die Beschaffenheit des Fahrzeuges als Originalzustand ausgewiesen hätte oder mit der Beschreibung über „Matching Numbers" die Beschaffenheit des Originalzustandes vereinbart gewesen wäre. (OLG Karlsruhe, 20.11.2014 – 9 U 234/12)

Bei einem Motorrad aus dem Jahr 1928 wurden Roststellen an sicherheits-relevanten Teilen festgestellt – eine typische Abnutzungserscheinung. Der gewöhnliche Verwendungszweck eines Motorrads dieses Alters ist zudem schwer festzustellen, da es sowohl für eine Ausstellung genutzt werden kann, als auch für den täglichen Gebrauch im Straßenverkehr. Der gewöhnliche Ver-wendungszweck (§ 434 Abs. 1 Nr. 2 BGB) und die übliche Beschaffenheit des Motorrades hätten somit dafür gesprochen, dass man aufgrund des Rostbefalls nicht zwingend auf einen Mangel schließen musste. Haben beide Vertrags-parteien aber dasselbe Verständnis, dass der Oldtimer nämlich zukünftig im Straßenverkehr genutzt werden soll, stellt ein Rostbefall an sicherheitsrelevanten Teilen gleichwohl einen Mangel dar, weil zumindest die nach dem Vertrag vorausgesetzte Verwendung (§ 434 Abs. 1 Nr. 1 BGB) vereinbart wurde. (OLG Köln, 26.05.1997 – 7 U 185/96)

Letztlich ist es immer von großer Bedeutung, dass die Formulierungen in einem Kaufvertrag klar erkennen lassen, ob eine Beschaffenheitsvereinbarung abge-geben werden soll. Gleichwohl ist dies in der Praxis nicht der Regelfall, da die Interessen der Vertragsparteien bei der Formulierung der Beschreibungen meist gegenläufig sind. So muss es im Interesse des Käufers liegen, die Beschaffenheit eines Oldtimers möglichst umfangreich im Kaufvertrag zu beschreiben, um bei Abweichungen die Sachmängelhaftung des Verkäufers auszulösen. Der Verkäufer seinerseits wird oft kein Interesse daran haben, durch ausführliche Beschreibungen sein Haftungsrisiko zu erhöhen.

Aus rechtlicher Sicht sollte aber auch der Verkäufer zumindest ein Interesse daran haben, alle ihm bekannten Mängel ausdrücklich in den Kaufvertrag aufzunehmen. Denn die Offenlegung eines Mangels schützt vor einer spä-terer Haftung. In der Praxis soll es jedoch auch Verkäufer geben, die sich mit der klaren Benennung von negativen Beschaffenheitsmerkmalen schwer tun, um unmittelbare Auswirkungen auf den Kaufpreis zu vermeiden. Diese Rechnung geht jedoch zumindest dann nicht auf, wenn sich an den Verkauf des Oldtimers ein Schadensersatzprozess anschließt, der nicht zuletzt durch die meist notwendige Hinzuziehung von Sachverständigen ein großes Kosten-risiko mit sich bringt.

1.1.5.2 Nacherfüllung

Zu beachten ist, dass der Käufer bei Vorliegen eines Sachmangels nicht einfach frei zwischen den vorgenannten Rechten der Sachmängelhaftung gemäß §§ 437 ff. BGB wählen kann. Bevor er weitere Rechte geltend machen kann, muss er dem Verkäufer zunächst die Möglichkeit einräumen, den bestehenden Mangel zu beheben bzw. seine Pflichten als Verkäufer nachträglich zu erfüllen.

Bei einem Oldtimer heißt dies zumeist, dass dem Verkäufer die Gelegenheit gegeben werden muss, einen vorliegenden Mangel eigenständig zu reparieren. Diese Gelegenheit muss im Regelfall zwei Mal gegeben werden. Erst wenn es dem Verkäufer dann nicht gelingt, den Mangel zu beheben, oder er eine Reparatur von Anfang an ablehnt, stehen dem Käufer weitere Rechte zu. Nicht selten scheidet die Möglichkeit der Nacherfüllung aber bereits deshalb aus, weil es unmöglich ist, den vorliegenden Mangel zu beheben. So kann etwa eine im Kaufvertrag falsch ausgewiesene Laufleistung des Fahrzeugs natürlich nicht durch eine Nachbesserung des Verkäufers behoben werden.

Praxistipp

Vielfach verfügt der Käufer durchaus über den notwendigen Sachverstand, festgestellte Mängel auch selbst zu reparieren. Nicht selten werden diese Reparaturen sogar als Teil des Hobbys angesehen und deshalb gerne eigenständig vorgenommen. Der Käufer wird in diesen Fällen oft von seinem Recht auf Nacherfüllung durch den Verkäufer keinen Gebrauch machen wollen. Ihm sollte jedoch klar sein, dass er dann regelmäßig dem Verkäufer gegenüber kein Recht auf nachträgliche Erstattung der bei selbst vorgenommener Reparatur entstandenen Kosten hat. In diesen Fällen ist deshalb dringend zu raten, bereits im Vorfeld Kontakt mit dem Verkäufer aufzunehmen, um sich mit ihm über die Übernahme der entstehenden Kosten zu einigen, und eine solche Einigung schriftlich festzuhalten.

Der Erwerber eines Oldtimers nimmt für den Ankauf eines Fahrzeugs nicht selten lange Anfahrten in Kauf. Muss das Fahrzeug dann repariert werden, stellt sich die Frage, an welchem Ort eine Reparatur zu erfolgen hat. Liegen keine anderslautenden vertraglichen Regelungen vor und ergibt sich aus den Umständen nicht anderes, hat die Reparatur grundsätzlich am Ort des Verkäufers zu erfolgen. Mögliche Transportkosten gehen dabei zulasten des Verkäufers (§ 439 Abs. 2 BGB). Dies bedeutet jedoch nicht automatisch, dass der Verkäufer auch den Transport selbst durchführen oder organisieren muss, denn diese Verantwortung verbleibt beim Käufer. Je nach Umfang des Mangels und Sitz des Verkäufers kann dies eine sehr zeitraubende Aufgabe sein. (BGH, 13.04.2011 – VIII ZR 220/10)

Auch dieses Beispiel zeigt, dass viele Probleme durch eine gründliche Vertragsgestaltung vermieden werden können.

1.1.5.3 Rücktritt vom Vertrag

Scheitert eine Nacherfüllung, kann der Käufer zunächst den Rücktritt vom Vertrag erklären. Das Fahrzeug ist dann wieder an den Verkäufer herauszugeben, und der Käufer erhält seinen Kaufpreis zurück. Darüber hinaus hat der Verkäufer dem Käufer dessen *vergebliche Aufwendungen* zu erstatten. Dies sind Aufwendungen, die der Käufer im Vertrauen auf ein mangelfreies Fahrzeug billigerweise machen durfte und deren Mehrwert für den Käufer nun durch die berechtigte Rückabwicklung entfällt, sodass sie für ihn nutzlos waren. Dazu zählen beispielsweise Überführungskosten.

Ein Rücktritt vom Vertrag entfällt jedoch nach § 323 Abs. 5 BGB bei einem lediglich unerheblichen Mangel des Fahrzeugs. Was letztlich erheblich bzw. unerheblich ist, erfordert nach gängiger Rechtsprechung „eine umfassende Interessenabwägung auf der Grundlage der Umstände des Einzelfalls". (BGH, 17.02.2010 – VIII ZR 70/07)

In der Praxis wird die Erheblichkeit eines Mangels vielfach an der Höhe der Kosten gemessen. So wurde die Schwelle zur Erheblichkeit in einem Fall angenommen für einen Mangel, dessen Behebung Kosten von über 5 % des Anschaffungspreises verursachte (BGH, 28.05.2014 – VIII ZR 94/13). Die Orientierung an einer Wertgrenze kann zwar auch bei Oldtimerkäufen zur Anwendung kommen, es ist jedoch gerade hier auch immer wieder der Einzelfall zu würdigen. Die Rechtsprechung kennt nämlich auch den Ansatz – so entschieden für einen Mangel an einem acht Jahre alten Range Rover – darauf abzustellen, ob „für viele, wenn nicht gar für die meisten Interessenten (der vorliegende Mangel) ein Grund sein (wird), vom Kauf Abstand zu nehmen". (BGH, 05.11.2008 – VIII ZR 166/07)

Auch hier wird deutlich, warum die genaue Auflistung der vorhandenen Mängel bzw. die Erfassung des Zustandes des Oldtimers von enormer Bedeutung ist. Denn die Einschätzung, ob ein Mangel erheblich ist, hängt natürlich auch wesentlich von der im Kaufvertrag vereinbarten Beschreibung des Gesamtzustands des Fahrzeuges ab.

1.1.5.4 Minderung des Kaufpreises

Anders als der Rücktritt vom gesamten Vertrag kann die Minderung des Kaufpreises auch bei kleineren Mängeln erklärt werden. Die Minderung schließt notwendigerweise den Rücktritt aus.

Ihre Höhe ergibt sich aus § 441 Abs. 3 Nr. 1 BGB und ist nach einer vorgegebenen Formel zu berechnen: Gezahlter Kaufpreis multipliziert mit dem Wert des mangelhaften Oldtimers und anschließend dividiert durch den Wert des Fahrzeugs ohne Mängel.

1.1.5.5 Schadensersatz

Grundsätzlich ist auch der dem Käufer durch den Verkauf eines mangelhaften Fahrzeugs entstandene Schaden an anderen Rechtsgütern zu ersetzen.

Die Herleitung und der Umfang dieser Ansprüche können allerdings kompliziert sein. Zur genauen Beurteilung der dem Käufer im Einzelfall zustehenden Ansprüche auf Schadensersatz ist die frühzeitige Rücksprache mit einem Anwalt sinnvoll und geboten.

1.1.5.6 Gewährleistungsausschluss des Verkäufers

Die zuvor dargestellten Gewährleistungsrechte, also beispielsweise die Rechte auf Nacherfüllung, Rücktritt vom Vertrag und Minderung, stellen die gesetzlich festgeschriebenen Käuferrechte dar.

Unter gewissen Bedingungen ist es dem Verkäufer jedoch erlaubt, mit dem Käufer zu vereinbaren, dass diese gesetzlichen Regelungen nicht zur Anwendung kommen. Käufer, die einen wirksamen vertraglichen Haftungsausschluss akzeptieren, gehen somit das Risiko ein, mit auftretenden Mängeln des Fahrzeugs leben zu müssen.

Doch auch ein vertraglich vereinbarter Haftungsausschluss hat Grenzen. So haftet der Verkäufer beispielsweise weiterhin für Mängel, die er arglistig verschwiegen hat, und für Aussagen „ins Blaue hinein". Auch für getroffene Beschaffenheitsvereinbarungen (siehe Abschnitt 1.1.5.1) haftet der Verkäufer, auch wenn die Haftung ansonsten ausgeschlossen wurde. Suggeriert der Verkäufer dem Käufer also, dass das Fahrzeug über eine Eigenschaft verfügt, die offensichtlich für den Kunden von wesentlicher Bedeutung ist, muss er auch für das Vorhandensein dieser Beschaffenheit haften (AG München, 11.12.2009 – 122 C 6879/09). Auch an dieser Stelle erkennt man wieder, wie wichtig es für den Käufer ist, die für ihn persönlich wichtigen Beschaffenheitsmerkmale ausdrücklich in einem Kaufvertrag zu vereinbaren.

Der private Verkäufer eines „Wehrmachtsgespanns" BMW R 71 hatte ausdrücklich „keine Garantie für die 100 %ige ... Originalität" übernehmen wollen. Bestimmte Teile bezeichnete er hingegen ausdrücklich als Originalteile. Letztlich stellte sich jedoch heraus, dass einige von ihm als „original" bezeichnete Teile lediglich Repliken waren. Der vereinbarte Haftungsausschluss griff daher aufgrund der ausdrücklichen Beschaffenheitsvereinbarung als Originalteile nicht. Die fehlende Originalität wurde als Sachmangel bewertet, für den er haften musste. (OLG München, 06.11.2013 – 3 U 4871/12)

1.1.5.7 Unterschiedliche Haftungsrisiken für verschiedene Vertragsparteien

Ob und wie umfänglich ein Haftungsausschluss wirksam vereinbart werden kann, hängt jedoch über die vorstehend beschriebenen Grundsätze hinaus noch von weiteren Faktoren ab. So stehen gewerblichen Händlern (Unternehmern i. S. d. § 14 BGB) weniger Möglichkeiten zu als einem Privatmann.

Privatmann als Verkäufer

Wird ein Oldtimer „von privat" verkauft, kann ein weitreichender Haftungsausschluss vereinbart werden. Die für den Käufer damit verbundene Gefahr wird insbesondere bei Käufen in virtuellen Auktionshäusern deutlich. Der Käufer hat hier regelmäßig keine Möglichkeit, über die im Angebot enthaltene Beschreibung hinaus gesonderte Beschaffenheitsmerkmale zu vereinbaren. Eine Begutachtung und Einschätzung des Oldtimers kann oft auch nur anhand von Fotos unterschiedlicher Qualität erfolgen.

Gleichwohl greift in diesen Fällen der vereinbarte Haftungsausschluss, soweit der Verkäufer nicht arglistig gewisse Mängel verschwiegen oder den Käufer getäuscht hat, was oft schwer zu beweisen sein wird.

Der gewerbliche Verkäufer (Unternehmen i. S. d. § 14 BGB)

Bei einem Kaufvertrag zwischen einem gewerblichen Händler auf der einen und einem Privatmann *(Verbraucher)* auf der anderen Seite greifen hingegen die verbraucherfreundlichen gesetzlichen Vorgaben auf Basis Europäischer Regelungen.

Nach § 475 Abs. 1 BGB ist es dem gewerblichen Verkäufer nicht möglich, die Haftung für Mängel vollständig auszuschließen. Lediglich die Haftung auf Schadensersatz nach § 437 Nr. 3 BGB kann gemäß § 475 Abs. 3 BGB ausgeschlossen oder beschränkt werden. Da dieser Ausschluss meist formularmäßig erklärt wird, finden jedoch die Vorschriften und die Rechtsprechung zu Allgemeinen Geschäftsbedingungen Anwendung. Die Prüfung der gewerblich verwendeten (Muster-)Vertragsunterlagen durch einen Anwalt ist auch an dieser Stelle zu empfehlen.

Aufgrund der oben genannten Einschränkungen kommt in der Praxis letztlich vor allem der Möglichkeit der Verkürzung der Verjährungsfristen bei dem gewerblichen Verkauf gebrauchter Fahrzeuge große Bedeutung zu (siehe Abschnitt 1.1.5.8).

Unternehmen unter sich

Verhandeln stattdessen Unternehmer unter sich, sind weitgehende Begrenzungen der Sachmängelgewährleistung wieder möglich. Da solche Haftungsbeschränkungen der anderen Partei jedoch oft als Teil der Allgemeinen Geschäftsbedingungen vorgelegt werden, sei an dieser Stelle erneut auf die umfangreiche Rechtsprechung zu AGB und unwirksamen bzw. unwirksam vereinbarten Klauseln hingewiesen, die im Einzelfall die anwaltliche Prüfung eines Vertrags ratsam erscheinen lassen.

Der Auftritt als „Vermittler"

Die Rechtsposition eines gewerblichen Verkäufers ist, wie oben dargestellt, nicht einfach. Verkauft er an einen Privatmann, ist ein Haftungsausschluss nur sehr begrenzt möglich. Zudem werden von gewerblichen Verkäufern zum Fahrzeug getroffene Aussagen in der Rechtspraxis oft als Beschaffenheitsvereinbarungen qualifiziert, die das Haftungsrisiko des Verkäufers erhöhen.

Darüber hinaus wird zumeist vermutet, dass der gewerbliche Verkäufer im Vergleich zu einem privaten Käufer über eine höhere Fachkompetenz verfügt, woraus wiederum besondere Hinweispflichten resultieren.

Diesem Potpourri an Pflichten versuchen gewerbliche Verkäufer in manchen Fällen zu entkommen, indem sie im Rahmen der Verkaufsverhandlungen fälschlicherweise als Privatmann auftreten, wie es insbesondere im Rahmen von Online-Auktionen zu beobachten ist. Einem Online-Käufer ist deshalb immer anzuraten, sich vor Vertragsschluss nicht nur über das Fahrzeug, sondern auch über den Verkäufer zu informieren, z. B. anhand dessen oft einsehbarer Umsatzhistorie.

> **Praxistipp**
> Stellt sich heraus, dass sich die Anzahl an durch denselben „privaten" Verkäufer verkauften Garagen- und Scheunenfunden nur noch mit einem weit verzweigten, unterirdischen Netz an Scheunen und Garagen erklären lässt, ist Vorsicht geboten. Auf jeden Fall sollten dann auch die herausgefundenen Informationen über den Verkäufer für den Fall einer gerichtlichen Auseinandersetzung aufbewahrt werden.

Daneben gibt es auch immer mehr gewerbliche Verkäufer von Oldtimern, die zwar ihr Gewerbe nicht verschleiern, den in Rede stehenden Oldtimer aber laut eigener Aussage nicht auf eigene Rechnung verkaufen wollen, sondern lediglich als Vermittler eines Hintermannes auftreten bzw. einen Kommissionsverkauf durchführen. Der Auftritt als Stellvertreter einer Privatperson hat zum einen den Vorteil, dass die Haftung nach den Regeln für private Verkäufer ausgeschlossen werden kann. Zum anderen können alle Arten von Beschreibungen mit dem Hinweis „laut Eigentümer" versehen werden, womit sich der Händler – für den Käufer offensichtlich – vom Wahrheitsgehalt der Aussage distanzieren kann. Es fragt sich daher stets, ob diese Konstruktion im Einzelfall einen seriösen Hintergrund hat oder ob nur die Rechtsposition des Verkäufers gestärkt werden soll.

Das Landgericht Berlin hatte über einen Fall zu entscheiden, bei dem ein Händler im Rahmen einer Internetauktion ausdrücklich nicht als Eigentümer des zum Verkauf stehenden Oldtimers Jensen

> **Praxistipp**
> Auch in diesen Fällen ist also Vorsicht geboten, und eine Kontaktaufnahme mit dem Hintermann sollte versucht werden.

Interceptor, Baujahr 1974, auftrat, sondern nur für den „Abwicklungsservice" verantwortlich sein wollte. Auch in diesem Fall wurde im Hinblick auf die Richtigkeit der Fahrzeugbeschreibung auf den Eigentümer verwiesen. Letztlich entschied das Gericht, dass der Vermittler selbst Partei des Kaufvertrages wurde, und stellte darauf ab, dass die Nutzungsbedingungen der Online-Plattform den Auftritt von Vermittlern nicht vorsahen und der Vermittler die Auktionsangebote somit entsprechend den Auktionsbedingungen nur als Verkäufer im eigenen Namen einstellen konnte. (LG Berlin, 20.07.2004 – 4 O 293/04)

Abschließend sei noch erwähnt, dass die Verschleierung des Gewerbes oder der unberechtigte Auftritt als Vertreter eines Dritten auch Risiken für den Verkäufer mit sich bringen kann. So wird der vermeintliche Privatmann seine Allgemeinen Geschäftsbedingungen seinem Auftritt anpassen. Stellt sich jedoch heraus, dass es sich um einen Unternehmer handelt, werden die verwendeten Geschäftsbedingungen meist nicht den Anforderungen an den Verbraucherschutz gerecht und können somit abgemahnt werden. Auch der unberechtigte Auftritt als Vertreter kann als Täuschung der Verbraucher verstanden werden und eine kostenpflichtige Abmahnung des Konkurrenten nach sich ziehen. Letztlich entfalten natürlich auch die – als vermeintlicher Privatmann – vereinbarten Haftungsbeschränkungen für den Unternehmer keine Wirkung.

1.1.5.8 Verjährungsfristen

Entdeckt der Käufer Mängel an seinem Fahrzeug, für die er Ansprüche gegenüber dem Verkäufer geltend machen kann, muss dies grundsätzlich innerhalb von zwei Jahren erfolgen. Die Verjährungsfrist beginnt gemäß § 438 Abs. 2 BGB mit der Übergabe der Sache.

Eine Verkürzung dieser Verjährungsfrist kann bei Gebrauchtwagen vereinbart werden, aber auch hier haben Verbraucher bei einem Vertragsabschluss mit einem Unternehmer verschiedene Vorteile:

- Die Verjährungsfrist darf nur auf mindestens ein Jahr reduziert werden.
- Darüber hinaus findet zugunsten des Verbrauchers gemäß § 476 BGB eine *Beweislastumkehr* statt, die für ihn eine erhebliche Erleichterung in einem möglichen Gerichtsprozess bedeutet.

Vermutet wird dabei, dass ein Mangel bereits bei Übergabe des Oldtimers vorlag, wenn dieser Mangel innerhalb der ersten sechs Monate nach dem Verkauf des Fahrzeugs entdeckt und dem Verkäufer angezeigt wird. Eine solche Vermutung kann jedoch nur dann zugunsten des Käufers vorgebracht werden, wenn nicht Umstände vorliegen, die eine andere Schlussfolgerung nahelegen. Dies soll beispielsweise für solche Mängel gelten, die so offenkundig sind, dass sie bereits bei der Übergabe des Fahrzeugs dem Käufer zwangsläufig hätten auffallen müssen (OLG Celle, 04.08.2004 – 7 U 30/04). Es kann in diesem Fall somit nicht vermutet werden, dass diese Mängel bereits bei Übergabe des Fahrzeuges vorhanden waren.

1.2 Informationspflichten und Widerrufsrecht beim Oldtimerkauf im Internet

Neben haftungsrechtlichen Fragen bringt der Kauf eines Oldtimers über das Internet einige weitere Besonderheiten mit sich. Da es sich dabei jedoch eher um rechtliche als um oldtimerspezifische Besonderheiten handelt, soll an dieser Stelle ein kurzer Überblick genügen.

1.2.1 Aus Sicht des gewerblichen Verkäufers

Sofern ein gewerblicher Verkäufer einen Oldtimer im Internet Privatpersonen zum Kauf anbietet, ist er verschiedenen gesetzlichen Vorgaben unterworfen. Nicht selten stellen diese ein schwer durchschaubares Geflecht von Verweisungen dar, wie beispielsweise die verschiedenen Informationspflichten des Unternehmers.

Gewerbetreibenden ist daher anzuraten, ihre Allgemeinen Geschäftsbedingungen sowie den Internetauftritt ihres Unternehmens rechtlich überprüfen zu lassen. Die Kosten des anwaltlichen Rates ersparen oft die deutlich höheren Kosten einer kostenpflichtigen Abmahnung oder eines verlorenen Prozesses. Nicht zu vergessen: Da Rechtsprechung und Gesetzgebung sich diesbezüglich gerne und häufiger auch einmal zum Nachteil des Unternehmers ändern, ist eine solche Prüfung in regelmäßigen Abständen erforderlich.

Beispielhaft kann an dieser Stelle der gesetzlich vorgegebene Mustertext für die Widerrufsbelehrung i. S. d. Anlage 1 zu Artikel 246a EGBGB genannt werden, der zuletzt Mitte 2014 geändert wurde.

1.2.2 Aus Sicht des Käufers

Eines der wichtigsten Rechte des Käufers beim Abschluss eines *Fernabsatzvertrages* ist das Recht, den Vertragsschluss innerhalb von zwei Wochen zu widerrufen.

Ein Fernabsatzvertrag liegt regelmäßig dann vor, wenn ein Fahrzeug über das Internet bestellt wird. Die bloße Bewerbung eines Fahrzeuges über das Internet, verbunden mit einem Vertragsschluss vor Ort, fällt jedoch nicht darunter. Über das Recht auf Widerruf und über die Begleitumstände eines Widerrufs ist der Käufer bei Vertragsschluss ausdrücklich zu belehren. Kommt der Verkäufer dabei seinen Informationspflichten nicht nach, kann sich das Recht des Käufers auf Widerruf um ein weiteres Jahr verlängern.

1.3 Widerrufsrecht bei außerhalb der Geschäftsräume geschlossenen Verträgen nach § 312b BGB

Kurz sei noch auf eine weitere rechtliche Besonderheit hingewiesen: den Ankauf eines Oldtimers bzw. Geschäftsabschlüsse zwischen Privatmann und gewerblichem Verkäufer, die außerhalb von dessen Geschäftsräumen stattfinden.

Hierbei handelt es sich um eine weitere Vorschrift des Verbraucherschutzes. Dahinter steckt der Gedanke, dass ein Käufer außerhalb der Geschäftsräume des Verkäufers nicht damit rechnen muss, in Verkaufsverhandlungen „verstrickt" zu werden. Um eine „Überrumpelung" des Verbrauchers in einer solchen Situation zu verhindern, erhält er deshalb auch in diesen Fällen ein 14-tägiges Widerrufsrecht.

Der Verkäufer seinerseits unterliegt wiederum besonderen Informationspflichten. Diese gesetzliche Vorschrift kann insbesondere von Interesse sein, wenn der gewerbliche Verkäufer einen Oldtimer einem Privatmann im Rahmen einer Veranstaltung zum Kauf anbietet. Zwar besteht wohl Einigkeit darüber, dass ein Verkauf auf Messen grundsätzlich nicht als „außerhalb der Geschäftsräume" geschlossener Kaufvertrag gelten soll. Dies kann jedoch dann anders zu bewerten sein, wenn es sich bei der Messe oder Veranstaltung nicht um eine „reine" Oldtimermesse handelt. Also dann, wenn mit einem Angebot von Oldtimern im Rahmen der Veranstaltung nicht zu rechnen war.

2 Der Oldtimerkauf im Ausland

Die Suche nach einer günstigen Wertanlage oder die Vorliebe für bestimmte Fahrzeugtypen führt immer häufiger zu einem Oldtimerkauf im Ausland. Vor dem Kauf eines Fahrzeugs im Ausland sollte man sich jedoch ausführlich mit den möglichen Problemen und bestehenden rechtlichen Rahmenbedingungen auseinandersetzen. Hierzu gehören Zoll- bzw. Einfuhrbedingungen, die rechtlichen Vorgaben des Herkunftslandes und insbesondere auch die Frage, ob das zu erwerbende Import-Fahrzeug überhaupt für den deutschen Straßenverkehr zulassungsfähig ist oder welche Umrüstungen, verbunden mit welchen Kosten, notwendig wären (siehe Kapitel 2, Abschnitt 3.3).

2.1 Vor dem Kauf

Ansprüche (gerichtlich) geltend machen zu müssen, ist selten ein freudiges Ereignis. Die streitenden Parteien sind gezwungen, Geld, Zeit und „Nerven" zu investieren. Dieses Investment wird noch größer, wenn der Vertragspartner bzw. Anspruchsgegner im Ausland sitzt, gar in Übersee. Unterschiedliche Rechtsordnungen, Sprachbarrieren und auch komplexe Vollstreckungsverfahren für Ansprüche können einen internationalen Rechtsstreit schnell zu einer Odyssee werden lassen. Bei Importfahrzeugen sollte deshalb erst recht bereits im Vorfeld alles unternommen werden, um ein späteres Gerichtsverfahren zu vermeiden.

Die Herangehensweise an einen Oldtimerkauf im Ausland kann unterschiedlich sein. Der Zufallskauf eines Oldtimers während einer Reise stellt sicher die Ausnahme dar. Hier hat der Käufer aber den Vorteil, dass er sich persönlich einen Eindruck des Fahrzeugs verschaffen kann. Zudem kann er die Vertrauenswürdigkeit des Verkäufers besser einschätzen. Nachteil eines solchen Spontankaufes ist jedoch, dass die notwendige Zeit fehlt, um die Begleitumstände des Kaufs „nüchtern" bewerten zu können, etwa die Höhe der zusätzlichen Umbaukosten des Fahrzeugs für den Betrieb im Heimatland.

In vielen Fällen wird der Oldtimer-Interessent jedoch über das Internet oder über heimische Vertriebshändler auf das jeweilige Fahrzeug aus dem Ausland aufmerksam. Im Vorfeld gezeigten Fotos sollte wie immer mit einer gewissen Skepsis begegnet werden. Sie ersetzen insbesondere nicht die Inaugenscheinnahme vor Ort.

Hat der Käufer hingegen keine Möglichkeit, sich vom Zustand des Fahrzeugs persönlich zu überzeugen, sollte ein vertrauenswürdiger, unabhängiger Dritter das Fahrzeug vor Ort in Augenschein nehmen. Dies kann auch im Wege einer *Pre-Purchase Inspection (PPI)* erfolgen, die manche Sachverständigen-organisationen anbieten. Hierbei sollten dem Sachverständigen insbesondere die individuellen Erwartungen an das Fahrzeug klar kommuniziert werden (Fahrtüchtigkeit, besondere Einbauten), damit das Ergebnis der Begutachtung den erhofften Mehrwert darstellt. Sofern der Sachverständige vor Ort auch den Originalzustand des Fahrzeugs bewerten soll, ist im Vorfeld unbedingt zu besprechen, ob ein gemeinsames Verständnis von „Originalzustand" besteht. Die festgestellte Zustandsbeschreibung sollte dann, zusammen mit den Aussagen des Verkäufers, Teil des Kaufvertrages werden.

Vor dem eigentlichen Vertragsschluss sollte sich der Käufer darüber hinaus noch einen Überblick über die für das Fahrzeug vorliegenden Dokumente verschaffen. Im Idealfall sollten Dokumente vorliegen, die auf eine regelmäßige Wartung des Fahrzeuges hindeuten. Darüber hinaus sollte man insbesondere Wert auf einen Nachweis legen, dass sich das Fahrzeug auch tatsächlich im Eigentum des Verkäufers befindet. Hilfreich ist es, dazu im Rahmen der Kaufvorbereitungen die Bezeichnung des regionalen Pendants zum deutschen Fahrzeugbrief herauszufinden. Soweit die Dokumente eine Person ausweisen, die mit dem Verkäufer nicht identisch ist, sollte eine Kontaktaufnahme mit dem Eigentümer in Betracht gezogen werden. Beim Kauf eines „Scheunenfundes" ohne Papiere sollte dieser Umstand im Kaufvertrag zumindest erwähnt werden, verbunden mit der Versicherung des Verkäufers, dass er der rechtmäßige Eigentümer des Oldtimers ist. Es bietet sich ebenfalls an, eine Kopie seines Reisepasses oder Personalausweises als Anlage zum Vertrag zu nehmen.

Zu denken ist auch an weitere Fahrzeugdokumente, die für die spätere Zulassung in Deutschland benötigt werden, u. a. zum Nachweis des Erstzulassungsdatums (siehe Kapitel 2, Abschnitt 3.3).

2.2 Der Kaufvertrag

Während der Abschluss eines schriftlichen Vertrags schon im Inland dringend zu empfehlen ist, kann dem schriftlichen Kaufvertrag insbesondere bei Importen aus dem Nicht-EU-Ausland entscheidende Bedeutung zukommen.

So bemisst sich beispielsweise der zu verzollende Wert des Fahrzeugs meist nach dem vertraglich festgelegten Kaufpreis. Darüber hinaus kommt es nicht selten vor, dass der Kaufvertrag das einzige Dokument ist, mit dem der Käufer dokumentieren kann, dass er das Fahrzeug rechtmäßig von dem vermeintlichen

Eigentümer gekauft hat. Andernfalls sind bei der Einfuhr eines Fahrzeugs ohne jegliche Papiere und ohne Kaufvertrag charakterbildende Gespräche mit den zuständigen Behörden gleichsam vorprogrammiert.

2.3 Rechtliche Besonderheiten beim Kauf im Ausland

Aus rechtlicher Sicht ist zwischen Käufen im EU-Ausland und im Nicht-EU-Ausland zu unterscheiden.

2.3.1 Innerhalb der EU

Eine große Hürde für die Geltendmachung von Ansprüchen stellt oft die Frage dar, ob der Verkäufer in seinem jeweiligen Herkunftsland verklagt werden muss oder ob auch vor dem heimischen Gericht die Ansprüche geltend gemacht werden können. Sofern die Parteien den Gerichtsstand nicht ausdrücklich vertraglich geregelt haben, ist für Verträge unter Privatleuten meist das nationale Gericht zuständig, in dessen rechtlicher Sphäre der Vertrag zustande kam. Dabei handelt es sich fast immer um das nationale Gericht des Verkäufers.

Nationale Gerichte werden dann, sofern keine abweichenden vertraglichen Abreden getroffen wurden, auch das jeweilige nationale Recht anwenden. Dank der *EU-Verbraucherrichtlinie* wurde Mitte 2014 in Europa eine weitgehende Harmonisierung der nationalen gesetzlichen Reglungen erreicht, die das Verhältnis zwischen Käufer und Verkäufer regeln. Private Käufer im EU-Ausland können also nunmehr davon ausgehen, dass das nationale Verbraucherschutzrecht des jeweiligen Landes in wesentlichen Bereichen dem deutschen Recht vergleichbar ist. Daneben existieren jedoch immer auch noch nationale Besonderheiten, die der rechtlichen Tradition der Länder entsprechen. So wird man in Frankreich zusätzliche verbraucherfreundliche Regelungen finden, die in dem eher unternehmerfreundlichen England vergeblich gesucht werden dürften.

Eine Besonderheit kann für die Beziehung zwischen Verbraucher und Unternehmen im Onlinehandel gelten. So vertritt der Europäische Gerichtshof (EuGH) die Auffassung, dass ein Unternehmer innerhalb der EU auch dann im Ausland (also im Heimatland des Käufers) verklagt werden darf, wenn er seinen Internethandel auf Geschäfte in dem jeweiligen EU-Mitgliedsland ausgerichtet hat. Hierzu gehören beispielsweise die Verwendung der Landessprache, die Angabe der Telefonnummer mit nationaler Vorwahl oder eine Wegbeschreibung, die über die nationale Grenze hinwegreicht. (EuGH, 07.12.2010 – C-144/09 und C-58508)

2.3.2 Nicht-EU-Ausland

Insbesondere der US-amerikanische Markt wird bei deutschen Oldtimer-Käufern immer beliebter. Dies hat dazu geführt, dass verschiedene Händler, Transportunternehmer und Vermittler sich bereits auf deutsche Kunden eingestellt haben. Einerseits kann das den Kauf eines Fahrzeuges im Ausland erleichtern. Gleichwohl sollte man sich bewusst sein, dass man sich im Streitfall mit einer anderen Rechtsordnung auseinandersetzen muss, denn das anwendbare Recht richtet sich bei Käufen im Nicht-EU-Ausland fast immer nach der Rechtsordnung des Verkäufers, soweit nicht im Kaufvertrag ausdrücklich etwas anderes wirksam (!) vereinbart wurde.

Bei einem Oldtimerkauf in den USA, aber auch in allen anderen Nicht-EU-Staaten, sollte sich der Käufer deshalb im Vorfeld über mögliche nationale Besonderheiten des jeweiligen Landes erkundigen. Dazu gehören auch typische Händlerpraktiken. Neben der Recherche im Internet kann auch der Erfahrungsaustausch mit Oldtimerverbänden hilfreich sein. Bestehende Unklarheiten sollten ausdrücklich im Kaufvertrag geklärt werden, wie etwa, ob es sich beim Kaufpreis um eine Angabe mit „sales tax" (Mehrwertsteuer) handelt, was bei Fahrzeugverkäufen in den USA keine Selbstverständlichkeit ist.

Darüber hinaus sollte noch hinterfragt werden, was das allgemeine Verständnis oder das Verständnis des Verkäufers hinsichtlich der Begrifflichkeiten in Kaufvertrag oder Werbung betrifft, insbesondere bezüglich „Oldtimer" und „Originalzustand". Das deutsche Verständnis bemisst sich an den nationalen deutschen Vorgaben, die von den US-Vorgaben abweichen können. Außerdem sollte mit dem Verkäufer auch darüber eine explizite Einigung erzielt werden, wer für den Transport des Oldtimers verantwortlich sein soll und ab wann die Gefahr eines Transportschadens auf den Käufer übergeht oder anders gesagt, ob der Verkäufer für Schäden der Transportfirma haften soll.

Schließlich sollte der Kaufvertrag in jedem Fall verschiedene Mindestinformationen enthalten, um eine möglichst reibungslose Abfertigung durch den Zoll sowohl bei der Aus- als auch bei der Einfuhr zu ermöglichen. Diese Anforderungen können ggf. vor Vertragsschluss bei den Zollbehörden abgefragt werden. Enthalten sein sollten jedoch mindestens

- Informationen über die Vertragsparteien (und, soweit abweichend, auch über den Eigentümer),
- Informationen über das Fahrzeug (wie Fahrzeugtyp, Fahrgestellnummer, Baujahr etc.),

- Datum und Unterzeichner des Vertrags sowie
- der Kaufpreis, da er oft als Bemessungsgrundlage zur Berechnung des Einfuhrzolls dient.

Immer wieder kommt es vor, dass sich Käufer zwei Kaufverträge ausstellen lassen, um Einfuhrzölle zu sparen. Einen, der den Verkaufspreis wahrheitsgemäß ausweist, und einen weiteren, der einen fiktiven, niedrigeren Kaufpreis enthält. Von solchen Vorhaben ist dringend abzuraten. Üblicherweise verfügen Zollbehörden nämlich über sehr gute Kenntnisse, was den Schätzwert von Oldtimern betrifft. Ein eklatant zu niedriger Kaufpreis in einem Kaufvertrag kann seitens der Zollbehörde zu einer Schätzung des tatsächlichen Wertes führen, die dann ggf. auch über den „wahren" Kaufpreis hinausgehen kann. Nicht selten schließt sich in diesen Fällen auch noch ein Ermittlungsverfahren an.

2.4 Zölle und Einfuhrsteuern

Beim Import eines „normalen" Fahrzeugs in die EU können verschiedene Zölle und Steuern anfallen. So wird ein Einfuhr-Zoll von 10 % des Wertes für Pkw, 8 % für Motorräder mit einem Hubraum bis 250 ccm und 6 % für Motorräder mit einem Hubraum von mehr als 250 ccm fällig. Darüber hinaus muss aktuell eine Einfuhrumsatzsteuer von 19 % gezahlt werden.

Oldtimer i. S. d. Zolltarif-Position 9705 0000 werden hingegen als „Sammlerkraftfahrzeuge von geschichtlichem oder völkerkundlichem Wert" privilegiert behandelt. Für sie wird in Deutschland lediglich ein Einfuhrumsatzsteuersatz von 7 % angesetzt und der Zoll entfällt. Diese Vorschrift wurde jedoch in der Vergangenheit innerhalb der EU unterschiedlich streng ausgelegt und angewendet. So galt eine Einfuhr über Rotterdam als empfehlenswert, da dort die Anerkennung von Fahrzeugen als Oldtimer leichter gewährt wurde und dann auch noch der ermäßigte holländische Steuersatz von 6 % galt.

Durch eine Reform der Zolltarif-Position 9705 wurde jedoch Anfang 2014 die zollrechtliche Definition „Oldtimer" klargestellt, auch um eine Harmonisierung bei der Auslegung des Oldtimerbegriffs zu erreichen. Wie die holländischen Behörden die neuen Vorschriften anwenden und umsetzen, kann noch nicht abschließend beantwortet werden. Fest steht jedoch, dass die Möglichkeit erheblich gestiegen ist, auch bei einer direkten Einfuhr nach Deutschland in den Genuss des verminderten Steuersatzes von 7 % zu gelangen. Hierfür müssen jedoch die nachfolgenden gesetzlichen Voraussetzungen erfüllt sein.

Zu **Position 9705** gehören Sammlerkraftfahrzeuge von geschichtlichem oder völkerkundlichem Wert, die:

(1) sich in ihrem Originalzustand befinden, d. h. an denen keine wesentlichen Änderungen an Fahrgestell, Karosserie, Lenkung, Bremsen, Getriebe, Aufhängesystem oder Motor vorgenommen wurden. Instandsetzung und Wiederaufbau ist zulässig, defekte oder verschlissene Teile, Zubehör und Einheiten können ersetzt worden sein, sofern sich das Fahrzeug in historisch einwandfreiem Zustand befindet. Modernisierte oder umgebaute Fahrzeuge sind ausgeschlossen;

(2) mindestens 30 Jahre alt sind;

(3) einem nicht mehr hergestellten Modell oder Typ entsprechen.

Die erforderlichen Eigenschaften für die Aufnahme in eine Sammlung, wie verhältnismäßig selten, normalerweise nicht ihrem ursprünglichen Zweck entsprechend verwendet, Gegenstand eines Spezialhandels außerhalb des üblichen Handels mit ähnlichen Gebrauchsgegenständen und von hohem Wert, werden für Fahrzeuge, die die zuvor genannten drei Kriterien erfüllen, als gegeben angesehen.

Zu dieser Position gehören auch folgende Sammlerfahrzeuge:

a) Kraftfahrzeuge, die unabhängig von ihrem Herstellungsdatum nachweislich bei einem geschichtlichen Ereignis im Einsatz waren;
b) Rennkraftfahrzeuge, die unabhängig von ihrem Herstellungsdatum nachweislich ausschließlich für den Motorsport entworfen, gebaut und verwendet worden sind und bei angesehenen nationalen und internationalen Ereignissen bedeutende sportliche Erfolge errungen haben.

Teile und Zubehör für Kraftfahrzeuge werden in diese Position eingereiht, sofern es sich um Originalteile oder Originalzubehör für Sammlerkraftfahrzeuge handelt, ihr Alter mindestens 30 Jahre beträgt und sie nicht mehr hergestellt werden.

Nachbildungen und Nachbauten sind ausgeschlossen, es sei denn, sie erfüllen selbst die drei oben genannten Kriterien …

3 Betriebliche Nutzung eines Oldtimers im Unternehmen – Steuerrechtliche Beurteilung

Der typische Oldtimerbesitzer wird sein Fahrzeug in der Regel nicht bei jedem Wetter und zu jedem Anlass aus der Garage holen. Auch die Tatsache, dass man einen gepflegten Oldtimer selten vor einem Supermarkt stehen sieht, lässt vermuten, dass diese Fahrzeuge von ihren Besitzern keinesfalls als Nutzfahrzeuge oder reine Gebrauchsgegenstände verstanden werden.

Gleichwohl werden viele Oldtimer von Freiberuflern, Selbstständigen und anderen Unternehmern als Dienstwagen angeschafft bzw. als Teil des Betriebsvermögens geführt. Die Gründe hierfür sind vor allem im Steuerrecht zu finden.

3.1 Steuerrechtliche Vorteile

Zunächst zu den Vorteilen für Dienstwagennutzer: Dienstwagen werden von ihren Besitzern in der Regel auch für private Zwecke genutzt. Dieser private Nutzungsanteil ist als geldwerter Vorteil zu versteuern. Sofern ein Fahrzeug zu mehr als 50 % betrieblich genutzt wird, kann dieser geldwerte Vorteil jedoch pauschal nach der 1-%-Regel in Ansatz gebracht werden. Hierzu wird, neben der Fahrtstrecke zwischen Wohnung und Betriebsstätte, der Brutto-Listenpreis des Fahrzeuges (= unverbindliche Preisempfehlung des Herstellers) zum Zeitpunkt der Erstzulassung mit einer monatlich zu versteuernden Pauschale von 1 % in Ansatz gebracht. Da früher bekanntlich nicht nur alles besser, sondern auch billiger war, weisen Oldtimer im Vergleich zu Neufahrzeugen erheblich geringere Brutto-Listenpreise auf. Der wirkliche Wert des Oldtimers, der in vielen Fällen seinen ursprünglichen Verkaufswert übersteigt, spielt letztlich keine Rolle bei dieser steuerlichen Berechnung. Im Ergebnis muss bei einem Oldtimer als Dienstwagen im Vergleich zu Neuwagen also nur ein relativ geringer geldwerter Vorteil in Ansatz gebracht werden.

Für ein Unternehmen kann die Anschaffung eines Oldtimers ebenfalls Vorteile mit sich bringen. Neufahrzeuge unterliegen, insbesondere innerhalb der ersten Jahre, einem erheblichen Wertverlust. Im Vergleich dazu kann der erworbene Oldtimer während der dienstlichen Nutzung im Wert sogar noch steigen. Soweit ein Oldtimer jedoch als Teil des Betriebsvermögens abgeschrieben wird, führt dies zu einem „Auseinanderdriften" von Markt- und Buchwert des Fahrzeugs. Dies wirkt sich steuerlich bei einer möglicherweise später angedachten Überführung des Oldtimers in das Privatvermögen des Unternehmers unvorteilhaft aus, da die Differenz zwischen Buch- und Marktwert dann einen steuerpflichtigen Veräußerungserlös darstellt.

Darüber hinaus können die Unterhaltskosten eines Dienstwagens in vielen Fällen steuerlich geltend gemacht werden. Da Oldtimer einen erhöhten „Pflegeaufwand" haben, kann auch dieser Aspekt einen finanziellen Anreiz bieten. Doch Vorsicht: Nicht jeder entstandene Pflege- und Reparaturaufwand ist abzugsfähig.

3.2 Probleme bei der betrieblichen Nutzung von Oldtimern

Voraussetzung für eine für den Betrieb vorteilhafte Steuergestaltung ist, dass Ausgaben, die mit der Anschaffung und Unterhaltung eines Oldtimers verbunden sind, seitens des Unternehmens als Betriebsausgaben geltend gemacht werden können. Betriebsausgaben sind gemäß § 4 Abs. 4 EStG Aufwendungen, die durch den Betrieb veranlasst sind.

Im Einzelfall kann die Trennung zwischen abzugsfähigen Betriebsausgaben und Kosten der privaten Lebensführung für einen Außenstehenden – Mitarbeiter des Finanzamtes – schwer zu beurteilen sein. Um diese Beurteilung zu vereinfachen, hat der Gesetzgeber in § 4 Abs. 5 EStG einen Katalog von nicht abzugsfähigen Betriebsausgaben in das Gesetz aufgenommen. Hierbei handelt es sich um Aufwände, die der Gesetzgeber typischerweise der privaten Lebensführung zurechnet oder die einen „unangemessenen Repräsentationsaufwand" darstellen und deshalb nicht steuerlich abzugsfähig sind.

So wurden in § 4 Abs. 5 Satz 1 Nr. 4 EStG „… Aufwendungen für … Segeljachten und Motorjachten sowie für ähnliche Zwecke …" in den Katalog aufgenommen, Oldtimer sucht man in dieser Aufstellung aber vergeblich. In zwei Finanzgerichtsentscheidungen bezog man sich jedoch auf eben diese Vorschrift und vertrat die Ansicht, dass die in Rede stehenden Oldtimer, als „ähnliche Zwecke" im Sinne des Gesetzes, grundsätzlich der Freizeitgestaltung zuzurechnen seien.

So vertrat das FG Baden-Württemberg die Ansicht, dass ein Jaguar E-Type, Baujahr 1973, nicht den Komfort und den Sicherheitsstandard eines Neuwagens biete und damit für die typische betriebliche Nutzung wenig geeignet sei. Der Oldtimer sei aber sehr wohl dazu geeignet, „infolge seines äußeren Erscheinungsbildes … ein Affektionsinteresse beim Halter" auszulösen – sei also als Liebhaberstück der privaten Lebensführung zuzurechnen (FG Baden-Württemberg, 28.02.2011 – 6 K 2473/09). Der Oldtimer wurde damit grundsätzlich als typischer Unterfall der Katalogliste des § 4 Abs. 5 Satz 1 Nr. 5 EStG angesehen, sodass die steuerliche Abzugsfähigkeit von betrieblichen Aufwendungen im Zusammenhang mit diesem Oldtimer demnach nur noch in Ausnahmefällen möglich gewesen wäre. Nämlich dann, wenn die konkreten Ausgaben nachweisbar nicht der Freizeitgestaltung, der Repräsentation oder der Unterhaltung von Geschäftsfreunden dienen würden. Bei einer gemischten Nutzung – betrieblich und privat – wären somit auch nur noch die nachweisbar rein betrieblichen Aufwendungen abzugsfähig (z. B. Fahrtkosten bei einer betrieblich veranlassten Fahrt).

Das Finanzgericht Münster beschäftigte sich mit der Frage, ob ein Oldtimer – in diesem Fall ein Austin, Baujahr 1961 – Teil des Betriebsvermögens werden könne. In diesem Fall stellte sich das Gericht ebenfalls auf den Standpunkt, dass der betreffende Oldtimer nicht Teil des Betriebsvermögens sei. Grund hierfür war insbesondere die erhebliche Kostenlast, die der Oldtimer verursachte. Dies stand nach Auffassung des Gerichtes in keinem Verhältnis zu seinem tatsächlichen betrieblichen Nutzen.

Unklar ist, ob es sich bei den oben dargestellten Urteilen um Einzelfälle handelt oder ob daraus eine finanzgerichtliche Tendenz abzulesen ist, Oldtimer zukünftig nur noch in Ausnahmefällen dem Betriebsvermögen zurechnen zu können. Tatsächlich wurde in der jeweiligen Urteilsbegründung aber nicht allein eine abstrakte rechtliche Wertung vorgenommen, sondern immer auch der jeweilige Sachverhalt für die Urteilsbegründung herangezogen. Beide Fälle wiesen hinsichtlich der tatsächlichen betrieblichen Nutzung erhebliche Auffälligkeiten auf. So wurde der Oldtimer im einen Fall extrem selten genutzt und im anderen Fall sollten sehr hohe Reparaturaufwendungen abgesetzt werden, obwohl der Anteil der privaten Nutzung weit über 50 % lag.

Man könnte somit den Standpunkt vertreten, dass die Gerichte nicht jede betriebliche Nutzung von Oldtimern grundsätzlich ausschließen wollten. Die betriebliche Nutzung eines Oldtimers müsste demnach auch weiterhin von den Finanzbehörden für jeden Einzelfall geprüft werden. Letztlich wurde in beiden Urteilen jedoch erkennbar, dass die Zuordnung von Oldtimern zum Betriebsvermögen seitens der Gerichte zumindest nicht als Regelfall angesehen wird. Dies zeigt schon der entsprechende Verweis auf § 4 Abs. 5 Satz 1 Nr. 5 EStG, der typische (!) nicht betriebliche Aufwände auflistet. Auch Aussagen des Gerichts, dass die Anschaffung eines Oldtimers „vornehmlich private Interessen und Neigungen des Unternehmers berührt", lassen eine grundsätzliche Tendenz bei der Beurteilung dieser Frage erkennen.

Die durch den Bundesfinanzhof bestätigte Rechtsprechung lässt deshalb zumindest erwarten, dass die Finanzbehörden zukünftig einer betrieblichen Nutzung von Oldtimern skeptischer gegenüberstehen werden. Insbesondere der Mehrwert der Nutzung für den Betrieb und die Motivation für die Anschaffung könnten kritisch hinterfragt werden. Auch Steuerberater werden zukünftig vermehrt auf die möglichen Risiken hinweisen, die sich bei Anschaffung und Unterhalt eines Oldtimers aus Betriebsmitteln ergeben. Soweit ein Oldtimer zukünftig trotzdem im Rahmen einer gewerblichen Tätigkeit eingesetzt wird, werden zumindest aber auch weiterhin die auf die rein betriebliche Nutzung entfallenden Kosten als Betriebsausgaben (Fahrtkosten) abziehbar sein.

3.3 Oldtimersammlung als Teil des Betriebsvermögens

Ist die Zuordnung eines Oldtimers zum Betrieb als Dienstwagen schon nicht unproblematisch, muss man sich fragen, unter welchen Voraussetzungen eine ganze Oldtimersammlung dem Betriebsvermögen zugerechnet werden kann. In diesem Zusammenhang ist eine Entscheidung des Bundesfinanzhofes aus dem Jahr 2009 von Interesse: Ein Unternehmen hatte es laut eigener Angabe zu seiner Geschäftsidee gemacht, hochwertige Fahrzeuge aufzukaufen und zum Zwecke der Wertsteigerung einzulagern. Letztlich bestand die Sammlung aus 126 Fahrzeugen (70 % Neufahrzeuge und 30 % Oldtimer). Erklärtes Ziel der Gesellschaft war es, die Fahrzeuge nach einem Zeitraum von 20 bis 30 Jahren wieder zu verkaufen. Das Businessmodell war indes nicht erfolgreich. Bei dem Verkauf der Fahrzeuge wurden Verluste gemacht und auch die Kosten der Einlagerung waren enorm. Das Unternehmen stellte sich gleichwohl auf den Standpunkt, es handele sich um eine zum Vorsteuerabzug berechtigende gewerbliche Tätigkeit.

Das Gericht vertrat jedoch die Auffassung, dass es sich bei einer Sammlung nur dann um eine solche Tätigkeit handele, wenn bereits während des Aufbaus der Sammlung der gewerbliche Charakter im Vordergrund stehe. Hierzu hätte der Inhaber jedoch wie ein gewerblicher Händler agieren müssen. Der alsbaldige Verkauf der Fahrzeuge hätte deshalb im Vordergrund stehen müssen. Denn dieses Verhalten steht gerade im Gegensatz zu den typischen Verhaltensweisen eines Sammlers, wie dem privaten Brief- oder Münzsammler. Im vorliegenden Fall sollten die Fahrzeuge, wie für private Sammler üblich, langfristig aufbewahrt werden. Dass die Fahrzeuge auf der Abstellfläche wie in einem Museum präsentiert wurden, verstärkte – neben weiteren Indizien – den Eindruck, dass es sich hierbei um eine private Sammlung handelte. Im Ergebnis sah das Gericht in der Sammlung somit keine zum Vorsteuerabzug berechtigende Tätigkeit. (BFH, 27.01.2011 – V R 21/09)

Kapitel 4

Markt I –
Auswahl, Beurteilung,
Schaden- und
Wertgutachten

1 Von der Wunschvorstellung zur konkreten Auswahl

Die Anschaffung eines Oldtimers sollte (sensibler noch als beim Neuwagenkauf) gut überlegt sein. Besonders wenn man mit Oldtimern noch keine eigenen Erfahrungen sammeln konnte, ist von einem Ad-hoc-Kauf abzuraten.

Vor der Vertiefung in die Details eines bevorzugten Fahrzeugtyps wird zunächst eine Probefahrt, zumindest aber die Möglichkeit einer Mitfahrgelegenheit, mit einem solchen Fahrzeug dringend empfohlen. Diese dient zunächst noch gar nicht dazu, sich eingehend mit den technischen Stärken oder Schwächen des gewünschten Fahrzeugtyps zu befassen, sondern erst einmal zu klären, ob das Wunschfahrzeug den persönlichen Vorstellungen überhaupt (noch) entspricht oder ihnen zumindest nahekommt.

Nicht selten passiert es, dass sich das erhoffte Fahrgefühl nicht einstellt oder im Gegenteil der Fahrcharakter des Fahrzeugtyps gar nicht (mehr) zu einem passt. Insbesondere ist das Raumangebot für Fahrer und Beifahrer bei älteren Modellen nicht vergleichbar mit dem der heutigen Automobile. Ergonomie scheint bei der Realisierung einiger Modelle ein Fremdwort gewesen zu sein, und in bestimmten Epochen der Automobilgeschichte waren Lösungen rein zweckgebunden und technisch einfach nicht anders umsetzbar.

Dabei sollte man ehrlich zu sich selbst sein, wenn es um die physische Belastung geht. Wie beschwerlich ist eventuell der Ein- und Ausstieg? Was sagt der Rücken zu längeren Fahrten mit harter Federung, ergonomisch schlechten Sitzen und ggf. der Tatsache, dass der eigene Körper muskulär für derartige Strapazen nicht (mehr) geeignet ist?

Auch die Geruchsentwicklung durch offene Tank- und Kurbelwellen-Entlüftungen ist nichts für allzu empfindliche Nasen. Und wenn die Überlegung in Richtung Vorkriegsfahrzeuge geht, sind bedingt durch die gegebene Lenkgeometrie hohe Rückstellkräfte am Lenkrad und/oder Radkräfte zu beachten, die „ungefiltert" bis zum Lenkrad durchschlagen und mit eigener Muskelkraft kompensiert werden müssen. Und nicht zuletzt sorgt die Fahrt mit früheren Roadstern hinsichtlich Zugluft und Verwehungen bei manch einem, der vom modernen Komfort durch Windschott und Nackenheizung verwöhnt ist, für Irritationen und Verspannungen im Nackenbereich.

1.1 Neue Sichtweise auf klassische Kraftfahrzeuge

Insgesamt macht sich eine veränderte Sichtweise auf klassische Fahrzeuge bemerkbar. Diese kannte man in der Vergangenheit vor allem aus der Beurteilung von Rennsportwagen, bei denen die Gewichtung schon immer eher auf verbriefter Historie in Verbindung mit Originalität und Leistungsfähigkeit lag. Der aktuelle optische Zustand spielte eine Nebenrolle.

Ganz anders sieht es hingegen bei der Beurteilung von Straßenfahrzeugen aus. Hier stand über Jahrzehnte die Optik und der Vergleich mit einem Neuwagen im Vordergrund, was die Gefahr, auf „Blender" hereinzufallen, erhöhte. Auch wenn der technische Zustand durchaus eine Rolle spielte, war das Vorhandensein von Dokumenten eher eine selten geforderte Beigabe. Durch die Anerkennung von Oldtimern als Kulturgut, durch die Bekanntmachung der „Charta von Turin" der FIVA (siehe Anhang) und die damit einsetzende Diskussion zum Umgang mit Kulturgütern im Allgemeinen und beim Oldtimer im Besonderen ist nunmehr auch hier eine Sensibilität für Historie, Originalität und Dokumentation entstanden.

Die Prioritäten eines Käufers sind jedoch nicht immer gleich. Ist ein besonders hoher Wert gefragt, zum Beispiel mit Verweis auf einen berühmten Vorbesitzer oder einen direkten Zusammenhang des Fahrzeugs mit wichtigen geschichtlichen Ereignissen, gewinnt die lückenlose Historie selbstverständlich höchste Bedeutung. Die Beweisführung, dass es sich gerade bei dem vorgestellten Fahrzeug wirklich um dasjenige handelt, welches in den Historiennachweisen beschrieben ist, muss lückenlos dokumentiert sein. Ein solcher Beweis wird naturgemäß immer schwieriger, je mehr Reparatur-, Restaurierungs- oder Reno-

4.1 Bei derartigen Gebrauchsspuren zweifelt niemand den Renneinsatz an.

4.2 Fahrzeuge, die für Eleganz stehen, sind in einem neuwertigen Zustand begehrt.

4.3 Sollte die originale Bordmappe vorhanden sein, so spricht dies für eine gute Dokumentation (links).
Auch das vorhandene Bordwerkzeug kann ein wichtiges Indiz für Originalität sein (rechts).

vierungsmaßnahmen durchgeführt worden sind – ein starkes Argument für mehr Erhalt von originaler Substanz sowie der Kenntlichmachung und Dokumentation von Veränderungen und Eingriffen.

Da der Beweis der Originalität gerne auch über vorhandene Alterungs- und Gebrauchsspuren geführt wird, findet das Vorhandensein eben dieser Spuren mittlerweile eine erhöhte Akzeptanz. Der Begriff „Patina" hat verstärkt Einzug in den Oldtimeralltag gehalten, und es gilt nicht mehr nur das Prinzip der „Schöner als neu"-Restaurierung (siehe auch Kapitel 5).

4.4
Dieser bekannte Oettinger Scirocco hatte während seines Renneinsatzes „Feindberührung". Dieser Anstoßbereich wird in historischen Aufnahmen und Büchern dokumentiert und ist somit Teil seiner Renngeschichte (siehe auch die Bilder 4.5 und 4.6).

Aber ob letzten Endes wirklich dem Oldtimer mit Patina gegenüber dem bis zum Neuwagenzustand wiederhergestellten Klassiker der Vorzug gegeben werden sollte, ist nicht pauschal zu beantworten. Heute darf ein Klassiker zwar zeigen, dass er gelebt und eventuell auch was er erlebt hat. Eine klare Grenze, wie weit Originalität zu gehen hat, wie deutlich sie werden darf oder muss, ist jedoch nicht zu ziehen.

Sportfahrzeuge werden in dieser Hinsicht anders betrachtet als Objekte, die für Eleganz und Exklusivität stehen. Fahrzeuge mit sportlichem Anspruch von Herstellern, denen der Rennmythos eigen ist, dürfen gerne ihre „Kampf-spuren" zeigen, verwegen aussehen. So auch Alltagsklassiker, deren bestimmungsgemäßer Gebrauch abseits der Straßen liegen kann (Jeep, Landrover, VW Kübel) oder auch Lkw. Fahrzeuge im Segment Eleganz und Exklusivität sieht man weiterhin lieber im gepflegten, sprich aufbereiteten, auch gerne „neuwertigen" Zustand:

> Während einem Porsche 356 Speedster – als ehemaligem Rennwagen – gerade mit verblasstem und stumpfem Lack, abgewetzten Sitzschalen und ölverkrusteten Aggregaten größte Aufmerksamkeit geschenkt wird, erzielt eine Mercedes Pagode immer noch die höchsten Werte in einem neu aufgebauten Zustand ohne Makel.

Und die Wertschätzung der Originalität ist auch eine Generationenfrage, bei der die Herangehensweise an die Auseinandersetzung mit historischen Fahrzeugen immer wieder neu erfunden wird bis hin zur akademischen Diskussion.

4.6 Im Radhaus vorne links werden deutliche Spuren der Reparatur sichtbar. Würde dieser nur mäßig reparierte Unfallschaden nach heutigen Maßstäben fachgerecht repariert, so würde man Spuren, die auf die Originalität hinweisen, vernichten. Teile seiner Geschichte gingen verloren.

4.5 Es ist zu erkennen, dass der Kotflügel nicht korrekt angepasst ist.   .

1.2 Erste Überlegungen vor einem Kauf

Ob ein Fahrzeug – unabhängig von der gesetzlichen Festlegung auf 30 Jahre – tatsächlich als historisch empfunden wird, ist stark vom Betrachter abhängig. Wer Fahrzeuge der 50er- und 60er-Jahre noch intensiv in ihrer Gebrauchsphase in Erinnerung hat, wird oft nur Fahrzeuge aus der Zeit vor dem 2. Weltkrieg als wirkliche Oldies akzeptieren. Für die Generation, die sich in den 70er- oder 80er-Jahren mit neu erworbenem Führerschein aktiv in den Straßenverkehr einreihte, zählen Fahrzeuge der 60er-Jahre hingegen sicherlich dazu, während die Generation der „90er und 2000er" lächelnd oder bewundernd auch den Fahrzeugen bis zu den 90er Jahrgängen hinterherschauen wird.

Die Auswahl eines einzigen Klassikers ist daher zumeist hoch individuell und stark emotionsgesteuert. Beim Aufbau und der Gestaltung einer Fahrzeugsammlung sind hingegen oft konkrete Aufgabenstellungen gegeben, wie die historische Entwicklung von Fahrzeugen allgemein oder eines bestimmten Herstellers oder der Fokus auf einen bestimmten Karossier.

Dennoch folgen die Auswahlkriterien zunächst in beiden Fällen ähnlichen Überlegungen. Deren individuelle Gewichtung und unterschiedliche Interpretation führen wiederum zu emotional geprägten Einschätzungen, welcher Klassiker nun „der Richtige" sei. Dabei ist aufgrund der Vielzahl verfügbarer klassischer Fahrzeuge ein hohes Maß an Individualität gegeben.

4.7/4.8 Gilt die Interessenslage eher der automobilen Frühzeit (links) oder sind es doch die 60er-Jahre (rechts)?

4.9/4.10 Die 50er- und 60er-Jahre drückten sich in den USA durch Chromüberladung und Heckflossen aus.

4.11/4.12 In den 70er-Jahren prägte in Europa das kantige und keilförmige Design die automobile Mode.

4.13/4.14 Auch die Gestaltung der Armaturentafel ist Ausdruck ihrer Zeit wie hier bei einem Tatraplan (1948–1952) (links) oder einem Porsche der frühen 70er-Jahre (rechts).

Folgende Kriterien führen letztlich zum Wunscholdtimer:

I. Auswahl der Fahrzeugepoche, des Herstellers und des Fahrzeugtyps

1. Persönliches Empfinden, geprägt durch Erinnerung oder Vorstellung von bestimmten Lebenszyklen/Zeitepochen

2. Ästhetischer Genuss für den Betrachter – individuelle Empfindung von „schönem" Design

3. Reputation des Herstellers, ggf. auch in Verbindung mit dem Karossier und/oder Designer

4. Meilenstein in Sachen
   – Technische Innovation
   – Innovation von Design

5. Sozialstatus
   – Rennsporterfolge (häufig auch in Verbindung mit berühmten Fahrern)
   – Bedeutung des Fahrzeugs für den gesellschaftlichen Status seines Besitzers während seiner Gebrauchsphase und heute

II. Auswahl des Fahrzeugstatus und Umfang der Dokumentation

1. Grad der Originalität

2. Historie des Fahrzeugs

3. Gegenwärtiger Zustand

4.15 Der Nimbus des Mercedes 600 als Repräsentations- bzw. Staatskarosse ist bis heute geblieben.

4.16/4.17 Hier scheiden sich vielfach die Geister: Darf der Oldtimer sein Alter und seinen Gebrauch zeigen (links) (oder muss er dies sogar?) oder drückt sich die Begeisterung auch in der neuwertigen Erscheinung aus (rechts)?

III. Analyse des Marktes nach Potenzial für Wertsteigerung
     (Investmentgedanke)

Durch den in den letzten Jahren „boomenden" Oldtimermarkt ist auch das Interesse am Wert von Oldtimern gestiegen, und man spricht auch vom „Markt für Investments". Hierdurch ist eine neue Sichtweise und für diese Gruppe der Interessenten ein entscheidendes Auswahlkriterium hinzugekommen – die Analyse einer möglichen Wertsteigerung des Fahrzeugs.

1.3 Die Kaufabsichten sind konkret, aber welche Quelle?

Ein vermeintlich einfacher Schritt, seinen Kaufwunsch zu realisieren, wäre im Zeitalter des Internets, dort das Wunschfahrzeug herauszusuchen und zu kaufen. Hier lauern jedoch etliche Gefahren, die einem den Spaß am Klassiker verderben können (siehe Kapitel 3).

Auch die nächste einfach erscheinende Möglichkeit, sich an einen spezialisierten Händler zu wenden und seinen Oldtimerwunsch zu äußern, sollte nicht überstürzt werden. Mit etwas Glück hat der Händler zwar ein entsprechendes Fahrzeug im Portfolio oder weiß, wo eines angeboten wird. Dessen Status hinsichtlich Originalität, Zustand, Historie und damit in Verbindung stehend der Fahrzeugwert sind jedoch so noch lange nicht geklärt. Auch der geforderte Preis überrascht eventuell. Daher sollte man als Käufer mit einem Händler diese Themen ausführlich besprechen und sich über die Vielfalt zur Beurteilung eines so komplexen Kulturguts im Klaren sein.

2 Vertrauen ist gut, aber eigene (Er-)Kenntnisse sind besser

Ist die Entscheidung für einen Fahrzeugtyp nachhaltig gefallen, gilt die volle Konzentration dem Objekt der Begierde. Dies bedeutet, möglichst viele handfeste Informationen einzuholen. Insbesondere sind alle Fragen zu klären, die eine einwandfreie Identifizierung des Modells möglich machen, u. a.:

- In welchem Zeitraum wurde der Typ gebaut?
- Welche Varianten wurden angeboten?
- Welche Entwicklungen (Evolutionsstufen) gab es für diesen Wagen?
- Welche Veränderungen wurden zu welchem Zeitpunkt eingeführt?
- Welche technischen Merkmale wiesen die Modelle auf?
- Welche Motorisierungen waren in welchem Zeitraum möglich?
- Gab es länderspezifische Ausstattungsunterschiede?
- Welche Lackierungen wurden angeboten?

2.1 Erkennen von Identifizierungsnummern

Zum Zwecke der Protokollierung von hergestellten respektive herzustellenden Fahrzeugen wurden und werden seitens der Hersteller numerische oder alphanumerische Codes vergeben. Detaillierte Kenntnisse darüber, wie diese Nummernkreise decodiert werden können, führen zu sehr detaillierten Aussagen hinsichtlich der Identifizierung eines Klassikers.

Die am häufigsten vergebenen Nummern sind

- **F**ahrzeug-**I**dentifizierungs-**N**ummer (FIN) bzw. (international) **V**ehicle **I**dentification **N**umber (VIN), auch oft als „Fahrgestellnummer" bezeichnet,

4.18
Bei Fahrzeugen mit Rahmenbauweise befinden sich die vom Hersteller vergebenen Nummern häufig im vorderen Endspitzenbereich des Hauptrahmens.

4.19/4.20 Markante Typschilder von Mercedes-Benz der 30er-Jahre.

- Karosserienummer,
- Motornummer,
- Getriebenummer,
- Differentialnummer.

Bei Fahrzeugen der Vorkriegszeit können auch Auftragsnummer oder Kommissionsnummer von Bedeutung sein.

Neben der Analyse der Nummer selbst müssen auch ihre Beschaffenheit/Typologie und die verschiedenen Arten der Darstellung berücksichtigt werden, will man sicher sein, dass auch alles „seine Ordnung" hat. Kenntnisse über die Spezialiäten der einzelnen Fabrikate sind hierbei unabdingbar. Ist die Echtheit einer Kennzeichnung zweifelhaft, sollte sie unbedingt durch einen Experten überprüft werden.

Zu den gängigsten Kennzeichungsverfahren gehören:

I. Eingeschlagene Nummern/Buchstaben

Diese können sowohl mithilfe von Schlagnummern einzeln manuell eingehämmert oder auch unter Zuhilfenahme von Schablonen eingepresst worden sein. Im Fall der Nutzung von Schablonen sind die Zahlen und/oder Buchstaben exakt im gleichen Winkel und gleichen Abstand zueinander erkennbar. Im Fall der einzeln eingeschlagenen Nummern können die Abstände und Winkel zueinander variieren.

II. Geprägte Nummern/Buchstaben

Diese können durch Einprägen, Erheben oder Nadelmarkierung entstanden sein. Diese Art der Darstellung gehört zur Umformtechnik, was dazu führt, dass Schriftarten versenkt oder erhaben auf einer ebenen Fläche erkennbar werden.

III. Gussnummern bei Gießteilen

Diese Nummern sind bereits in der Gießform des Werkstücks eingearbeitet und erscheinen entsprechend erhaben und von außen gut erkennbar.

4.21 Schilder mit der Karosserienummer (bei Mercedes-Benz auch mit dem Farbcode versehen) finden sich häufig auch im Interieur oder an den A-Säulen (vordere Scharniersäule).

IV. Typenschilder

Diese wurden in der automobilen Frühzeit meist in Messing ausgeführt, manchmal in Form von kunstvoll gefertigten Messingplatten, später auch in Aluminium. Dünne Typenschilder, häufig aus Weißblech, wurden meist aufgenietet, wohingegen Messing-platten geschraubt wurden.

In den meisten Fällen gibt es auch für bestimmte Hersteller typische Markierungs-bereiche. So zum Beispiel bei der Baureihe des Porsche 356. Hier wurde stets eine erhabene Fläche in Rechteckform mit abgerundeten Ecken in das Boden-blech gestanzt. Die Zahlenkombination wurde einzeln eingeschlagen, wodurch sich unterschiedliche Schlagtiefen und unterschiedliche Winkel zueinander ergeben. Die Typenschilder, als Bleche ausgeführt, sind auf den vorderen Schlossträger genietet.

Die späte 250er-Serie und die 275er-Serie von Ferrari wiederum weist manuell eingeschlagene Schlagzahl-Kombinationen an der linken Vorderachsaufnahme auf. Die Typenschilder sind stets an der gegenüberliegenden Seite auf das Stehblech (Radhaus) genietet.

Allen gleich ist, dass die Hauptmarkierung zur Identifizierung von Fahrzeugen, Aggregaten oder Baugruppen in Bereichen erfolgt ist, die nicht durch einfache Demontage entfernt werden können. So befinden sich die Identifizierungsnummern bei Fahrzeugen mit einem separaten Rahmen (klassische Rahmenbauweise) meist an den Längsträgern im vorderen Bereich der Endspitzen oder auch im seit-lichen Flankenbereich. Es ist nicht auszuschließen, dass man Kennzeichnungen an mehreren Stellen findet. Bei Fahrzeugen mit selbsttragender Karosserie sind die Fahrgestellnummern entsprechend an Längsträgern, Bodengruppen, Radhäusern, Stirnwänden oder eingeschweißten Rahmenquerträgern zu finden.

4.22/4.23 Über Schablone eingepresste Nummern sind exakt ausgerichtet und das Blech, auf dem sie zu lesen sind, weist keine Eindellungen auf, wie es beim manuellen Einschlagen möglich ist.

4.24/4.25 Manuell eingeschlagene Nummern können schon mal verspringen.

Einige Hersteller haben während der Produktion auch die Anbauteile (Schraubteile) wie Hauben, Türen und Kotflügel – häufig unter Verwendung der Endziffern der jeweiligen Fahrgestellnummern – gekennzeichnet. Diese Kennzeichnung diente jedoch vornehmlich der Zuordnung von vorgefertigten Teilen zum jeweiligen Fahrzeug während der Produktionsphase und weniger der Hauptidentifizierung. Heute haben solche Markierungsmethoden den positiven Nebeneffekt, dass zu erkennen ist, ob die vorliegenden Bauteile tatsächlich der Produktionsphase entstammen. Selbst Armaturentafeln oder Türinnenverkleidungen können Endnummern der Fahrgestellnummern tragen, die dann typische Schreibschriftmerkmale aufweisen.

4.26 Typische Kennzeichnung eines Motors: oberhalb die im Guss berücksichtigte Nummer (280), darunter die im Motorblock eingeschlagene Nummer, wiederum darunter das aufgenietete Typenschild, in das die letzten vier Ziffern manuell eingeschlagen worden sind.

Die Identifikationsnummern von Aggregaten wie Motor, Getriebe, Lenkgetriebe oder Differential werden meist auf plan geschliffenen Flächen angebracht sein. Auch hier gilt, dass die zur Identifizierung gültige Kennzeichnung immer am Grundgehäuse des jeweiligen Bauteils zu finden ist und nicht z. B. an Verschlussdeckeln oder angeschraubten Haltern.

Aber es gibt auch Fahrzeuge, besonders aus der automobilen Frühzeit, die keine Fahrgestellnummer oder Rahmennummer aufweisen, sondern nur mit einer Motornummer bestückt sind, die letztlich aber auch der Identifizierung dienen sollte. Im Bereich der Zweiräder ist Harley Davidson dafür bekannt, seine Maschinen ausschließlich über die Motornummer zu identifizieren, und

4.27–4.29 Typische Varianten von aufgenieteten Typenschildern.

das bis in die 70er-Jahre hinein – ein Manko, welches für so manche Fälschung oder Mischung von Rahmen und Motor aus unterschiedlichen Bauepochen verantwortlich ist.

Auch der britische Hersteller Austin Healey hat seine Rahmen für die Serie 3000 nicht direkt gekennzeichnet, sondern in einem aufgenieteten Typenschild festgehalten.

2.2 Fälscher am Werk

Im Zusammenhang mit Typenschildern ist leider ein kriminelles Thema anzusprechen – die Gefahr der Fälschungen, die aufgrund enormer Wertzuwächse bei manchen klassischen Fahrzeugen auch in die Oldtimerszene geschwappt ist. Der Erfolg kriminellen Schaffens beruht dabei zumeist auf der Arglosigkeit und spontanen Begeisterung der Käufer.

Dazu sei klargestellt, dass eine Neulackierung nicht mit der Originalfarbe oder der Wechsel einer Stoffbespannung zu einem Lederbezug bei den Sitzen nicht als Fälschung gilt.

4.30 Diese Schilder wurden bei einigen Herstellern auch aufgeschraubt.

4.31 Oldtimern mit neu hergestellten Typenschildern begegnet man zunächst mit Skepsis hinsichtlich ihrer Originalität.

4.32 Porsche 356: erhabene Fläche im vorderen Kofferraum.

4.33/4.34 Schlagziffern sind unterschiedlich ausgeprägt.

Von Fälschung spricht man vielmehr, wenn eine Umdeutung des Fahrzeugs durch Umbau, Austausch oder auch fast vollständigen Neuaufbau erfolgt, bei dem das Aussehen sowie die technischen Merkmale gezielt den Eindruck des Ursprünglichen erwecken sollen und das neu entstandene Fahrzeug als Original bezeichnet wird. Solche Fälschungen entstehen seit Langem nicht mehr in Hinterhofschmieden, sondern mittlerweile in Spitzenwerkstätten. Unter Fälschern gibt es etliche „Unternehmen", die professionell hochwertige Kopien fertigen und diese als Originale verkaufen.

Natürlich müssen sich solche meist aufwendigen und kostspieligen Arbeiten wirtschaftlich lohnen, sprich mit einer zu erwartenden Rendite zu vermarkten sein, woraus sich wiederum auf besonders gefährdete Fahrzeugtypen schließen lässt. An erster Stelle stehen daher die Fabrikate, in deren Modellpalette eine bestimmte Variante zu extrem höheren Werten am Markt führt.

Ein gutes Beispiel hierfür ist eine deutsche Sportwagen-Ikone der 70er-Jahre: Innerhalb der Porsche-Baureihe 911 sticht in Sachen Seltenheit und Begehr-

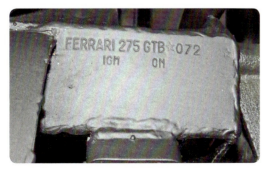

4.35 Typische vom Hersteller vergebene Fahrgestellnummer beim Ferrari 275 GTB (zwecks Anonymisierung ist hier nicht die vollständige Nummer dargestellt).

4.36 Eine solche Nummer in der Kofferraumklappe ist ein Indiz (wenn sie denn mit der Fahrgestellnummer übereinstimmt), dass jenes Anbauteil von Beginn an montiert war.

lichkeit die Baureihe des „RS" hervor. Der mit dem „Entenbürzel" versehene 911 RS kletterte allein im Zeitraum 2010 bis 2015 von 300.000 € bis 350.000 € in Preisregionen von 600.000 € bis 700.000 €. In Einzelfällen mögen auch 800.000 € nicht nur gefordert, sondern auch erzielt worden sein.

Nachfolgend die gängigen Zutaten heutiger Fälscher, um ein vermeintliches „RS-Modell" zu schaffen:

> Man nehme einen 911 in der ursprünglichen Ausführung als T, L oder E in möglichst schlechtem Zustand, rüste ihn bis zur Rohkarosse ab und baue ihn mit den Spezifikationen (manchmal auch nur mit den optischen Spezifikationen) eines RS neu auf. Wird jetzt auch noch die Fahrgestellnummer eines originalen RS nachträglich eingeschlagen und eine glaubhafte Historie um diese Fahrgestellnummer kreiert, ist die Fälschung perfekt. Der Gewinn des Fälschers könnte in einem solchen Fall nach heutigem Markt um die 250.000 € liegen. Kämen noch Rennspezifikationen und „Umdeutungen" zum 2,8 RSR hinzu, ließe sich der mögliche und kriminell erworbene Gewinn sogar noch verdoppeln.

Ebenfalls häufig von Fälschungen betroffen sind Vorkriegsfahrzeuge, deren Aufbauvielfalt auch eine Karosserievariante enthält, die in der Gegenwart besonders gefragt ist und dadurch deutlich mehr wert ist als die Standardvarianten. Ein typisches Beispiel ist die Baureihe des Mercedes-Benz 500 K und 540 K (interne Bezeichnung: W 29):

> Die Baureihe 500 K und 540 K der Jahre 1934 bis 1939 gab es mit Aufbauten in Form einer Limousine, eines Coupé oder als Cabriolet A, B und C. Auch wenn innerhalb dieser Karosserievarianten das Cabriolet A unter Oldtimer-Fans das begehrteste zu sein scheint, sticht hinsichtlich Eleganz und Karosseriebaukunst der „Spezial Roadster" oder auch „Sportroadster" hervor. Entsprechend hoch ist die Begehrlichkeit mit dem Resultat, dass ein derartig seltenes Karosseriederivat gut das 3- bis 5-Fache eines Cabriolet A und nicht selten das 8-Fache eines Cabriolet B wert sein kann. Da das Rolling Chassis nahezu identisch mit den „Spezial Roadstern" ist, liegt es für manchen Fälscher nahe, die Karosserie der „preiswerten" Varianten zu entfernen und gegen die begehrte Form des Spezial Roadsters auszutauschen.

> Die Kalkulation könnte (bezogen auf die Jahre 2010 bis 2015) wie folgt aussehen:

Ankauf eines Cabriolet-B in schlechtem, aber technisch komplettem Zustand	300.000 €
Karosserie-Neubau	250.000 €
Renovierung und Komplettierung	300.000 €
Investition für einen 540 K in Optik „Spezial Roadster" gesamt	850.000 €
Möglicher Kaufpreis eines historisch originalen Fahrzeugs	**4 – 5 Mio. €**

Bei der Betrachtung des aktuellen Marktes ist nicht zu vergessen, dass Umbauten oder Ergänzungen bereits seit den 50er-Jahren vorgenommen wurden, jedoch in aller Regel dem individuellen Geschmack und den Vorstellungen der damaligen Besitzer geschuldet sind. Auch wenn der damals verantwortliche Besitzer dabei nichts Schlechtes im Schilde führte, können die Historie und der Ursprung eines solchen Wagens derart diffus sein, dass heute nicht mehr zu klären ist, ob es sich um Original oder Umbau handelt. So mutieren Begriffe (vielfach mit gutem Gewissen) wie „umgebaut" oder „nachgebaut" in „repariert" oder „restauriert".

2.3 Replika, Nachbau, Kitcar

Neben Umbauten unter Verwendung vorhandener Grundmodelle finden sich im Markt auch Fahrzeuge, die komplette Neubauten nach historischem Vorbild darstellen.

Wurden solche Fahrzeuge vom ursprünglichen Hersteller oder einem vom Hersteller autorisierten Partner erstellt, so spricht man von einer Replika (siehe Kapitel 1). Diese haben durchaus ihre Berechtigung, und es gibt für einen Fahrzeugbauer verschiedene legitime Gründe, sich zu einem Neubau zu entschließen. So etwa, wenn ein bestimmter und für die Geschichte oder Entwicklung wichtiger Fahrzeugtyp nicht mehr existiert. Durch eine exakte Nachbildung besteht die Möglichkeit, im Rahmen musealer Darstellung die technologische Entwicklung und die Vielfalt des jeweiligen Herstellers zu verdeutlichen.

Ein weiterer Grund könnte darin bestehen, einerseits die originale Grundsubstanz eines geschichtlich relevanten Rennsportwagens zu bewahren, andererseits auf dessen zukünftige Einsätze bei Oldtimer-Rallyes nicht zu verzichten. Historische Rennboliden haben durch hohe Belastungen in Verbindung mit Leichtbauweisen ihre Materialbelastungsgrenzen häufig überschritten, insbesondere wenn seinerzeit Werkstoffe wie Aluminium und Magnesium verwendet wurden. Bevor man die noch vorhandene Beschaffenheit des originalen Materials dann weiter aufs Spiel setzt, kommt für den künftigen Einsatz eher eine Replika infrage, um sowohl der Bewahrung als auch dem Präsentationsbedürfnis zu genügen.

Aber auch ohne Beteiligung des eigentlichen Herstellers entstehen Neubauten nach klassischem Vorbild, sogenannte *Nachbauten*. Unter den bekanntesten dürften die Nachbauten der argentinischen Firma Pour Sang im Stil der Fahrzeuge von Bugatti oder Alfa Romeo der Vorkriegszeit sein oder auch Neubauten der britischen Firma Proteus nach den Vorbildern der Jaguar C- und D-Typen

4.37 Das am meisten nachgebaute Fahrzeug könnte die Cobra sein. GFK-Rohlinge warten auf ihren Einsatz.

4.38 Hier eine Variante aus jüngerer Schöpfung.

sowie Mercedes SLR. Eine weitere Ikone des Automobilbaus, die Cobra, ist wahrscheinlich die am häufigsten nachgebaute Fahrzeuglegende.

Obwohl Pour-Sang-Neuwagen mit einer vom argentinischen Hersteller vergebenen Fahrgestellnummer ausgeliefert werden, tauchen sie in Europa häufig als „Originale" auf, oftmals erst von den Besitzern mit neuer und somit gefälschter Identität versehen, häufig um überhaupt eine Zulassung zu bekommen, da andernfalls Nachbauten den Vorschriften über Neufahrzeuge unterliegen würden (siehe Kapitel 2).

Neben kompletten Nachbauten werden für manche klassische Modelle auch Bausätze angeboten. Hierdurch entstehen sogenannte *Kit Cars* mit individuellen Qualitäten und Ausprägungen. Die Szene der Kit Cars war insbesondere in den 70er-Jahren in den USA und in England sehr aktiv, und es entstanden zum Teil skurrile Interpretationen von historischen Vorbildern. Auch diese Fahrzeuge können als Oldtimer zugelassen werden, wenn sie älter als 30 Jahre sind und ihnen eine eigene kulturhistorische Identität zugesprochen werden kann. Es gelten die gleichen Regeln wie bei den Originalfahrzeugen.

Man begegnet immer wieder Fahrzeugen mit moderner Technik und dem Aussehen klassischer Fahrzeuge. Manchmal ist es nur noch die Silhouette, die an einen Klassiker erinnert, zum Beispiel eine Bugatti-Replika auf VW-Käfer-Basis. In aller Regel sind diese Fahrzeuge nicht berechtigt, ein H-Kennzeichen zu tragen, da es ihnen an kulturhistorischem Wert mangelt. Zudem ist das in vorgelegten Papieren eingetragene Baujahr zu hinterfragen. Diese Papiere beziehen sich dann entweder auf verwendete Bodengruppen (z. B. VW-Käfer oder Citroën 2 CV) oder verwendete Hinterachsen der Spenderfahrzeuge, die z. B. bis in die 70er-Jahre Identifizierungsmerkmale in England darstellten.

2.4 Die nähere Untersuchung des Fahrzeugs

Ist der Fahrzeugtyp genau fixiert und ein mögliches Kaufobjekt eindeutig identifiziert, geht es an die nähere Untersuchung des Fahrzeugs.

Egal ob der Laie oder der Profi eine solche Prüfung durchführt, man sollte sich eine generelle Vorgehensweise zurechtlegen. Zunächst sollte das zu beurteilende Objekt aus einer gewissen Distanz heraus in seiner Gesamtheit betrachtet werden. Hierdurch ergibt sich sehr schnell, ob ein stimmiges Gesamtbild vorhanden ist oder einzelne Partien herausstechen. Das beginnt bei unterschiedlichen Glanz- oder Farbtoneffekten von partiell nachlackierten Bauteilen und endet mit nicht passgenau montierten Anbauteilen.

Typischerweise ergeben sich folgende Fragestellungen:

- Ist eine partielle Nachlackierung durchgeführt worden?
- Sind Unfallspuren/Reparaturspuren vorhanden?
- Wurde Spachtel aufgetragen, wenn ja, wie viel?
- Sitzt alles passgenau inkl. Zier- und Anbauteilen?
- Wie „steht" das Fahrzeug auf seinen Rädern (korrektes Höhenniveau in Längs- und Querachse)?

Daneben ist aber auch auf die Qualität im Detail zu achten. Diesbezüglich mag jeder seine eigene Herangehensweise haben – bewährt hat es sich jedoch, sich von außen nach innen vorzuarbeiten und zusammenhängende Baugruppen im Detail zu betrachten. Nur so lässt sich eine Überfrachtung von Eindrücken vermeiden, die letztlich dazu führen würde, wichtige Details zu übersehen.

Will man mit den Teilen der Karosserie beginnen, so blendet man im Geiste alle Anbauteile, Aggregate, Leitungen, Schläuche etc. aus und konzentriert sich

4.39 Unruhige Lackoberflächen können ein Indiz für Spachtelflächen sein.

4.40 Nicht strakende und unterschiedlich anliegende Leisten sind ein Zeichen geringer Sorgfalt, woraus die Frage resultiert, ob insgesamt nicht mit der notwendigen Sorgfalt gearbeitet worden ist.

4.41 In derart beengten Motorräumen ist die Prüfung von Einzelsegmenten in undemontiertem Zustand nur sehr schwer möglich.

ausschließlich auf z. B. Radhäuser, Stehbleche, Längsträger, Stirnwand, Front-blech, Querträger etc.

Bei der Prüfung des Motorblocks auf Oberflächenbeschaffenheit, evtl. Öl- und Wasserlaufspuren, Froststopfen, Aufhängung etc. ist es erneut hilfreich, andere Anbauteile auszublenden und diese in einem nächsten Schritt zu betrachten.

Professionelle Checklisten für ein systematisches Vorgehen sind entsprechend aufgebaut. Diese Vorgehensweise sollte sich über das gesamte Fahrzeug erstrecken.

2.5 Die Probefahrt

Eine noch so intensive Inaugenscheinnahme kann jedoch nicht die Probefahrt ersetzen, denn erst im Betrieb zeigt sich das Wesen des Kraftfahrzeugs. Das teuerste Leder und eine exzellente Arbeit im Detail nützen nichts, wenn tech-nische Mängel vorhanden sind.

Eine solche Probefahrt muss mit dem Fahrzeughalter vereinbart und abge-stimmt werden. Auf Nummer sicher geht, wer eine schriftliche Vereinbarung verfasst. Der Halter sollte nicht nur bei der Abfahrt zugegen sein. Ratsam ist es, ihn zunächst während der Kaltlaufphase selbst fahren zu lassen. Einerseits kann man vom Beifahrersitz aus bereits kritisch auf Geräusche achten und die Instrumente hinsichtlich Temperatur und Öldruck beobachten. Andererseits sagt der Fahrstil des Besitzers auch etwas über seinen bisherigen Umgang mit dem Fahrzeug aus.

Sind während dieser Testphase mit dem Besitzer am Steuer keine Auffälligkeiten spürbar, sollte man sich anschließend selbst hinters Lenkrad setzen. Mancher neigt dazu, derartige Testfahrten im Vollgas-Tempo und mit Beschleunigungen im Volllastbereich zu absolvieren. Dabei sind die Teillastbereiche, manchmal auch die untertourig angegangenen Fahrsituationen, oft aussagekräftiger.

Im Gegensatz zu Prüfungen mittels Messgeräten ist die technische Beurteilung durch Probefahrten abhängig vom subjektiven Empfinden. Dennoch stellt sie einen wichtigen Parameter dar. Eine Probefahrt offenbart die Qualität des Testobjektes jedoch häufig nur dem, der eine Mindesterfahrung mit vergleich-baren Fahrzeugen mitbringt. Es sollte daher stets ein Fachmann mit Erfahrung beteiligt werden.

Bereits das Startverhalten kann nicht nur einiges über den Zustand des Motors aussagen, sondern auch über Batterie, Anlasser, Zündung und Kraftstoffzufuhr:

- Müde Batterien lassen den Motor nicht kraftvoll durchdrehen.
- Defekte Anlasser können sich durch kreischende Geräusche bemerkbar machen.
- Defekte im Zündsystem lassen evtl. die Zylinder nacheinander „lebendig" werden oder sorgen dafür, dass einzelne Zylinder gar nicht mitarbeiten.
- Nicht funktionierende Kaltlaufeinrichtungen lassen kalte Motoren nur sehr zögerlich (manchmal auch gar nicht) anspringen.

Nach einer Leerlaufphase und der Prüfung von Gasannahme und Laufniveau (Rundlauf) in verschiedenen Drosselklappenstellungen ohne Last, also im Stand, ist man über die rudimentären Laufeigenschaften im Bilde. In dieser Phase sollte man auch auf unregelmäßige Geräuschentwicklungen und/oder Rauchentwicklungen achten.

Danach sollte das Ganze **unter Last**, also während der Fahrt, getestet werden. Insbesondere ist auf folgende Fragen zu achten:

- Wie ist die Gasannahme, werden sogenannte Beschleunigungslöcher spürbar?
- Entspricht die Beschleunigung dem bekannten Temperament des Modells?
- Treten sich verändernde Geräuschentwicklungen auf?
- Sieht man im Rückspiegel möglicherweise Rauchfahnen?
- Lassen sich die Gänge einwandfrei durchschalten (bei Automatikgetriebe müssen die Gangstufen selbsttätig ordnungsgemäß schalten)?
- Wie groß ist das Spiel im Antriebsstrang (bei Lastwechsel gut erkennbar)?
- Wie groß ist das Lenkspiel und wie hoch die Spurtreue?
- Ist ein nachvollziehbares Kurvenverhalten gegeben?
- Wie ist das Ansprechverhalten der Bremsen?

Nach Beendigung der Probefahrt sollten nochmals alle Aggregate und der Unterboden inspiziert werden. Denn jetzt könnten Leckagen oder andere Verschleißmerkmale zutage treten. Im Zweifelsfall sind erweiterte Tests unter Zuhilfenahme von Messungen notwendig. Hierzu können folgende Standardverfahren gehören:

- Vergleichende Kompressionsmessung der Zylinder
- Druckverlustmessung
- Messung von Emissionswerten
- Temperatur- und Öldruckmessung mit externen Messgeräten
- Erstellung eines Leistungsdiagramms
- Prüfung der Bremswirkung mittels eines Bremsenprüfstands
- Prüfung der Achsen mittels Gelenkspieltester.

3 Zustandsbeurteilung und Zustandsnoten

Nach eingehender Identifizierung und Untersuchung des Fahrzeugs konnten jetzt Stärken und Schwächen herausgearbeitet werden.

Um aus diesen eine Kaufentscheidung bzw. Preisfindung abzuleiten, sind jedoch nicht nur Detailkenntnisse über den jeweiligen Fahrzeugtyp, seine Varianten und seinen Markt wichtig. Hinzu kommt auch die generelle Zustandsbeurteilung einschließlich der subjektiven Entscheidung des Käufers, in welchem Zustand sich das Wunschauto befinden soll bzw. wie stark er Zustandsfragen gewichten will.

3.1 Authentisch oder „geschminkt"?

Auch wenn bei manchen Fahrzeugen mangels Verfügbarkeit genommen werden muss, „was da ist", bleibt die Frage nach dem Zustand doch essenziell. Die Bandbreite kann von frisch restauriert oder renoviert über Originalzustand bis hin zum ruinösen Teileträger gehen.

Bei letztgenannter Variante sollte im Vorfeld eines Erwerbs unbedingt erörtert werden, ob die Möglichkeit eines Wiederaufbaus und/oder der erforderlichen Teilebeschaffung überhaupt realistisch ist. Was nützt es, Fragmente eines seltenen Fahrzeugs zu übernehmen, wenn eine Wiederbeschaffung von essenziellen Fehlteilen nicht möglich ist? Zwar können aus musealer Sicht auch solche Fundstücke von großer Wichtigkeit sein. Der Liebhaber mit Ambitionen für den Fahrgenuss hingegen wird ihnen eher den Rücken kehren.

Häufig anzutreffen sind Fahrzeuge in einem durchschnittlichen, aber authentischen Zustand. Hierbei handelt es sich um nahezu original erhaltene Exemplare, die durch Reparatur, Wartung und Pflege fahrtüchtig und verkehrssicher geblieben sind, aber

4.42–4.44 In welchem Erhaltungszustand das Fahrzeug bleiben soll, ist eine ganz persönliche Entscheidung.

4.45 Einen Scheunenfund wieder aufzubauen, will wohl überlegt sein.

zum Teil deutliche Alterungs- und Gebrauchsspuren zeigen. Alternativ können es auch solche sein, die vor geraumer Zeit eine umfangreiche Aufarbeitung in durchschnittlicher Qualität oder auch eine Teilrestaurierung erfahren haben, mit Alterungs- und Gebrauchsspuren in einer noch hinnehmbaren Ausprägung. Derlei Fahrzeuge können eine ideale Basis für nutzungsorientierte Liebhaber von Klassikern sein, die in ihrer Freizeit gerne hin und wieder etwas für den weiteren Erhalt tun möchten.

Will man sich hingegen bewusst auf das „Abenteuer Wiederaufbau" einlassen, sollte gezielt nach Fahrzeugen Ausschau gehalten werden, die ihre Abnutzung oder auch den Verschleiß zwar deutlich zeigen, aber noch (nahezu) komplett, jedoch nicht fahrfähig sind. So kann der Käufer wenigstens weitgehend sicher sein, nicht den Preis für optisch „geschönte" Durchschnittsfahrzeuge zahlen zu müssen, obwohl sie in Wirklichkeit reine Aufbauobjekte darstellen.

4.46–4.48 Dieser Mercedes 250 CE wurde neu lackiert und technisch gewartet mit teilweisem Austausch von Verschleißelementen im Bereich des Fahrwerks.

Denn Vorsicht: Immer wieder ist im Privat- wie im Händlermarkt zu beobachten, dass gerne mit gezieltem Einsatz frischer Farbe und ein bisschen neuem Leder hier und neuem Stoff da sowie in Schwarz und Silber-Bronze lackierten Aggregaten ein Fahrzeug optisch aufgewertet wird, ohne aber eventuell substanziell vorhandene Schwächen beseitigen zu wollen.

Es ist also manchmal eine Gratwanderung zwischen ehrlichem Gebrauchs-
zustand und „geschminkter Gurke". Sitzt man Letzterer auf, ist zumeist der
Preis eines Fahrzeugs in einem „wirklich guten Zustand" schon bezahlt, aber
die Investitionskosten stehen noch bevor wie bei einem Aufbauprojekt.

3.2 Was ist ein „wirklich guter Zustand"?

Ein „wirklich guter Zustand" lässt sich beschreiben als:

I. Sehr guter oder guter Erhaltungszustand, *mit Betonung auf Erhalt*

- Das Fahrzeug ist technisch einwandfrei, belastbar in allen Zuständen und zuverlässig
  in allen Verkehrssituationen im Rahmen seiner baulichen Fähigkeiten.
- Dabei sieht man ihm sein Leben an. Es weist jedoch keine schwerwiegende Korrosion
  oder beginnende Zerstörung von Oberflächenbeschichtung auf.
- Auch Polsterung, Verkleidung und Verzierung spiegeln eine gewisse Alterung wider,
  sind aber in Sachen Festigkeit, Materialgüte und Nutzbarkeit nicht eingeschränkt.

Ein Fahrzeug also, dessen Charakter der Zeitepoche seiner Entstehung entspricht, seine Gebrauchsphase ablesbar macht, aber gleichzeitig nur akzep-

4.49–4.51 Dieser Mercedes W 107 vermittelt rein äußerlich einen scheinbar guten Eindruck. Rechts oben: Der Unterboden is[t]
dilettantisch geschweißt und mit Unterbodenschutz abgedeckt. Rechts unten: Selbst ein sicherheitsrelevantes Bauteil wie da[s]
Seil des Handbremshebels ist falsch verlegt und kann durch die Berührung am Auspuffrohr anschmelzen.

table Zeichen von Verschleiß zeigt. Ansätze eines möglichen Zerfalls sind nicht vorhanden, Fahrspaß ist garantiert.

II. Sehr guter oder guter Zustand *durch Wiederaufbau*

- Das Fahrzeug kommt gerade aus einer Fachwerkstatt mit hoher Typkompetenz und ist dort in einen dem Neuwagen vergleichbaren Zustand versetzt worden.

Eine im Kfz-Gewerbe übliche Vorgehensweise für die Wiederherstellung des neuwagenähnlichen Zustands sieht vor:

- Komplette Demontage/Abrüstung bis zur Rohkarosserie (bei Fahrzeugen mit Rahmenbauweise wird die Karosserie vom Rahmen getrennt und der Rahmen komplett freigelegt).
- In diesem Zustand sind Karosserie und der Rahmen von allen Verkleidungs- und Zierteilen, Scheiben, Dichtungen, Aggregaten, Schläuchen, Leitungen, Isoliermaterialien sowie dem gesamten Interieur und ggf. dem Verdeck zu befreien.
- Alle Oberflächenanhaftungen inkl. aller Beschichtungen werden entfernt. Nach Befund werden schadhafte Partien ersetzt oder instand gesetzt.
- Nach abgeschlossenen Karosseriebauarbeiten wird ein neuer Lackaufbau unter Verwendung moderner Materialien, aber im Original-Farbton aufgetragen.
- Ggf. weitere Oberflächenvergütungen erfolgen in spezialisierten Galvanisierungsbetrieben.
- Parallel werden alle Teile der Haupt- und Nebenaggregate zerlegt und nach Befund instand gesetzt und erneuert. Auch hier erfahren die Gehäuse eine Grundreinigung mit anschließendem Oberflächenfinish.
- Verschleißteile des Fahrwerks und der Bremsen werden erneuert.
- Achselemente erfahren eine Oberflächenbehandlung.
- Weitere Gewerke sind für den Neuaufbau des Interieurs inkl. Armaturen zuständig.

Alle Arbeiten müssen gemäß originaler Spezifikation, in sehr guter handwerklicher Qualität und mit großer Sorgfalt im Detail erfolgen.

Beide Varianten stellen Objekte höchster Güte dar, sind jedoch von völlig unterschiedlichem Status und wecken Begehrlichkeiten bei ebenso unterschiedlichen Interessensgruppen.

3.3 Die Zustandsnoten – Sinn und Unsinn

Der Zustand eines Fahrzeugs wird zumeist beschrieben durch eine Notenskala ähnlich Schulnoten. Ob dies angesichts der Vielfalt bei historischen Fahrzeugen wirklich gelingen kann und als fachliche Aussage ausreicht, ist zweifelhaft.

Bei beiden vorbenannten Beschreibungen („Sehr guter oder guter Erhaltungszustand, *mit Betonung auf Erhalt*" und „Sehr guter oder guter Zustand *durch*

Wiederaufbau") wurde bewusst auf den Versuch verzichtet, sie in eine Ziffer zu pressen. In beiden Fällen wäre „1–2" unter Berücksichtigung der üblichen Vorgehensweise zur Einstufung von klassischen Automobilen gerechtfertigt. Aber der unterschiedliche Charakter und der Status der Fahrzeuge käme durch eine „1–2" nicht zum Ausdruck und hilft daher demjenigen, der einen Klassiker sucht, nicht weiter.

Noch undurchsichtiger wird das Notenprinzip bei Aussagen der Noten „3" und „4". Bei einer „3" müssten Bereiche ohne Mängel und Bereiche mit Mängeln vorhanden sein. Nicht erfasst wird dabei jedoch die wichtige und eventuell auch entscheidende Frage, in *welchen Bereichen* denn das Positive und in welchen das Negative zu finden ist! Dabei kann genau dies einen enormen Unterschied ausmachen:

> Zwei Mercedes-Benz 280 SL (Pagode, W 113) werden mit „3" benotet, wobei der eine seine Stärken im Bereich Karosserie und Interieur hat, aber Schwächen beim Motor aufweist. Der andere ist hingegen technisch überholt, zeigt aber Korrosion und Bearbeitungsspuren im Bereich der vorderen Längsträger und Radhäuser.
>
> Nach Erwerb und ersten Erfahrungen mit den Wagen ist es notwendig, den Schwächen auf den Grund zu gehen und sie fachgerecht beheben zu lassen (Motorüberholung bei dem einen, Teilersatz von Längsträgern und Radhäusern sowie Reparatur der Stirnwand bei dem anderen). Obwohl die Anschaffungspreise nahezu identisch sind, entpuppen sich die nun zu tätigenden Investitionen als dramatisch unterschiedlich.
>
> Die Motorüberholung ist ein Standardverfahren mit überschaubarem Teileaufwand, wohingegen die Karosserieinstandsetzung dazu führt, dass die vorderen Aggregate ausgebaut werden müssen und das Fahrzeug auf einer Richtbank fixiert wird – eine kostspielige Angelegenheit.

	Anschaffung	Reparatur	Gesamtinvestition
Motorüberholung 280 SL	65.000 €	20.000 €	**85.000 €**
Karosserieinstandsetzung 280 SL	65.000 €	60.000 €	**125.000 €**

Einen noch gravierenderen Unterschied kann es bei den Zustandsnoten „4" und „5" geben. So kann zum Beispiel ein seltenes Fahrzeug der Vorkriegszeit, das verwahrlost, aber in allen Details original und komplett ist, von hoher kultureller Bedeutung sein. Ein vergleichbares Modell, welches sich in einem scheinbar guten Zustand befindet (derartige Fahrzeuge erreichen durch Unwissenheit des Betrachters häufig die Note „3" oder gar „2–"), bei dem aber nicht zeitgenössische oder gar gefälschte Teile verbaut und handwerkliche Fehler gemacht wurden, wird mit weitaus weniger Interesse betrachtet.

Die alleinige Verwendung von Zustandsnoten als vermeintlich aussagekräftige Einstufung von historischen Fahrzeugen ist hinsichtlich Güte und Wert daher nicht zielführend, obwohl sich diese Art der Dokumentation durchgesetzt hat und von deutschen Versicherern vielfach gefordert wird. Der Versuch, über vermeintliche Vereinfachungen Klarheit zu erhalten, ist verständlich. Sie wird jedoch der Komplexität eines historischen Automobils nicht gerecht.

Derzeit gängige Zustandsnoten:

Note 1 Makelloser Zustand

Keine Mängel, Beschädigungen oder Gebrauchsspuren an Technik und Optik. Komplett und perfekt restauriertes Spitzenfahrzeug. Wie neu (oder besser). Sehr selten.

Note 2 Guter Zustand

Mängelfrei, aber mit leichten (!) Gebrauchsspuren. Entweder seltener, guter unrestaurierter Originalzustand oder fachgerecht restauriert. Technisch und optisch einwandfrei mit leichten Gebrauchsspuren.

Note 3 Gebrauchter Zustand

Ohne größere technische oder optische Mängel, voll fahrbereit und verkehrssicher. Keine Durchrostungen. Keine sofortigen Arbeiten notwendig.

Note 4 Verbrauchter Zustand

Nur eingeschränkt fahrbereit. Sofortige Arbeiten zur erforderlichen Abnahme gemäß § 29 StVZO sind notwendig. Leichtere bis mittlere Durchrostungen. In den einzelnen Baugruppen komplett, aber nicht zwingend unbeschädigt.

Note 5 Restaurierungsbedürftiger Zustand

Mangelhafter, nicht fahrbereiter Gesamtzustand. Umfangreiche Arbeiten in allen Baugruppen erforderlich. Nicht zwingend komplett.

3.4 Statusbeschreibung als notwendige Ergänzung von Zustandsnoten

Gründliche Beurteilungen eines Fahrzeugzustands kommen allein mit Zustandsnoten nicht aus. Auch der TÜV Rheinland verwendet Zustandsnoten in den Wertgutachten und kommt damit den Forderungen der meisten Versicherer nach. Von hoher Wichtigkeit ist es jedoch, die Zustandsnoten durch eine Statusbeschreibung zu ergänzen, damit das für eine verlässliche Wertbeurteilung erforderliche aussagekräftige Gesamtbild des Fahrzeugs entsteht.

Zustand 1

Zustand nach soeben abgeschlossener, umfangreich fotodokumentierter Restaurierung/Wiederaufbau beim typkompetenten Profi. Erscheinung wie damaliger Neuwagen.

Erläuterung

- Alle handwerklichen Arbeiten müssen höchsten Ansprüchen genügen.
- Originalitätstreue in allen Details muss gegeben sein (Ausführung der lösbaren und unlösbaren Verbindungen, Art der Dichtungen in Material und Ausführung, ursprüngliches Lackmaterial inkl. Farbton, Materialauswahl und Farbgebung der Innenausstattung).
- Verwendete Werkstoffe müssen der Erstauslieferung entsprechen (ursprüngliche Stahlkotflügel dürfen z. B. nicht gegen Kotflügel aus GFK ausgetauscht sein).
- Eine „Matching Numbers"-Garantie muss vorliegen, d. h. der Nachweis, dass besagtes Fahrzeug mit eben jenem aktuell montierten Motor, Getriebe etc. damals vom Band lief.

Alternativ könnte es auch der nach ursprünglicher Auslieferung durch den Hersteller gleich konservierte und heute von Standschäden befreite Klassiker sein. Ein Status, der in der Praxis jedoch so gut wie nicht vorkommt.

Zustand 2

Zustand analog zur Beschreibung der Note 1, aber nach rund dreijährigem relativ regelmäßigem, aber pfleglichem Gebrauch mit geringen Gebrauchsspuren versehen.

Alternativ Zustand nach einer im Aufwand durchschnittlichen, aber kompetent ausgeführten Renovierung. Die handwerkliche Ausführung und Originalitätstreue müssen jedoch hohen Ansprüchen genügen.

4.52 Beispiele der Zustandsnoten anhand von Achshälften. Beispiel für die Note 1.   4.53 Beispiel für die Note 2.

Erläuterung

Jeder bestimmungsgemäße Gebrauch eines Fahrzeugs zieht Gebrauchsspuren nach sich, die bis zu einem gewissen Punkt nicht negativ zu werten sind.

Selbstverständlich ist bei Zustand-2-Oldies die absolute Abwesenheit von Rostansätzen (auch unsichtbarer Art).

Auch original erhaltene Fahrzeuge können diesen Zustand erreichen und nehmen in Verbindung mit dem guten Erhaltungszustand einen äußerst begehrenswerten Sonderstatus ein.

Von Fall zu Fall können (unbedingt reversible) Veränderungen in die Renovierung eingeflossen sein, die die Gebrauchstüchtigkeit erhöhen, aber den Charakter des Fahrzeugs nicht verändern (Beispiele: leistungsgesteigerter Kühler und/oder elektrisch zuschaltbarer Zusatzlüfter, modifizierte Benzinförderung).

Ehrliche Zustand-2-Oldies werden vom Handel oft als „Zustand-1" oder „100-Punkte-Auto" angeboten.

Zustand 3

Diese Fahrzeuge weisen in allen Bereichen stärkere Gebrauchsspuren auf, wie sie üblicherweise etwa zehn Jahre nach einer kompetenten Renovierung/ Wiederaufbau und nach regelmäßigem Gebrauch notiert werden.

Erläuterung

Korrosion muss toleriert werden – nicht jedoch an tragenden Teilen. Auch müssen nicht unbedingt alle Teile original oder originalgetreu sein (z. B. Teppiche,

4.54 Beispiel für die Note 3.

4.55 Beispiel für die Note 4 oder gar 5.

Verdecke, Räder). Allerdings sollte der Motor in aller Regel vom selben Hersteller stammen und die Leistungsdaten typisch für die Baureihe des Fahrzeugs sein.

Im Bereich des Fahrwerks und der Aggregate liegen deutliche Gebrauchsspuren vor, die jedoch die Verschleißgrenze noch nicht erreicht haben.

Das Fahrzeug muss gebrauchstüchtig und verkehrssicher sein, und es bedarf größerer Aufmerksamkeit, um den Erhalt zu sichern. Auch viele noch original erhaltene oder teilrestaurierte Klassiker zählen zur Dreier-Kategorie.

Zustand 4

Diesen Klassikern sieht man bereits aus der Ferne oder bei oberflächlicher Betrachtung den Verschleiß oder gar die partielle Zerstörung an.

Zustand-4-Klassiker sind nicht gebrauchstüchtig oder nur bedingt fahrbereit, aber rollfähig (Motor dreht). Alle Teile sind vorhanden, ob noch am Fahrzeug montiert oder bereits demontiert.

Erläuterung

Viele unberührte Originale, die weder während ihrer Gebrauchsphase pfleglich behandelt worden sind noch in der Phase des Vergessens fachgerecht gelagert wurden, entsprechen diesen Beschreibungen.

Auch Fahrzeuge, die zunächst ein ordentliches äußeres Erscheinungsbild abgeben, aber nicht fachgerecht aufgebaut wurden und mit einer erheblichen Anzahl an Falschteilen bestückt wurden, können dieser Kategorie zugeordnet werden. In der Praxis existieren Fahrzeuge, die rein äußerlich als Zustand „2" durchgehen würden, aber eine schlechte und verschlissene Grundsubstanz aufweisen.

Zustand 5

Ein auf Anhieb und von jedem erkennbar stark verschlissenes bis zerstört anmutendes Erscheinungsbild. Die Technik ist marode. In der Szene auch als Teileträger angesehen.

Erläuterung

Auch Fahrzeuge dieser Kategorie können von großem Interesse sein, insbesondere dann, wenn es eines der letzten noch existierenden Fahrzeuge eines bestimmten Herstellers oder einer bestimmten Modellreihe ist.

Unter Sammlern ist in den letzten Jahren ein verstärktes Interesse an solch seltenen und oft als Fundstücke beschriebenen Exemplaren entstanden.

3.5 Dem äußeren Erscheinungsbild einen nicht zu hohen Stellenwert einräumen

Einer der häufigsten Fehler bei der Beurteilung von Fahrzeugen ist es, sich voll und ganz auf die Optik zu verlassen, spielen die Definitionen der Zustandsnoten doch scheinbar immer wieder auf die optische Erscheinung an. Die Gefahr einer Falscheinstufung bei einem komplexen Gebilde wie einem Kraftfahrzeug ist latent gegeben – mit teils fatalen Folgen für den Käufer.

Beispiel 1

Das Motorgehäuse eines Jaguar XK ist äußerlich aufgearbeitet, neu in Schwarz lackiert und der Zylinderkopf typentsprechend goldfarben. Die Ventildeckel sind auf Glanz poliert, die Vergaseranlage überholt und die Gestänge gelb verzinkt. Die Motoraufhängungen sind neu. Alle Anbauteile sind gereinigt und ordnungsgemäß positioniert. Der Kühler weist eine gute, in Schwarz lackierte Oberfläche auf, das Netz ist nahezu makellos, Schläuche und Schellen sind neu. Optisch also mindestens eine „2".

Laufproben im Stand überzeugen zunächst, und bei Betätigung des Vergasergestänges in Richtung Volllast reagiert der Motor spontan, ohne Aussetzer oder Stottern. Nur im konstant gehaltenen unteren Teillastbereich wird ein leises „Klock"-Geräusch hörbar, welches sich mit zunehmender Drehzahl steigert.

Die Diagnose lautet „Kolbenkipper" (seitliches Spiel zwischen Kolben und Zylinder) mit der Folge einer Motorüberholung. Aus dem vermeintlichen Zustand „2" wird „4–5", zumindest was dieses Aggregat angeht. Was nutzt einem eine perfekte Karosserie, wenn der Motor von den Kosten her die größte Position ausmacht?

Mit ähnlichen Fallstricken ist auch im Bereich der Karosserie zu rechnen.

Beispiel 2

Ein Rundheck-Spider von Alfa Romeo glänzt durch eine fachlich sehr gut ausgeführte Lackierung in Silber-Metallic. Auch Spaltmaße und Flächigkeit (im vorliegenden Fall Rundungen) der Karosserie geben keinen Anlass zur Kritik. Die Anbauteile sind perfekt angepasst, und die Chromelemente weisen eine nahezu neuwertige Oberfläche auf. Die Bedingungen einer allgemeinen Note „2" oder „2+" sind gegeben.

Messungen der äußeren Karosserie offenbaren jedoch Spachtelflächen im Bereich von 2–4 mm, und dies nicht nur partiell. Bei genauer Betrachtung der B-Säulenfalze fällt dem Experten auf, dass diese nicht modellkonform sind.

4.56 Der äußere Schein kann trügen. Für einen Laien zeigt das Fahrzeug einen guten Allgemeinzustand.

4.57 Kompetent durchgeführte Untersuchungen lassen erahnen, wie es unter dem Lack aussieht. Gewissheit gibt nur die Entlackung.

4.58 Im gesamten vorderen Koffer-raum bot sich ein Bild des Grauens.

4.59/4.60 Durchrostungen an der B-Säule (Schlosssäule links) waren überspachtelt.

4.61 Ein Heckblech der späteren Serie mit ovalem Ausschnitt für die Rückleuchten wurde einfach kaschiert.

4.62 Das unterhalb durchrostete Türblatt wurde auf einer Höhe von ca. 20 cm abgetrennt und mit einem schlecht angepassten Blechstück nicht fachgerecht eingeschweißt.

4.63 Dieselbe Türe von außen: Die nicht mehr vorhandene Flächig-keit des Türblatts wurde wiederum durch erheblichen Spachtelauftrag kaschiert.

4.64/4.65 Häufig zeigen sich Durchrostungen erst nach der Entlackung.

Nach der Entfernung von Verkleidungen fallen dilettantisch ausgeführte Schweißungen auf. Nachdem letztlich die Karosserie entlackt worden ist, lautet der Befund: Karosserie weitgehend zerstört und mit Falschteilen behaftet, Note „5".

Dies könnte einem wirtschaftlichen Totalschaden gleichkommen, wäre es nicht ein historisch wertvolles Fahrzeug.

Die Folge solcher Täuschungen ist häufig die juristische Auseinandersetzung, ein eventuell über Jahre währender Rechtsstreit.

Es gilt die alte Weisheit: „Augen auf beim Autokauf ...!"

4.66 Die Messung der Karosserie ist ein probates Mittel zur Beurteilung der wirklichen Substanz. Der hier angezeigte Wert von 3,5 mm zwischen äußerer Lackierung und eigentlichem Metall lässt auf erheblichen Spachtelauftrag schließen.

173

4 Gefahr bei der Verwendung nicht originaler Teile

Häufig ist zu lesen „… Teileversorgung ist gesichert". Und in der Tat findet man über den Teilehandel sowie über das Internet alles Mögliche und Unmögliche, was angeblich dem entspricht, was man sucht und auch aussieht wie das Teil, welches man austauschen will/muss. Dies bedeutet jedoch noch nicht, dass das betreffende Teil auch tatsächlich für den gedachten Einsatz geeignet ist.

Weltweit gibt es eine weitgehend unkontrollierte Teilenachfertigung, bei der die Produktion weder vom ursprünglichen Hersteller autorisiert noch von Prüforganisationen homologiert ist. Der Anteil derartiger Nachfertigungsteile nimmt zu, und dies nicht nur in Fernost. Fertigungsmaschinen in Verbindung mit Formen- und Maßabtastung sowie ihre digitale Umsetzung und die Verbreitung von CNC-Fertigungsmaschinen sorgen für eine Verbreitung von preiswerter Fertigung. Und die Möglichkeiten von 3D-Druckern beginnen gerade erst.

Aber was nutzt die Möglichkeit, optisch identische und sogar maßhaltige Dinge herstellen zu können, wenn man keine oder wenig Kenntnis über technologische Zusammenhänge und Materialbeschaffenheit hat? Das unbedingte Wissen über auftretende Beanspruchungen von Bauteilen, sei es hinsichtlich einwirkender Kräfte, thermischer oder auch chemischer Belastungen im Fahrbetrieb, gehört zu den Grundvoraussetzungen für eine solide Nachfertigung.

Für den Ankauf von Ersatzteilen sollte man sich daher unbedingt auf gesicherte Quellen wie Hersteller und Fachwerkstätten mit seriösen Teilehändlern verlassen. Hier gilt: Sicherheit hat ihren Preis! Preisdumping und Minderqualität gehen zulasten der Sicherheit und der Haltbarkeit.

5 Begutachtung von Fahrzeugen zur Schadens- und Wertermittlung

Der Privatinteressent oder auch der Händler darf eine Preisentscheidung nach seinen persönlichen Vorstellungen treffen (was ist *mir* das Fahrzeug wert?). Gutachter müssen eine solche Entscheidung nach umfänglichen Marktrecherchen und ohne subjektive Färbung ermitteln.

Eine Möglichkeit, sich Klarheit über den wirklichen Wert und Zustand eines Fahrzeugs zu verschaffen, ist daher die Dokumentation im Rahmen von Schaden- oder Wertgutachten. Insbesondere Versicherer verlangen eine derartige Beurteilung von neutraler Seite. Aber auch Banken, Zoll- und Finanzämter, Gerichte und weitere Institutionen können ggf. ein Gutachten fordern.

Die Begutachtung verlangt Sachverstand, damit nachvollziehbare Darstellungen über Sachverhältnisse entstehen, aus denen Schlussfolgerungen abgeleitet werden können.

In der Praxis bedeutet dies, dass ein vorgeführtes Fahrzeug zunächst – analog einem amtlichen Oldtimergutachten (siehe Kapitel 2) – eindeutig identifiziert werden muss. Anschließend werden Tatsachen aus der Feststellung am besichtigten Objekt festgehalten. Als dritte Säule eines Gutachtens wird eine Marktanalyse durchgeführt.

Da zur Beurteilung eines historischen Automobils häufig das Ursprüngliche als Referenz gilt, setzt die Begutachtung von Oldtimern einen hohen Wissensstand nicht nur über den zu begutachtenden Fahrzeugtyp, sondern auch über technologische Standards sowie handwerkliche oder maschinelle Umsetzungen der jeweiligen Zeitepoche voraus. Insbesondere gilt es, originale Substanz und Oberflächengüte zu erkennen sowie den antriebstechnischen respektive maschinenbautechnischen Betrieb analysieren zu können.

Gerade die Identifizierung des Fahrzeugs oder einzelner Teile ist als erste Säule eines Gutachtens Grundvoraussetzung für die korrekte Bearbeitung der anderen beiden Säulen. Immer wieder ist vor Gericht zu erleben, dass Gutachter zwar zu einem Ergebnis aus der Fahrzeuguntersuchung kommen, das Fahrzeug oder das Aggregat jedoch nicht oder falsch identifiziert haben. Stellt sich dann heraus, dass das zu begutachtende vermeintliche Cabriolet in Wirklichkeit gefälscht ist und früher ein Coupé war, kommt es auf die weiteren Befunde zu Zustand und Markt kaum noch an.

5.1 Kurzgutachten (eingeschränkte Aussagekraft)

Aus der gängigen Praxis heraus, auch Wertgutachten für klassische Fahrzeuge von allgemein tätigen Kraftfahrzeugsachverständigen durchführen zu lassen, wurden über Jahrzehnte hinweg Maßstäbe vergleichbar mit der Beurteilung von Neu- und Gebrauchtwagen angesetzt.

Der Klassikermarkt in Deutschland legte viele Jahre den Schwerpunkt auf ein mit Neufahrzeugen vergleichbares Erscheinungsbild (obwohl in ernst zu nehmenden Sammlerkreisen und im historischen Rennsport auch anders gedacht wurde). Damit galt ausschließlich die Noteneinstufung als Qualitätskriterium in der gutachterlichen Beurteilung – „… besser als neu" war ein gängiger Ausdruck von besonderer Qualität in Gutachten.

In den 80er-Jahren entstanden sogenannte *Kurzgutachten*, eine Bewertungsform, die vordergründig der Einstufung beim Versicherer dienlich sein sollte. Sie erfreut sich auch heute noch großer Beliebtheit, was allerdings vor allem der niedrigen Honorarnote für derartig kurze Bewertungen geschuldet sein dürfte, bei denen gerade die Tatsachenfeststellung am Objekt stark und das Ergebnis ausschließlich auf eine Note reduziert ist. Wenn Besichtigungen auf der Straße, in engen Garagen und ohne technische Funktionsprüfungen erfolgen, ist die Wahrscheinlichkeit hoch, dass Ergebnisse im Rahmen solcher Kurzgutachten oftmals eher im Bereich von Spekulationen als im Bereich der kompetenten

Tatsachenfeststellung anzusiedeln sind. Unverständlich ist es, dass diese Art der Bewertung auch für Kredit- und Leasinggeschäfte herangezogen wird, bei denen es ja gerade auf den wahren Wert des Objektes ankommt.

Doch auch Kurzgutachten sind seriös zu erstellen, wenn Mindestanforderungen eingehalten werden, die die Basis einer Bewertung schaffen:

- Identifizierung durch Prüfung der Fahrgestellnummer und Vergleich mit den Fahrzeugpapieren
- Inspektion des Fahrzeugs in allen Teilbereichen
  - Karosserie außen, innen, Rahmen und Unterboden
  - Interieur
  - Technik mit Motor, Getriebe/Differential, Fahrwerk
  - Technische Funktionsprüfung, mindestens stationäre Laufprobe
- Kurze Dokumentation der Ergebnisse dieser Untersuchung
- Einstufung des Fahrzeugs und Benennung des Fahrzeugwerts
- Bilddokumentation der eingesehenen Bereiche.

5.2 Wertgutachten

Aufgrund der hohen Anforderungen an historische Automobile und des beträchtlichen finanziellen Einsatzes (sowohl zur Anschaffung als auch zur Instandhaltung) werden auch an Gutachten für historische Fahrzeuge mittlerweile zu Recht hohe Ansprüche gestellt.

Für ein aussagefähiges Wertgutachten reicht daher eine Einstufung nur nach dem bereits beschriebenen Notensystem alleine nicht mehr aus. Vielmehr muss auch der Status der Originalität, Abweichungen hiervon, die Qualitätseinstufung von verwendeten Nachbauteilen sowie die Fahrzeughistorie mit ggf. geschichtlichen Besonderheiten und die Feststellung der Gebrauchsfähigkeit Berücksichtigung finden.

> Ein Fahrzeug wird nach den üblichen Kriterien in die Zustandsnote „4" eingestuft. Aufgrund seiner unberührten Originalität und seiner Historie hat es jedoch am Markt eine so hohe Begehrlichkeit, dass es monetär der Note „1" entsprechen würde.
>
> Ebenso könnte ein Fahrzeug mit der Note „1" am Markt kaum Interesse finden und müsste preislich stark nach unten korrigiert werden. Diese Situation ist bei Fahrzeugen aus dem Rennsport nicht selten zu finden, wenn diese durch extreme Renovierung alle Spuren der Vergangenheit verloren haben und nicht mehr von Replikas oder Nachbauten zu unterscheiden sind. Zu hören sind dann in der Szene Kommentare wie „seine Renngeschichte ist nicht mehr erkennbar" oder „diesem Wagen wurde die Seele wegrenoviert".

Im Fahrzeugsegment Luxus und Eleganz ist die Begehrlichkeit nach Oldtimern mit der Ausstrahlung eines Neuwagens und einer vergleichbaren und mühelosen Gebrauchsfähigkeit (was häufig Modifikationen nach sich zieht) hingegen besonders hoch und die Originalität eher zweitrangig. Auch dies ist in der Wertfindung entsprechend zu berücksichtigen.

Zu den im Rahmen eines Kurzgutachtens zu erfüllenden Mindestanforderungen müssen für ein professionelles und seriöses Wertgutachten daher folgende Erweiterungen vorgenommen werden:

- Identifizierung
  - Prüfung der Fahrgestellnummer, auch hinsichtlich der Positionierung und Schriftart
  - Aufnahme weiterer Codierungen am Fahrzeug (Karosserienummer, Motornummer etc.) und Prüfung auf Positionierung und Schriftart
  - Prüfung im Umfeld der vorgefundenen Nummern auf evtl. Veränderungen
- Überprüfung der Fahrzeugteilbereiche mithilfe von Checklisten
- Technische Funktionsprüfung auch in Form einer Probefahrt, ggf. Motortest, Bremsenprüfstandstest etc.
- Recherchen zum „Lebenslauf" des Fahrzeugs und Dokumentation des Status des historischen Automobils unter Verwendung der zutreffenden Begrifflichkeiten
- Welchen Status weist das Fahrzeug auf?
  - Unberührtes Original?
  - Nahezu unberührt mit Änderungen aus der Gebrauchsphase?
  - Restauriert mit „gesunder" Patina?
  - Renoviert und mit Originalteilen oder mit Nachbauteilen aufgebaut?
  - Aufgebaut mit individuellen Modifikationen?
- Wie ist der Zustand?
  - Solide Grundsubstanz, zwar mit Alterungs- und Gebrauchsspuren, aber nicht verschlissen?
  - Verschleißgrenze erreicht?
  - Handwerkliche Umsetzung in zeitgenössischem Stil oder unter Einsatz der heute möglichen Arbeitsverfahren?
  - Sind Alt- bzw. Vorschäden erkennbar?

Erst nach der Entscheidung über Status und Zustand kann dann eine Marktrecherche durchgeführt werden zur Preisfindung anhand der aktuellen Marktsituation des jeweiligen Fahrzeugsegmentes. Ein Wertgutachten darf sich nämlich nicht nur nach enggefassten Regeln und/oder Tabellen richten. Realistische

Ergebnisse lassen sich daher nur durch aktuelle Recherche direkt am Markt unter Berücksichtigung aller Individualitäten erreichen. Veröffentlichte Werttabellen (Price Guide) können stets nur Anhaltswerte liefern, die im Einzelfall zu prüfen sind und durchaus vom tatsächlichen aktuellen Preisniveau abweichen können.

5.3 Das Schadengutachten

Die Nutzung eines Fahrzeugs birgt die Gefahr eines Unfalls mit den sich daraus ergebenden Folgen der Beschädigung oder Zerstörung. Hierin unterscheiden sich unsere Klassiker nicht von Alltagsfahrzeugen, außer dass sie offensichtlich in weit geringerem Maße an Unfällen beteiligt sind: Nach einer Studie der TU Dresden machen Fahrzeuge älter als 30 Jahre 0,9 Prozent des Pkw-Bestands aus, sie sind aber nur an 0,1 Prozent aller Verkehrsunfälle beteiligt.

Im Schadenfall geht es vor allem um die Frage der Schadensregulierung durch einen Versicherer. Dazu muss zum Ausgleich des erlittenen Schadens die Schadenhöhe ermittelt werden, im Regelfall mittels eines *Schadengutachtens*. Anders als beim Alltagsauto ist dazu jedoch die Besonderheit von klassischen Fahrzeugen zu berücksichtigen.

Soll ein Unfallfahrzeug wieder in den Zustand versetzt werden, in dem es sich vor dem Ereignis befand, muss dieser zunächst ermittelt werden. Bevor im Rahmen eines Schadengutachtens die Reparaturkosten und die Reparaturwürdigkeit bzw. ein eventueller Totalschaden ermittelt werden können, müssen zunächst die gleichen Arbeitsschritte erfolgen wie bei einem Wertgutachten. Erst danach kann auch ein geeigneter Reparaturweg festgelegt werden. Dabei ist die Überlegung nicht nur, wie ein Schaden unter Berücksichtigung einer möglichen Schadensminderung fachgerecht repariert werden kann. Vielmehr stellt sich die Frage, ob gegebenenfalls durch den Austausch eines Bauteils z. B. der Status der unberührten Originalität verloren geht. Wäre dies der Fall, ist eine Alternative wie z. B. die reine Instandsetzung des vorhandenen Bauteils in Erwägung zu ziehen, auch wenn hierdurch höhere Reparaturkosten anfallen.

Ähnlich sieht es bei der Auswahl von schadensbedingt zu ersetzenden Teilen aus. Anders als bei Fahrzeugen aus der aktuellen Gebrauchsphase kann vielfach nicht einfach ins Regal der Hersteller und auf deren Lagerbestände zurückgegriffen werden. Nicht selten stehen Ersatzteile, unabhängig vom Herstellernetz, nur noch auf dem speziellen und manchmal privaten Markt zur Verfügung. Eine Preisbindung besteht in solchen Fällen nicht, sodass es zu erheblichen Preisdifferenzen kommen kann. Will man den Status des Wagens so erhalten,

4.67–4.69 Unabhängig von der Schadenhöhe:
Hochwertige Klassiker werden wieder aufgebaut.

wie er vor dem Unfall war, so ist für ein Fahrzeug, das ausschließlich über Originalteile verfügt, diesen Teilen jedoch der Vorzug gegenüber minderwertigen Reproduktionen zu geben. Umgekehrt darf im Falle eines Fahrzeugs, das mit Reproduktionsteilen wieder aufgebaut wurde, auch auf diese zurückgegriffen werden.

Solche Entscheidungen zum Reparaturweg müssen im Falle eines Haftpflichtschadens im Einklang mit dem Schadensrecht, im Falle eines Kaskoschadens im Einklang mit den Versicherungsbedingungen stehen.

Eine weitere Herausforderung bei der Ermittlung von Reparaturkosten im Versicherungsfall besteht darin, klar zwischen der Behebung des Unfallschadens und dem Beginn einer Restaurierung bzw. Renovierung abzugrenzen. Häufig ist hier ein fließender Übergang zu beobachten und Reparaturwerkstätten können unter dem Anspruch einer fachgerechten Reparatur vielfach das eine nicht leisten, ohne das andere zu tun. Dann ist die Kommunikation des Schadengutachters mit allen Beteiligten gefordert, und die Abgrenzung ist anschließend im Gutachten zu dokumentieren.

Als Lösungsweg bietet sich z. B. an, Wertvorteile für den Fahrzeugbesitzer über die Wiederherstellung des Fahrzeugzustands vor Unfall hinaus rechnerisch in Abzug zu bringen, als sog. *Abzug für Wertverbesserung* (Haftpflichtfall). Im Kaskofall wird dies ausgewiesen als *Abzug neu für alt (nfa)*.

5.4 Unfallschaden, technische und merkantile Wertminderung

Die Sensibilität für mögliche Unfallschäden an Kraftfahrzeugen ist bei allen Autofahrern hoch und lässt das Vertrauen in die Sicherheit und Langlebigkeit eines Unfallfahrzeugs schwinden.

Kann der ursprüngliche Zustand nach einem Unfall nicht mehr hergestellt werden, spricht man auch vom *technischen Minderwert*, auch in Fällen, in denen keine Markttransparenz und somit kein Marktangebot besteht. Daneben stellt sich die Frage des *merkantilen Minderwertes*, also ob bedingt durch die Offenbarungspflicht eines behobenen Unfallschadens die Begehrlichkeit am Markt und somit der Wert gesunken ist, weil potenzielle Interessenten Angst vor möglichen Spätfolgen eines Unfalls haben.

Sowohl der merkantile als auch der technische Minderwert stellen eine erweiterte Schadensposition dar und sind als Schadensersatzansprüche im Haftpflichtschadensfall in den Vorschriften der §§ 249 bis 253 BGB verankert.

Beide sollen also Ausgleich dafür schaffen, wenn trotz technisch und optisch fachgerechter Reparatur der Marktwert verringert ist. Ausschlaggebend ist allein die Bedeutung des Unfallschadens für die Bewertung auf dem Fahrzeugmarkt, und der Schadensersatz für Wertminderung wird für Oldtimer nicht, wie häufig angenommen, von Alter, Laufleistung des Fahrzeugs oder Zahl der Vorbesitzer begrenzt (1. Deutscher Oldtimerrechtstag vom 26.9.2009[1]).

Historische Automobile können hiervon im Besonderen betroffen sein, wenn sich bei unberührten oder nahezu unberührten Klassikern durch notwendige Reparatureingriffe ihr Status ändert.

Um technische Wertminderungen zu vermeiden, messen Hersteller und Werkstätten der fachgerechten Behebung von Unfallschäden zu Recht eine große Bedeutung zu. Seitens der Hersteller gibt es für aktuelle Fahrzeuge klare Reparaturanweisungen und Unterlagen zu Arbeitsverfahren, Maßen und Achsgeometrie. Anders sieht das im Bereich der historischen Fahrzeuge aus. Nicht selten gibt es weder Originalunterlagen zur Maßhaltigkeit noch Definitionen hinsichtlich Reparaturfreigaben bei tragenden Teilen etc. Von einer gesicherten Ersatzteilversorgung kann auch nicht immer die Rede sein.

Erschwerend kann hinzukommen, dass eine nicht fachgerechte Instandsetzung eines Unfallschadens möglicherweise lange zurückliegt und eine später folgende „Restaurierung" den Mangel dieser nicht fachgerechten Unfallinstandsetzung

---

1 Oldtimer-Rechtsanwalt Michael Eckert ist Gründer und Leiter der Deutschen Oldtimerrechtstage, die im Jahre 2009 erstmals stattgefunden haben. In den in der Regel 2-tägigen Seminaren werden rechtliche Fragen aus dem Bereich des Oldtimer-Rechts mit spezialisierten Rechtsanwälten, Sachverständigen und Händlern sowie sonstigen Interessierten erörtert.

4.70 Dieser Maserati 3500 GT wurde als „umfangreich restauriert in Top-Zustand" verkauft. Letztlich musste er aber als nicht mehr verkehrssicher eingestuft werden.

4.71 Untersuchungen haben ergeben, dass dieser Wagen einen schweren Frontschaden erlitten hat.

4.72 Ein gebrochener oberer Querlenker wurde geschweißt und in wahrscheinlich gut gemeinter Absicht verstärkt.

4.73 Erst nach dem Freilegen der Längsträgerendspitze wurde deutlich, dass dieser Längsträger unter Wärmezuführung gerichtet worden ist.

4.74 Das Rahmenrohr ist gebrochen.

4.75 Häufig erkennt man unter einem guten Blechkleid gestauchte Querträger, hier zu sehen an einem Mercedes R 107.

übertüncht. Nicht selten werden im Zuge von Wiederaufbaumaßnahmen z. B. nicht korrekte Rahmenmaße oder nicht fluchtende Vorbauten/Hecks mittels Anpassung der äußeren Karosserieteile optisch „korrigiert". In einem solchen Fall ist es auch für den Fachmann äußerst schwierig, diesen Mangel zu erkennen.

Hat eine fehlende Maßhaltigkeit Einfluss auf das Fahrwerk, so besteht hingegen die Möglichkeit, dies im Rahmen einer Probefahrt zu erkennen. Auch Defizite im Bereich von Türen und Scheiben machen häufig durch ungewöhnliche Windgeräusche auf sich aufmerksam. Entsprechend hoch muss die Sensibilität hinsichtlich möglicher Unfallschäden sein. Ein behobener Schaden muss nicht zwingend das Ausschlusskriterium für ein Fahrzeug sein.

Zur Berechnung des merkantilen Minderwertes stehen mehrere Berechnungs- bzw. Ermittlungsmethoden zur Verfügung, zumeist entstanden durch Übung oder Rechtsfortbildung. Durchzusetzen scheint sich derzeit die neuere *Marktrelevanz- und Faktorenmethode*[2]. Insbesondere bei der Beurteilung von historischen Fahrzeugen ist dazu eine sehr differenzierte Betrachtung mit tiefen Kenntnissen dieses Marktes erforderlich.

---

2 Der merkantile Minderwert in der Praxis, Berechnung nach der Marktrelevanz- und Faktorenmethode, Kirschbaum Verlag Bonn, www.kirschbaum.de.

Kapitel 5

Markt II – Trends in Wertentwicklung und Werterhalt

E inen ans Herz gewachsenen Oldtimer auf seinen monetären Wert zu reduzieren, ist vielen Enthusiasten, die ihre Fahrzeuge auch ohne Rücksicht auf
Wertzuwachs oder Abwertung lieben, ein Graus. Etliche wissen gar nicht,
wie es um den jeweiligen Marktwert bestellt ist.

Das sollten sie aber! Denn bei allem Respekt vor der Leidenschaft für das
Fahren, Pflegen, Schrauben und Diskutieren ist es spätestens im Schadensfall
– der sich gar nicht auf der Straße ereignen muss, sondern auch bei Brand,
Diebstahl, Vandalismus etc. – notwendig, ein realistisches Verhältnis zu preis-
lichen Größenordnungen zu haben, die möglicherweise verloren gehen oder
als Entschädigung geleistet werden müssen. Verklärung hilft dann wenig, harte
Fakten sind gefragt!

1 Allgemeine Marktentwicklung und Marktbeobachtung

Auch der Markt für historische Automobile ist in den letzten Jahren geprägt
durch die Suche vieler Menschen nach alternativen Kapitalanlageformen im
Zuge von Finanzkrise etc. und die damit häufig verbundene „Flucht in Sachwerte". Die Folge war ein wahrer Boom für Oldtimer und stetige Preisanstiege
für diese Fahrzeuge. Im Spannungsfeld zwischen reiner Leidenschaft als Hobby
und der reinen Betrachtung der „Oldtimerei" als Investitionsgut mit hoher
Rendite finden sich alle Schattierungen: Die meisten werden wohl die emo-
tionale Verbindung zu ihrem Hobby mit der Freude paaren, darüber noch einen
Wertzuwachs zu generieren.

5.1 Oldtimermessen sind extrem gut besucht und stellen
einen wichtigen „Marktplatz" dar.

5.2 Dieser Opel Ascona 400 ist Beispiel für ein Klassik-
Segment, das ohne großes Aufsehen einen enormen
Wertzuwachs erfahren hat.

So unterschiedlich die Schwerpunkte liegen, die jeder individuell setzt, so unterschiedlich sind auch die tatsächlichen Wertzuwächse der einzelnen Fahrzeugbaureihen, -marken und -typen in den verschiedenen Oldtimermärkten.

Lassen sich im Preissegment der vier- und fünfstelligen Werte eher moderate Entwicklungen feststellen, sind bei Fahrzeugen im hohen sechsstelligen Bereich teilweise „rasante" Steigerungen zu verzeichnen. Die höchsten Wertzuwächse erfolgten jedoch in der exklusivsten Preiskategorie, den sieben- bis achtstelligen Werten. Zu diesem Preissegment gehören insbesondere die historischen Rennwagen der Marken Ferrari, Maserati und Porsche sowie die exklusiven Fahrzeuge z. B. der Marken Bugatti, Duesenberg und Mercedes-Benz als treibende Kräfte der Wertentwicklung. Spezielle Baureihen dieser Hersteller haben in den letzten Jahren Zuwächse bis zu 600 % erfahren. Auch wenn diese Fahrzeuggruppe aufgrund geringer Stückzahlen nicht als Vergleich zum durchschnittlichen Oldtimermarkt herangezogen werden kann, sind solche „Sensationsergebnisse" zumindest ein Indiz für die Stimmung im Gesamtmarkt und beeinflussen diesen unterschwellig.

Die Werteinstufung eines klassischen Automobils ausschließlich nach seinen individuellen Parametern wie Originalität, Historie und Zustand (Zustandsnote) zu versuchen, ist daher heutzutage nicht mehr zielführend. Um am Ende einen konkreten Wert ermitteln zu können, müssen die Einflüsse und Entwicklungen vergleichbarer Fahrzeuge im Gesamtmarkt zusätzlich Beachtung finden.

Dadurch und durch einen zunehmenden Investment-Gesichtspunkt bei Oldtimer-Anschaffungen verändert sich auch die Art der Marktbeobachtung:

5.4 In diesem Preissegment dominiert ein Direkthandel von privat an privat.

5.5 In diesem Preissegment spielen spezialisierte Händler und Auktionen eine große Rolle.

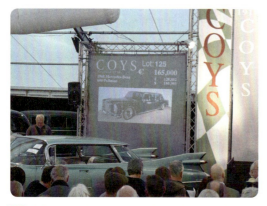

5.6 Auktionsergebnisse sind zunächst Momentaufnahmen. Deshalb müssen Auswertungen durch intensive Beobachtungen dieses besonderen Marktes erfolgen.

Neben den üblichen Preisabbildungen in Fachzeitschriften wurde 1999 in Anlehnung an die Börsennotierung DAX vom *Verband Deutscher Automobilhersteller (VDA)* erstmals der *Deutsche Oldtimer Index (DOX)* veröffentlicht. Der DOX berücksichtigt die Wertnotierungen von rund 88 unterschiedlichen Fahrzeugtypen aus sieben Herstellerländern und bildet ein Preissegment von im Mittel 20.000 € ab.

Um Verfälschungen im Durchschnittsergebnis zu vermeiden, bleiben besondere Einzelstücke aus der Welt der exklusiven Vorkriegsfahrzeuge und der Rennsportwagen unberücksichtigt. Seit seinem Bestehen hat sich dieser Index mit durchschnittlichen jährlichen Zuwachsraten von 5,6 % verdoppelt, 2013 wurden gar über 8 % erreicht. Aus dem Jahr 2014 liegt ein Ergebnis von 4,5 % vor, für 2015 ein Anstieg von wieder 5,6 %.

Die zunehmende Bedeutung des Oldtimermarktes für Finanz-Investments führte dazu, dass auch Analysten aus dem Aktien- und Bankenbereich versuchen, vergleichbare Indizes zu kreieren. So beschäftigt sich der internationale Index *Historic Automobile Group International (HAGI)*, im Gegensatz zum DOX-Verfahren mit der Preisentwicklung des Hochpreissegmentes. Für den Zeitraum 2000 bis 2008 weist er für diese Fahrzeuge mit 17 % p. a. einen erheblich höheren Zuwachs aus als der Gesamtmarkt für Oldtimer. Bis 2014 konnten immer noch über 12 % p. a. erreicht werden.

Die Zahlen eines weiteren Marktbeobachters *(Kidston K500 Classic Car Index – A Guide to Classic Cars)* basieren ihrerseits ausschließlich auf der Auswertung internationaler Auktionen und berücksichtigen ebenfalls verstärkt das Hochpreissegment. Bei ihm sind noch deutlich höhere Steigerungswerte ausgewiesen.

2 Wertentwicklung vergangener Jahrzehnte

Ein professioneller Handel mit klassischen Automobilen, wie man ihn heute kennt, war in den 60er- und 70er-Jahren zumindest in Deutschland kaum vorhanden. Historische Fahrzeuge wurden in Liebhaber-Kreisen von privat an privat verkauft, man war unter Gleichgesinnten und organisierte sich in Oldtimer-Clubs. Erste Ansätze zu mehr Markttransparenz entwickelten sich ab Ende der 70er- und verstärkt in den 80er-Jahren, als Oldtimer mehr und mehr auch außerhalb der Club- und Sammlerszene auf Interesse stießen.

Schaut man heute in Wertentwicklungsanalysen weit zurück, wird sehr schnell klar, dass auch die heute „angebeteten" Oldtimer-Ikonen einmal das Dasein normaler Gebrauchtwagen fristeten und entsprechende Abwertungen erlitten. Erzählungen von Autoverkäufern aus der Blütezeit des Autoverkaufs, den 60er- und 70er-Jahren (*„Wir haben nicht verkauft, wir haben verteilt!"*), unterstreichen, dass damals nahezu ausschließlich ein Neuwagen im Interesse des Autokunden stand.

Ein ehemaliger Autoverkäufer bei Mercedes-Benz schmunzelt bei dem Gedanken an heutige Hochpreisklassiker: *„Die Inzahlungnahme ‚ausländischer' Marken wie Aston Martin oder Ferrari war immer schwierig und musste von der Geschäftsleitung extra abgesegnet werden. Für Wagen dieser Art gab es maximal Händlereinkaufswert nach DAT (Deutsche Automobil Treuhand GmbH) abzüglich 10 %."*

5.7 Kaum zu glauben, dass eine solche Fahrzeugikone auch einmal als normaler Gebrauchtwagen angesehen wurde.

Ein anderer Verkäufer, der Jahrzehnte Opel vertrat, erinnert sich: *„Damals war der Opel Diplomat unser Flaggschiff. Wir wollten Stückzahlen generieren und schielten insbesondere auf die Mercedesfahrer. Als dann einer mit einem Flügeltürer (Mercedes 300 SL, W 198) auf den Hof kam und diesen bei Kauf eines neuen Diplomat in Zahlung geben wollte, war unser Interesse an diesem Geschäft eher gering. Erst nach zähen Verhandlungen und der Möglichkeit, diese ‚unliebsame' Inzahlungnahme direkt an einen Gebrauchtwagenhändler weiterzureichen, billigten wir das Geschäft."*

Nachfolgende Grafik illustriert die Wertentwicklung eines heute hoch geschätzten Mercedes-Benz 300 SL Roadster in seinen verschiedenen Lebenszyklen.

50er- bis 60er-Jahre	=	Produktionsphase
60er-Jahre	=	Gebrauchsphase
70er-Jahre	=	beginnende Sammlungsphase
80er-Jahre	=	Sammlungsphase

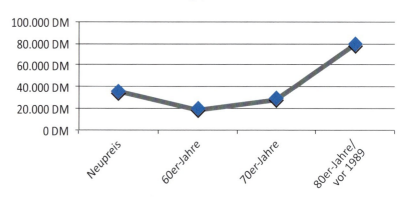

5.8
Zu jener Zeit musste ein Ferrari rot sein.

190

Betrachtet man die gesamte Sammlungsphase bis heute, lässt sich für unser Beispiel des Mercedes-Benz 300 SL Roadster auch unter Berücksichtigung von Inflationseinflüssen eine phänomenale, den ursprünglichen Neupreis weit überragende Wertschöpfung feststellen:

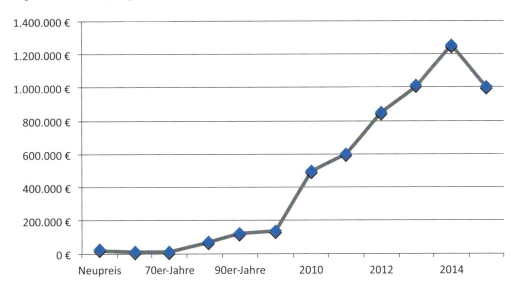

Ende der 80er-Jahre kam es zu ersten „Preissensationen". Auktionen in Genf und Monaco ließen mit kaum für möglich gehaltenen Ergebnissen die Öffentlichkeit aufhorchen. Nicht wenige nahmen seinerzeit an, dass Nicht-Kenner mit zu viel Geld dem jeweiligen Auktionsspektakel erlegen waren und weit über dem tatsächlichen Wert investiert hatten. Als die damaligen Preise in Folge jedoch bestätigt und noch überboten wurden, verstummten die Zweifler, und

5.9
Im Gegensatz zum heutigen Markt. Gerade die nicht rot lackierten Ferrari erzielen Spitzenpreise.

Anbieter von Werttabellen (Priceguides) kamen mit den Änderungen ihrer Listen gar nicht so schnell hinterher, wie die Werte nach oben schossen.

Nachvollziehbar erscheinen die für damalige Verhältnisse als „Spitzenwerte" bezeichneten Preise besonders historischer Rennsportwagen. So wurde etwa der Alfa Romeo P3, mit dem die Rennfahrer-Legende Tazio Nuvolari entgegen aller deutschen Propaganda 1935 während des Deutschland-Grand-Prix die Marken Auto-Union und Mercedes geschlagen hatte, 1989 für gut 6 Mio. DM verkauft.

Für andere legendäre Rennsportwagen wie Ferrari Dino 196 SP und Ferrari 330 LMB wurden im selben Jahr Werte von 5 und 9 Mio. DM genannt. Überhaupt führten diese erste „Preisexplosion" in Europa vor allem Modelle mit dem aufbäumenden Pferd im Emblem an (Cavallino Rampante). Es mag auch mit dem vorangegangenen Tod von Enzo Ferrari im April 1988 zusammengehangen haben, dass Fahrzeuge jener Marke einen zusätzlichen Reiz auf Spekulanten ausübten.

Angetrieben von steigenden Verkaufspreisen für Fahrzeuge aus dem Rennbereich, gerieten nun zunehmend auch klassische Straßenfahrzeuge in den Sog des Preisaufwindes. Englische Sportwagen der Marken Aston Martin, Jaguar, MG, Triumph und deutsche Cabriolets, bevorzugt von Mercedes-Benz, oder Sportwagen der Marke Porsche erzielten bis dahin kaum zu glaubende Werte. Für einen Triumph TR3 in gutem bis befriedigenden Zustand wurden rund 53.000 DM ausgegeben, ein MG TF von 1954 erreichte rund 70.000 DM und ein Mercedes-Benz 280 SE 3,5 Coupé aus 1970 wurde für 160.000 DM ersteigert.

Diese plötzliche Wertentwicklung im Oldtimermarkt wurde nicht nur von europäischen, sondern auch von amerikanischen Händlern und Vermittlern erkannt.

Ein Oldtimer-Einkaufstourismus begann und vermeintliche Schnäppchen wurden per Container oder bevorzugt (weil preiswerter) als Roll-on-/Roll-off-Fracht und nicht selten auch auf offenen Decks über den Atlantik gefahren.

Zu eingehende Fragen nach Historie, Originalität oder Zustand der Fahrzeuge waren im Zuge der allgemeinen Begeisterung zweitrangig, galten fast als „Spielverderberei". Und so konnte es geschehen, dass in der Absicht, mit alten Autos einen schnellen Dollar, Pfund, Mark oder Lira zu machen, auch schon mal stark gespachtelte oder gefälschte Karosserien und Fahrzeuge mit gänzlich maroder Technik auf den Markt kamen. Viele enttäuschte Neukunden wandten sich mit Entsetzen von der Oldtimerszene ab.

Es lebe das Stereotyp: Die USA erwarben sich damals den Ruf, wahre Spachtel-künstler zu beherbergen. Italien galt als Land der Fälscher, England schien keine Ahnung von Technik zu haben und Deutschland von allem etwas zu sein. Kriminelle Energie fand in einer Phase, in der nicht mehr logisch hinterfragt wurde, überall ihren Weg und so manche ernsthafte Untersuchung eines zu der Zeit erworbenen Klassikers bestätigte die Annahme von geschöntem Blech, vertauschten Karosserien und mangelhaft funktionierender Technik.

Entsprechende Meldungen über solche Vorfälle und über nach dem Oldtimer-kauf nicht mehr bediente Kredite ließen diesen ersten Oldtimer-Boom genauso schnell verlöschen, wie er entstanden war. Abzulesen war dies schon 1991 bei nahezu allen Verkäufen. Das bedeutete auch unangenehme Abschreibungen für die eine oder andere Bank, die zur Anschaffung teurer Ferraris Kredite gewährt und die Fahrzeuge als Sicherheit angenommen hatte. Bei der Verwertung ver-loren sie bis zu zwei Drittel ihres Kaufpreises von 1989. Erdrutschgleich verlo-ren auch andere nicht über Auktionen gehandelte Klassiker ihren vormaligen Wertzuwachs. Die „geplatzte Oldtimerblase" führte dazu, dass Spekulanten den Oldtimermarkt verließen, nicht wenige mit hohen Verlusten.

Wer seinen Klassiker hingegen schon vor dieser Zeit erworben und sich nicht an der Spekulationsphase beteiligt hatte, konnte die „Oldtimerei" nun wieder ausschließlich als Hobby betrachten. So verging der Rest der 90er-Jahre in der Oldtimerszene eher unspektakulär. 1997 wurde in Deutschland das H-Kennzei-chen eingeführt und durch die damit verbundene amtliche Begutachtung das Fälschen und Tricksen bei klassischen Fahrzeugen erheblich erschwert (siehe Kapitel 2).

3 Wertentwicklung im neuen Jahrtausend

3.1 Der zweite Oldtimer-Boom im Hochpreissegment

Was war nicht alles vorausgesagt oder befürchtet worden für das Jahr 2000. Aber auch wenn zum Jahrtausendwechsel von Projektgruppen Computer, Ampelanlagen und städtische Verwaltungen technisch vorbereitet werden mussten – erheblich aufregender war der Währungswechsel im Jahr 2001. Wer größere Mengen Bargeld besaß, stand vor dem Problem, dieses nun offiziell in Euro umtauschen zu müssen. Viele bevorzugten stattdessen die Anlage in Sachwerte, wovon auch der Handel mit Oldtimern profitierte. Der Zusammenbruch des Aktienmarktes zu Beginn der 2000er-Jahre verstärkte diesen Trend weiter.

Aufgrund der hohen Nachfrage verteuerten sich viele Klassiker innerhalb eines Jahres um 50 bis 70 %. Davon zunächst nicht betroffen waren „Alltags-Oldtimer" wie VW-Käfer, MG-B, Alfa-Giulia oder Mercedes-Benz 170 V, deren Wert als Anlageobjekte für größere Vermögen zu niedrig war.

Zugpferde dieses zweiten Oldtimer-Booms waren daher wieder Ferrari, Maserati, Mercedes-Benz 300 SL, Aston Martin DB5 und DB6 (bevorzugt *Volante*, also offene Karosserievarianten). Daneben waren nahezu alle Klassiker, die mit historischem Rennsport in Verbindung standen und mit denen man an berühmten Ausfahrten wie z. B. der Mille Miglia teilnehmen konnte, begehrt und entsprechend teuer. Unterhalb des exklusiven Bereichs der 6-stelligen Werte pendelten sich die Preissteigerungen hingegen auf weitgehend nachvollziehbare 3–7 % p. a. ein.

Wer den ersten Oldtimer-Boom 1989–1991 noch gut in Erinnerung hatte, mochte die Preisanstiege mit Sorge beobachten. Aber es kam anders: Der Markt beruhigte sich deutlich und das erhöhte Preisniveau blieb stabil. Im Unterschied zur Preisblase von 1989 waren die Fahrzeuge nämlich mit vorhandenem Geld bezahlt und nicht fremdfinanziert worden. Auch investierten nun viele Sammler mit Erfahrung und Herzblut für historisch wertvolle Automobile, keineswegs nur Spekulanten.

3.2 Preissteigerung durch Modellfokussierung

In den Folgejahren wurden signifikante Preissteigerungen vor allem durch die Fokussierung des Interesses auf bestimmte Modelle ausgelöst. Bekanntestes Beispiel dürfte die „Wiederentdeckung" des Porsche 911 sein:

Im klassischen Bereich hatte über Jahrzehnte der Porsche 356 als Objekt der Begierde das Spitzensegment der Porsche-Klassikerpreise angeführt. Nun wurde er überrannt von den frühen Exemplaren der Serie 911. Eine neue Generation Oldtimer-Interessenten war herangewachsen, die als Kinder und Jugendliche den Sportwagen der 70er-Jahre begeistert hinterhergeschaut hatte, als der 356er bereits aus dem Straßenbild verschwunden war. Der Traum dieser Generation war daher ein eigener 911er, und nun konnten sie ihn sich als Oldtimer auch leisten. Am stärksten stiegen die Preise der Sportvarianten der Baureihen RS, RSR, ST und 934/935. Aber auch die Straßenversionen erfuhren bis dato ungeahnte Zuwachsraten.

5.10 In den Sog der Wertsteigerung von frühen 911ern gerieten auch junge Modelle.

Zusätzlich zur allgemeinen Wertsteigerung der 911er Serienmodelle entstand kurzfristig ein Hype um das sogenannte Ölklappen-Modell, bei dem der Öltank nach rechts außen verlegt wurde, wodurch zusätzlich zur Tankklappe eine weitere Klappe an der rechten Seitenwand entstand. Diese Variante

5.11
Nur wenn Originalität und Historie nachvollziehbar sind, erreichen RS-Modelle Spitzenpreise.

des E-Modells, die im Jahr 1972 produziert wurde, war plötzlich gesucht und führte zu Preissprüngen von bis zu 50 % gegenüber anderen Modellen. Nach gut einem Jahr war der Aktionismus jedoch wieder vorbei, und die „Ölklappe" reihte sich in die Erfolgsergebnisse anderer 70er-Jahre-Modelle ein.

Nachfolgend beispielhaft die Marktentwicklung für drei Modelle Porsche 911, ausgehend von einem sehr guten Zustand der Fahrzeuge beim Händler, vergleichbar mit Wiederbeschaffungswerten:

Porsche 911 S 2,2, Baujahr 1969

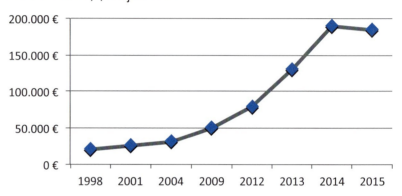

Porsche 911 RS Touring, Baujahr 1972–1973

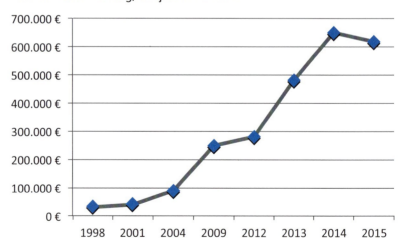

Porsche 911 SC 3,0, Baujahr 1978–1980

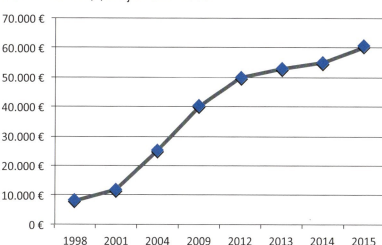

3.3 Erneuter Boom für Oldtimer nach der Finanzkrise

Die Finanz- und Wirtschaftskrise der Jahre 2008 ff. erschütterte das Vertrauen von Kapitalanlegern in die Sicherheit von Banken und Geldwertstabilität. Die „Flucht in Sachwerte" begann erneut. Neben dem Kunst- und Immobilienmarkt galt die Aufmerksamkeit der Geldanleger dabei wiederum auch klassischen Automobilen. Auktionatoren und etablierte Oldtimerhändler verbuchten Rekordergebnisse.

Wie schon beim ersten und zweiten Oldtimer-Boom kamen auch jetzt Spitzenergebnisse der Wertsteigerung vor allem im Hochpreissegment zustande.

5.12
Ein Horch mit der Sonderkarosserie eines „Spezialroadsters" erzielt ein Vielfaches an Wert gegenüber der gleichen Modellreihe mit Standardkarosserie.

Treibende Kräfte waren erneut Fahrzeuge mit einer Rennvergangenheit, aber auch sportliche Designikonen aus den 50er- und 60er-Jahren oder Fahrzeuge mit herausragenden Sonderkarosserien aus den 20ern und 30ern. Für erstere sind Markennamen – bei Fahrzeugen der Vorkriegsära ist der Karosseriehersteller besonders wichtig – mit internationalem Renommee von großer Bedeutung.

Die nachfolgenden Grafiken des Wertverlaufs von zehn „Meistern der Rendite" aus dem Hochpreissegment sind sich sehr ähnlich und repräsentieren die Sportwagenära der 60er- und beginnenden 70er-Jahre. Es handelt sich um gemittelte Werte in US-Dollar aus internationalen Auktionen im Zeitraum 2000 bis 2015. (Eigene Daten im Abgleich mit Classic Car Auction Yearbook – Historica Selecta; K500 Kidston-Classic Car Index online.)

AC Cobra 289, Baujahr 1962–1966

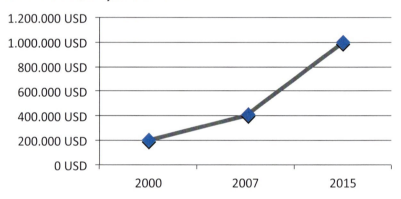

Aston Martin DB 5 Cabriolet, Baujahr 1963–1965

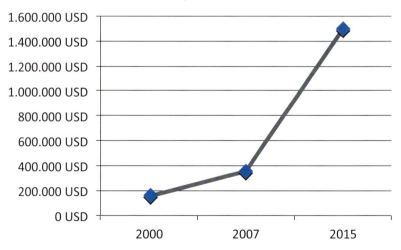

Bentley R Typ Continental, Baujahr 1952–1955

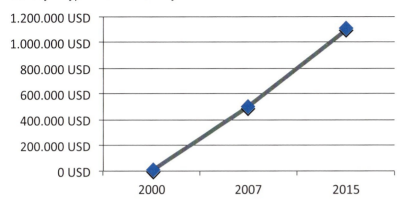

BMW 507, Baujahr 1956–1959

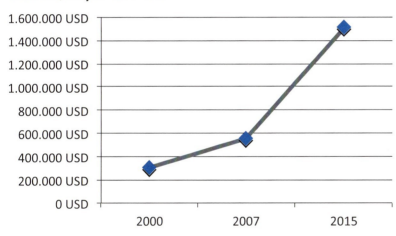

Bizzarrini 5300 GT Stradale, Baujahr 1965–1968

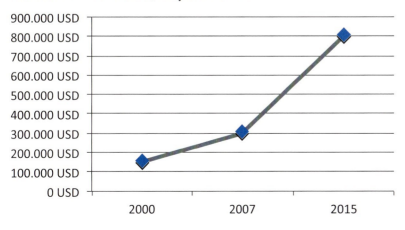

Ferrari 250 GT Lusso, Baujahr 1962–1964

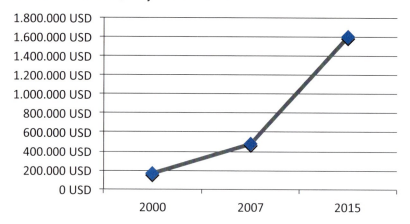

Lamborghini Miura P 400 SV, Baujahr 1971–1972

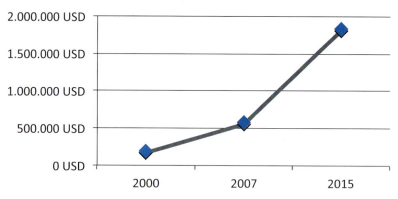

Maserati Ghibli Spyder, Baujahr 1969–1972

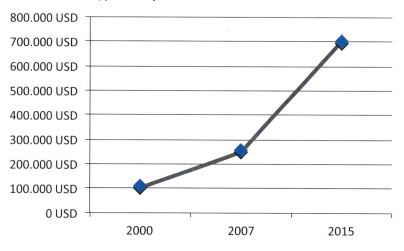

Mercedes-Benz 300 SL Roadster, Baujahr 1957–1963

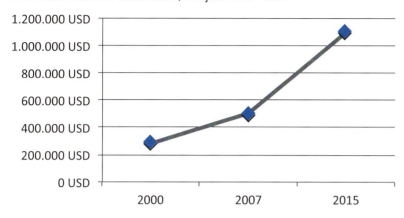

Porsche 911 RS Touring, Baujahr 1972–1973

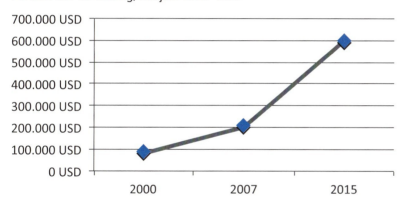

Demgegenüber stehen Klassiker des niedrigeren Preissegmentes. Auch hier sind die beschriebenen Wendemarken des Marktes erkennbar, jedoch bei Weitem nicht so ausgeprägt wie in der Hochpreisregion. Nachfolgend zehn

5.13/5.14
Aber auch in diesem Segment erzielen Fahrzeuge in einem derart original erhaltenen Zustand das 3–5-Fache eines durchschnittlichen Marktwertes.

201

Klassiker, die das Segment der viertürigen Limousinen repräsentieren und das Straßenbild der 60er-Jahre mitprägten. Die Werte sind gemittelt aus dem gewerblichen Handel sowie aus erstellten Gutachten im Zeitraum 2000 bis 2015 in Euro. (Eigene Daten im Abgleich mit folgenden Quellen: Classic Data, FSP, Mobile.de.)

Alfa Romeo Giulia Super, Baujahr 1965–1971

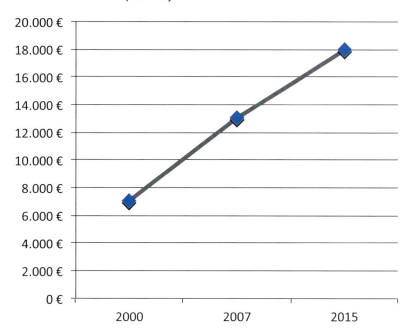

BMW 1800 TI, Baujahr 1964–1966

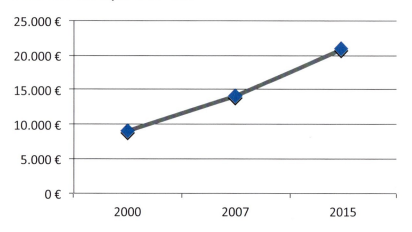

Citroën DS 19, Baujahr 1965–1968

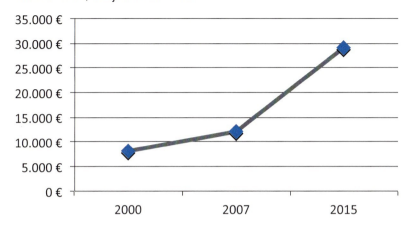

Jaguar 240, Baujahr 1967–1969

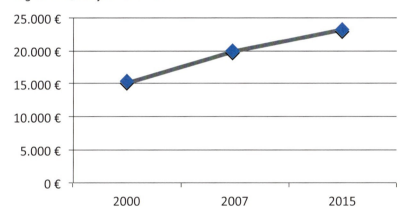

Lancia Fulvia Berlina, Baujahr 1964–1969

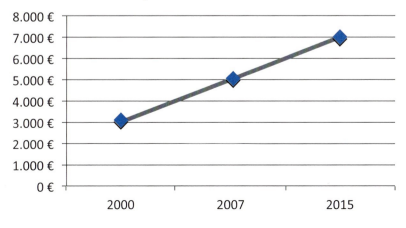

Mercedes-Benz 230 (W 110), Baujahr 1966–1968

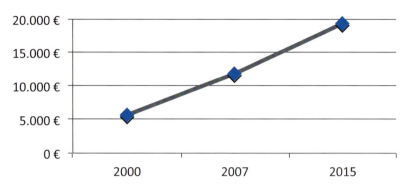

NSU RO 80, Baujahr 1967–1968

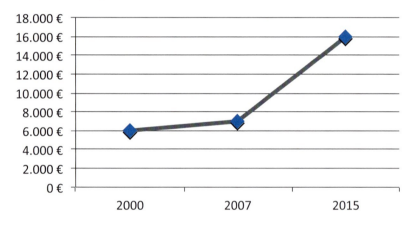

Opel Rekord B 1700 S, Baujahr 1965–1966

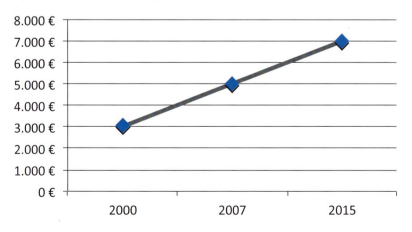

Peugeot 404, Baujahr 1964–1966

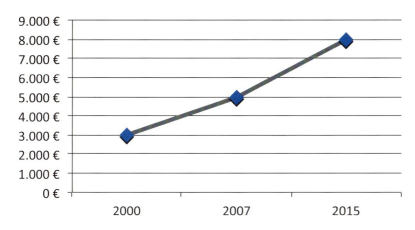

Volvo Amazon P 121, Baujahr 1961–1967

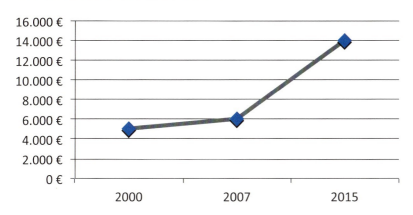

Interessant sind auch die Entwicklungen der beliebten zweisitzigen Cabriolets bzw. Roadster der 60er-Jahre, zunächst in einem Preissegment von heute unter 50.000 €. Es handelt sich auch hier um gemittelte Werte aus erstellten Gutachten im Zeitraum 2000 bis 2015. (Eigene Daten im Abgleich mit folgenden Quellen: Classic Data, FSP, Mobile.de.)

Alfa Romeo Spider 1600 (Rundheck), Baujahr 1966–1967

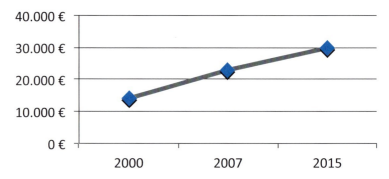

Austin Healey Sprite MK III, Baujahr 1964–1966

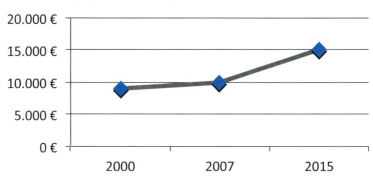

BMW 1600-2 Cabriolet, Baujahr 1967–1971

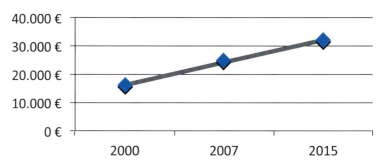

MG-B MK I, Baujahr 1962–1967

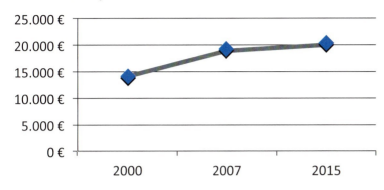

Karmann Ghia (Typ 14), Baujahr 1966–1970

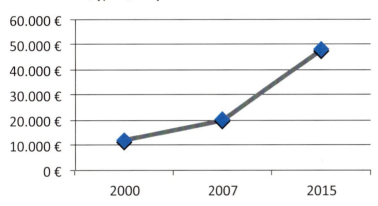

Es folgen noch einige Cabriolets/Roadster im Preissegment über 50.000 €.

Alfa Romeo 2600 Spider (Typ 106.01), Baujahr 1962–1965

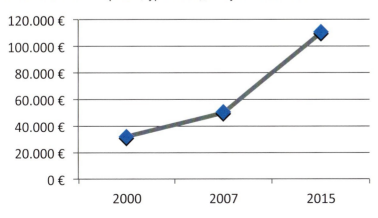

Corvette Sting Ray, Baujahr 1963–1966

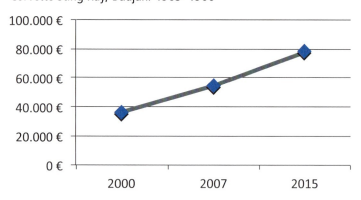

Fiat Dino Spider, Baujahr 1966–1969

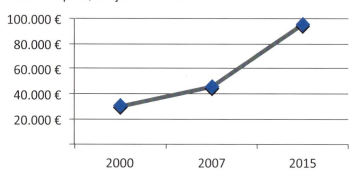

Aber auch verschiedene Modelle derselben Baureihe haben sich unterschiedlich entwickelt, wenn ein Wandel der Begehrlichkeit stattgefunden hat. Galt die letzte Evolutionsstufe des Jaguar E-Type mit 12-Zylinder-Motor lange Zeit als

5.15/5.16 Beim Jaguar E-Type hat ein Wertewandel zugunsten des 6-Zylinders gegenüber dem 12-Zylinder stattgefunden.

der teuerste der Riege, wurde er im Laufe der 2000er-Jahre von seinem frühen, nur mit 6-Zylinder-Motor bestückten Vorgänger der Serie 1 abgelöst.

Jaguar E-Type Serie 1 4,2, Baujahr 1964–1967
Jaguar E-Type Serie 3, Baujahr 1971–1973

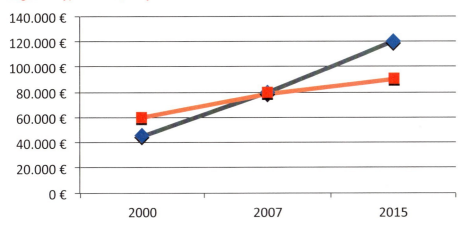

4 Wertsteigerung bedeutet noch nicht erzielten Gewinn

Betrachtet man lediglich die Marktpreisentwicklungen der Fahzeuge, ist das Gesamtbild allerdings nicht vollständig. Die vorgestellten Grafiken suggerieren zwar Gleichmäßigkeit und überproportionale Wertsteigerung, sie stellen jedoch nur rechnerische Werte auf Basis einer einigermaßen repräsentativen Auswahl an tatsächlich erzielten (teilweise umgerechneten) Verkaufserlösen dar.

Dies bedeutet noch nicht, dass der Oldtimer-Eigentümer beim Verkauf auch tatsächlich einen entsprechenden Gewinn realisieren konnte – denn dazu sind noch die Inflationsbereinigung, insbesondere aber die gerade im Hochpreissegment nicht geringen laufenden Kosten für sichere Unterstellmöglichkeiten, Wartung, Reparatur, ggf. Restaurierung u. Ä. zu berücksichtigen.

Nachfolgend einige Rechenbeispiele zur tatsächlichen Amortisierung bzw. Gewinnerzielung.

Lancia Fulvia Berlina, Baujahr 1964–1969
Wertentwicklung des Fahrzeugs I Kosten im Verlauf der letzten 15 Jahre

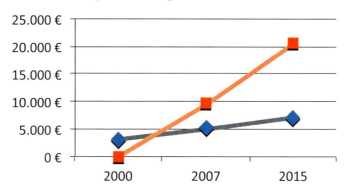

Abgebildet wird eine Zeitspanne von 15 Jahren. Bleibt der Wagen angemeldet und wird er fahrtüchtig gehalten, ist in dieser Zeit an durchschnittlichen Kosten zu rechnen mit:

Versicherung Haftpflicht und Kasko	4.000 €
Kfz-Steuer	2.910 €
Wartung und Verschleißreparaturen	4.500 €
Garage/Unterbringung	9.000 €
Kosten gesamt	**20.410 €**

Rechnet man diese Kosten mit ein, ändert sich schnell das Bild von der „rollenden Rendite", insbesondere wenn man zusätzlich noch die Inflationsverluste berücksichtigt. Die möglichen Fixkosten wirken sich hier unverhältnismäßig zum Fahrzeugwert aus.

Aber je hochwertiger ein Fahrzeug ist, umso weniger schlagen sich die Nebenkosten proportional nieder und der Wertzuwachs wird real:

Porsche 911 S 2,2, Baujahr 1969
Wertentwicklung des Fahrzeugs I Kosten im Verlauf der letzten 17 Jahre

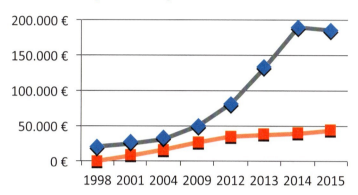

Aber im Einzelfall kann alles anders sein und auch ein Volkswagen die Nase vor einem Ferrari haben:

Wertverlauf ab 2002
VW T1 Samba I Ferrari 328 GTB

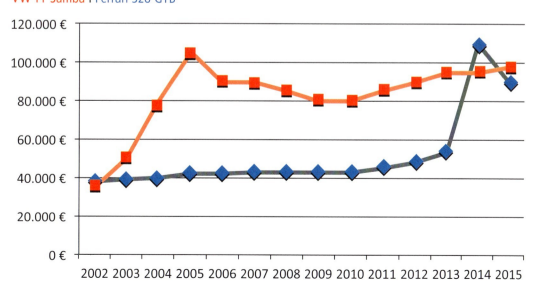

Werte aus einer Liste abzulesen, kann also genauso falsch sein wie der Versuch, zu viel in eine Wertbestimmung hineinzuinterpretieren. Hier helfen nur gewissenhafte Arbeit und Fachkompetenz.

Bei der Bewertung von Oldtimern ist vieles nicht so, wie es scheint, aber manches besser, als zunächst gedacht. Oldtimerwerte sind individuell wie die Fahrzeuge selbst und ihre Historie, denn auch letztere beeinflusst den Wert erheblich. Als Faustformel mag man nehmen:

3S (schön, schnell, selten) + nachvollziehbare Historie = **reale Gewinnchance**

5 Sonderfall – Fahrzeuge der Vorkriegszeit

Fahrzeuge aus der Zeit vor dem Zweiten Weltkrieg scheinen von den vorgenannten Marktveränderungen kaum oder gar nicht berührt zu sein. Ein wichtiger Grund dafür sind die hohe Individualität und Besonderheiten der einzelnen Fahrzeuge, durch die Vergleichbarkeiten erheblich schwerer abzuleiten sind als bei Serienfertigungen der Nachkriegszeit. Von Transparenz kann in diesem Markt daher kaum die Rede sein, und seriöse Aussagen zum Wert einzelner Modelle anhand von Listenpreisen und unter Verwendung von Zustandsnoten sind kaum möglich.

5.1 Tatsächliche Nutzung als wertbildender Faktor

Deutlich erkennbar ist die treue Gemeinde der Fans von Vorkriegsfahrzeugen, die dieses mobile Kulturgut mit viel Wissen hegt und pflegt, aber auch einsetzt. Die tatsächliche Nutzungsmöglichkeit, also die Einsatzfähigkeit auf der Straße, ist dementsprechend ein wichtiger Anhaltspunkt bei der Beurteilung der jeweiligen Marktlage.

So gibt es einen entscheidenden Unterschied zwischen Fahrzeugen mit Baujahr vor und ab 1905. Nicht dass sich im Jahr 1905 herausragende technische oder optische Neuerungen ergeben hätten, aber nur Fahrzeuge mit Baujahr **vor** 1905 werden zur weltbekannten Rallye *London to Brighton Veteran Car*

5.17
Historische Ausfahrten, wie die „Kronprinz Wilhelm Rasanz", können das Interesse an Fahrzeugen der Frühzeit steigern.

213

Run zugelassen, die 1896 zum ersten Mal ausgetragen wurde. Dieses Ereignis ist nicht nur eine sportliche Ausfahrt und Herausforderung für Mensch und Maschine – der Start ist immer am ersten Wochenende im November, sodass angenehmes Wetter in England nicht garantiert ist –, sondern auch ein herausragendes gesellschaftliches Ereignis. Die Möglichkeit, an einer derart beliebten Veranstaltung teilnehmen zu können, erhöht die Begehrlichkeit und damit den Wert von Fahrzeugen dieser Epoche stark: „Wenn schon ein Fahrzeug aus der Frühzeit des Automobilbaus, dann bitte eines mit dieser Teilnahmeoption."

In der Konsequenz kann ein Fahrzeug dadurch doppelt so teuer werden wie sein Pendant mit Baujahr ab 1905. Konkret kann dies leicht einen Anschaffungspreis von über 100.000 € bedeuten, obwohl die späteren Baujahre des gleichen Fahrzeugtyps im unteren bis mittleren 5-stelligen Bereich angesiedelt sind.

5.2 Individuelle Ausstattung und Design als wertbildende Faktoren

In der Frühzeit des Automobilbaus kann nicht von einer standardisierten und gleichbleibenden Produktion gesprochen werden. Zu individuell sind nicht nur Aufbauten, sondern auch technische Detaillösungen bis hin zu Skurrilitäten. Entsprechend individuell fallen Wertbeurteilungen aus.

Zunächst war der Fokus ohnehin ausschließlich auf Funktionalität gerichtet. Erst später, als dauerhafte und verlässliche Funktionalität nahezu erreicht war, begannen die Hersteller, ihren Fahrzeugen ab Mitte der 20er-Jahre auch optisch Individualität einzuhauchen.

5.18 In der Frühzeit des Automobils musste Zuverlässigkeit erst noch unter Beweis gestellt werden.

Ab den 30er-Jahren lässt sich von konsequentem Design sprechen. Über die gewählte Formensprache wurden Eleganz, Sportlichkeit und Status von außen ablesbar. Fahrzeuge wurden Ausdruck von Zeitgeschmack. Und dieser Zeitgeschmack beeinflusst – unabhängig von Motorleistung, technischem Reiz und Ausstattung – auch heute noch die Begehrlichkeit am Markt. So kommt es, dass Fahrzeuge trotz identischem Grundgerüst in Chassis, Fahrwerk und Antriebsstrang allein aufgrund unterschiedlicher Optik völlig unterschiedlich bewertet werden.

Neben dem Bekanntheitsgrad des Herstellers und der Karosserieform spielt auch das Renommee des Karossiers eine bedeutende Rolle für die Wert-

5.19 Fahrzeuge wurden häufig nur als „Rolling Chassis" ausgeliefert.

bildung im heutigen Markt. Für Fahrzeuge in *Rahmenbauweise* wurden von den eigentlichen Herstellern häufig nur fahrfähige Chassis angeboten oder diese mit funktionellen Standardkarosserien versehen, vielfach 2- oder 4-türige Limousinen. Eigenständige Karossiers kreierten dazu anschließend vielfältige Aufbauten, die bereits bei ihrer Entstehung als exklusiv galten und auch heute noch bewundert werden. Dies schlägt sich entsprechend im möglichen Wert nieder.

Ein gutes Beispiel dafür ist die Baureihe eines Horch der 30er-Jahre:

Auf Basis des Grundtyps 850 mit einer 5-Liter-Version des 8-Zylinder-Horchmotors, produziert im Zeitraum von 1935 bis 1938, wurden die Typen 853, 853 A und 855 entwickelt. Mit der Aufbauart eines „Standardcabriolets" ist dafür ein realistisches Preisspektrum zwischen 500.000 € und 800.000 € anzugeben.

Daneben entstanden auf gleicher Basis auch einige wenige Spezial Roadster des bekannten Karosseriebauers Erdmann & Rossi, die die Auto Union (der Zusammenschluss der Marken DKW, Audi, Horch und Wanderer) als Sportcabriolet anbot. Viele sprechen von einem an Eleganz auch noch nach heutigen Maßstäben kaum zu überbietenden Entwurf, der dem Wagen große Bewunderung einbringt. Dies schlägt sich in möglichen Werten zwischen 1 und 3 Millionen € nieder.

Im Gegensatz dazu dürfen die Fahrzeuge der Ford Motor Company nach Einzug der Fließbandarbeit bereits als „Massenware" aus den USA bezeichnet werden. Immerhin wurden vom Typ T (Tin Lizzy) im Zeitraum von 1908 bis 1927 rund 15 Millionen Stück produziert. Solche Fahrzeuge sind in einem Wertniveau zwischen 15.000 und 35.000 € anzusiedeln.

6 Sonderfall – Scheunenfunde

Eine weitere Kategorie bilden Fahrzeuge, die irgendwann einmal irgendwo abgestellt und dann vergessen wurden und die über Jahrzehnte ihr sprichwörtliches Stehvermögen in häufig ebenso vergessenen Garagen, Scheunen oder Schuppen beweisen mussten. Zumeist mit dem Ergebnis, verrottet und technisch kaum noch existent zu sein – *Scheunenfunde* eben.

In letzter Zeit ist ein verstärktes Interesse an solchen Fundstücken festzustellen, da sie es sogar auf die Bühnen der Auktionshäuser geschafft haben. Neben der über reine Patina hinausgehenden Aura erweckt die Historie solcher Fahrzeuge – meist mit dem Tod der Besitzer und dem Zerfall von Schlössern und Gütern verknüpft – offenbar erhebliche Sehnsüchte. In einem solchen Rahmen werden Exponate auch gerne inszeniert, und nicht selten kommt eine Art Goldgräberstimmung auf.

> Zu Berühmtheit hat es der 2009 aus dem Lago Maggiore gehobene Bugatti Brescia Typ 22 Roadster, Baujahr 1925, gebracht. Nach 70 Jahren auf dem Seegrund ließ sich weniger von Grundsubstanz als von Fragmenten sprechen. 2010 wurde der auf 70.000–90.000 € geschätzte Wagen auf einer Auktion dennoch für gut 260.000 € verkauft.

Oft erreichen die *Hammerpreise* für Scheunenfunde auch Größenordnungen, die am Markt für vergleichbare Modelle üblicherweise nur im Spitzenzustand gezahlt würden. Der Beweggrund des Käufers, ein solches Fahrzeug – oder eher eine solche „Skulptur" – zu Spitzenpreisen zu erwerben, kann jedoch nicht in

5.20
Derartige Scheunenfunde üben nicht nur einen besonderen Reiz auf den Betrachter aus, sie können auch wichtige Einblicke in vergangene Herstellungsmethoden geben.

5.21
Szenen eines Scheunen-
fundes werden gerne für
Ausstellungen inszeniert.

der Überlegung eines eventuellen Wiederaufbaus liegen. Dies würde in vielen Fällen wirtschaftlich keinen Sinn machen.

Vielmehr hilft es, wenn ein eventueller Käufer eher an den Erwerb eines Kunstobjektes mit dem Ausdruck der Vergänglichkeit denkt. Oft sind es auch andere Sammler, die jenen Scheunenfund bereits als fahrtüchtiges Exemplar in der Garage stehen haben. In dieser Nische spielen ideelle Überlegungen die tragende Rolle für einen Markt, der völlig abgekoppelt von den Preisen des allgemeinen Oldtimermarktes ist.

7 Aktive Erhaltung, Werterhöhung und Wertminderung

Klassische Fahrzeuge sind Kulturgut. Damit ist auch die Frage nach Wertminderung oder Werterhöhung durch richtige, unsachgemäße oder ausbleibende Erhaltung von hoher Wichtigkeit.

7.1 Erhaltung durch Pflege

Um ein Fahrzeug in seinem Zustand zu erhalten, reicht es nicht, es einfach wegzustellen. Auch Oldtimer sind technisches Gerät, das zur Nutzung konzipiert und entwickelt wurde, und Technik muss sich drehen, reiben, im Fluss bleiben. Oberflächen wollen geschützt, Gummis geschmeidig gehalten und Interieurs durchlüftet werden (siehe Kapitel 6, Abschnitt 4 „Einwintern und Wiederinbetriebnahme").

Die einwandfreie technische Funktion gehört mit zu den wichtigsten Dingen bei der Bewahrung von klassischen Fahrzeugen. Wartungsfristen einzuhalten und Wartungen von kompetenter Hand durchführen zu lassen, ist daher nicht nur ein Garant für den Werterhalt, sondern auch für entspanntes, pannenfreies Fahren. Nicht zu vergessen ist dabei, dass historische Fahrzeuge mechanische Bauteile aufweisen, die von außen gepflegt werden wollen und die im modernen Fahrzeugbau verschwunden sind. Schmiernippel etwa, mit deren Hilfe

5.22
Wird eine Fahrzeug einfach nur weggestellt, ist das „technische Aus" nur eine Frage der Zeit.

5.23
Teilnahmen an Rallyes (wie hier bei der AvD-Histo-Tour) lassen Vergangenheit lebendig werden und sorgen für eine „neue Historie" während der Sammlungsphase.

man Fett in Lager pressen kann, sind für manche ein Anachronismus. Bedenkt man aber, dass selbst ein Jaguar XJ der 70er-Jahre noch über rund 17 solcher Schmiernippel verfügt, zeigt sich, dass gründliche Wartungsarbeit nicht nur auf Fahrzeuge der Vorkriegsära beschränkt ist.

Zum Werterhalt gehört weiterhin, vorhandene Dokumentationen fortzuführen und auch den Gegenwartsverlauf darin festzuhalten. Ein sorgfältig geführtes Fahrtenbuch, das alle Unregelmäßigkeiten festhält, die sich während verschiedener Ausfahrten bemerkbar gemacht haben, hilft nicht nur, Pannen zu vermeiden, sondern ist gleichzeitig Zeugnis gelebter Existenz. Genauso wichtig ist das Archivieren von Wartungs- und Reparaturrechnungen, und auch Wertgutachten sollten regelmäßig aktualisiert und zusammenhängend archiviert werden.

Und nicht zuletzt sind Fotos des Fahrzeugs in Aktion, bei besonderen Gelegenheiten wie Club- oder Urlaubsfahrten, auf denen sich das Fahrzeug in einem für die Gegend oder das Land typischen Umfeld in Szene setzen lässt, gute Beweismittel für die Gebrauchstüchtigkeit während der Sammlungsphase.

7.2 Werterhöhung durch Verbesserung und Dokumentation

Wichtig ist auch hier zunächst eine gründliche dokumentarische Arbeit. Die Klärung von Lücken in der Historie und ggf. kontrovers geführten Diskussionen, z. B. über optische und technische Spezifikationen während der Gebrauchsphase, Anzahl der Besitzer, Verbleib in den Kriegswirren, Renneinsätze etc., führt genauso zur Werterhöhung wie die Dokumentation aktueller Aktivitäten der Sammlungsphase.

„Ikonen" haben die Möglichkeit, sich auf Veranstaltungen (Concours d'Élégance) zu präsentieren und prämiert zu werden. Dies sollte unbedingt durch Teilnahmelisten und Bilder belegt werden. Speziell bei einst berühmt gewordenen Automobilen gilt die Präsenz in der Öffentlichkeit als besonders wichtig. Schlummert etwa ein ehemaliges Le-Mans-Siegerfahrzeug über Jahrzehnte unentdeckt in einer Garage, verschwindet es aus dem Gedächtnis der Szene. Umso aufsehenerregender ist es, wenn diese Rennlegende im Rahmen von historischen Veranstaltungen wieder der Öffentlichkeit vorgeführt wird. Derartige Auftritte schaffen Begehrlichkeit.

Neben der dokumentarischen Arbeit steht der physische Eingriff ins Objekt. Darüber wird in aller Regel nachgedacht, wenn aus optischen Gründen oder auch zur Steigerung der Gebrauchstüchtigkeit etwas verbessert werden soll. Aber auch die Wiederherstellung der Authentizität und historischen Nachvollziehbarkeit kann erhebliche Eingriffe erfordern – von einer überschaubaren Umgestaltung der Polster bis hin zum Austausch einer kompletten Karosserie. In welchem Rahmen eine Veränderung durchgeführt wird, ist eine individuelle Entscheidung. Strebt man einzig eine mögliche Werterhöhung an, so ist eine Veränderung hin zur Authentizität positiv zu werten.

Ob dies aber ausschließlich den Zustand bedeuten muss, den das Fahrzeug zum Zeitpunkt seiner Auslieferung hatte, ist nicht pauschal zu beantworten. Umbauten während der Gebrauchsphase können die Identität und den Bekanntheitsgrad eines Fahrzeugs durchaus stärker geprägt haben als seine Erscheinung und Ausstattung zum Zeitpunkt der Werksauslieferung. Dabei zeigt sich die Wichtigkeit des Zusammenwirkens von Dokumentation und physischen Eingriffen. Bevor Hand angelegt und Originalität sowie historische Merkmale möglicherweise unwiederbringlich vernichtet werden, muss ein Konzept auf Grundlage der dahinter stehenden Philosophie erstellt werden.

Nicht jede Neulackierung, Neuverchromung und Ledererneuerung geht sofort mit einer Werterhöhung einher. Aber auch vorbeugende Maßnahmen können werterhöhend sein, solange die Regeln zur Einhaltung und Nutzung von zeitgemäßen Materialien und der entsprechenden handwerklichen Umsetzung befolgt werden.

Wer nun jedoch glaubt, dass Investitionen „eins zu eins" in die Wertsteigerung seines Oldtimers einfließen, liegt falsch, denn werterhöhende Maßnahmen durch Reparatur und Restaurierung beeinflussen den Gesamtwert in der Regel nur anteilig.

7.3 Wertminderung durch handwerkliche Fehler

In der Betrachtung von Werterhalt und Werterhöhung muss auch die Möglichkeit einer Wertminderung berücksichtigt werden. Diese stellt sich im Umkehrschluss zu den zuvor genannten Maßnahmen ein: Eine nicht fachgerechte Reparatur, handwerklich unzulänglich oder mit falschen Teilen bzw. minderwertigen Nachbauteilen durchgeführt, wirkt sich unmittelbar wertmindernd aus. Häufig anzutreffen sind auch nicht zeitgemäße Arbeitsverfahren wie Schweißtechniken, Oberflächenveredelung, Lackierung etc. Wertminderung in diesem Kontext ist jedoch nicht zu verwechseln mit dem sogenannten *merkantilen Minderwert*, der dem Eigentümer im Rahmen einer Schadenregulierung zustehen kann (siehe Kapitel 4, Abschnitt 5.3 „Das Schadengutachten").

Ein Extrembeispiel für eine Wertminderung durch handwerklich unzulängliche Behandlung ist bei Fahrzeugen der Messing-Ära (Anfang 20. Jahrhundert) eine Gold-Metallic-Lackierung der Oberflächen der ursprünglichen Messingteile (Kühlerrahmen, Fenstereinfassungen und Lampengehäuse), anstatt sie fachgerecht aufzuarbeiten.

Mit Fortentwicklung der Galvanik wurden die Oberflächen solcher Teile in den 1910er-Jahren vernickelt. Eine negativ zu wertende Nachbearbeitung wäre bei Fahrzeugen dieser Bauepoche die nachträgliche Verchromung, da Chrom erst Ende der 20er-Jahre Einzug in den Fahrzeugbau hielt. Als in den 80er-Jahren bei Neufahrzeugen die Pulverbeschichtung von Oberflächen aufkam (die in der Großserienfertigung von Fahrzeugherstellern allerdings nie verwendet wurde), konnte es passieren, dass auch bei Klassikern Motorradrahmen, Fahrwerksteile

5.24/5.25 Wenn Fahrzeuge nur hinter ihren Verkleidungen oder am Unterboden gravierende Mängel aufweisen, sollte von einem Kauf besser abgesehen werden.

5.26/5.27 Die Elektrik wird nicht selten „stiefmütterlich" behandelt. Frei hängende Relais und „Kabelschaukeln" unterhalb des Motors sind der Fahrtauglichkeit nicht zuträglich.

o.Ä. nicht wie original vorgesehen lackiert, sondern eben pulverbeschichtet wurden. Diese Modeerscheinung gibt heute Anlass zur Kritik und führt zu Preisabschlägen.

Auch technische Veränderungen, wie z.B. der Austausch originaler Vergaser gegen vermeintlich weniger störanfällige oder leistungssteigernde, können im Markt zu Abschlägen führen – gerade wenn das Gesamtkonzept der Umrüstung nicht stimmt und sich daraus negative Langzeitfolgen für den Motor ergeben. Insgesamt wird Tuning mit Skepsis und oft mit Wertminderung bedacht, vor allem individuelles Tuning, wenn es seinerzeit nicht vom Hersteller legitimiert oder von bekannten Tunern durchgeführt wurde. Im Gegensatz dazu führen seinerzeit originale Umbauten durch Tuner, die mit einer Fahrzeugmarke – wie Abbarth für Fiat oder Steinmetz für Opel – in Verbindung stehen, oft zu einer Wertsteigerung.

Insgesamt finden Maßnahmen, die nicht auf solider Grundsubstanz aufbauen und nur kosmetischer Natur sind, am Markt kaum noch Akzeptanz: Rost zu überspachteln und überzulackieren, nicht plane Flächen von Motor- oder Antriebsteilen durch übermäßigen Einsatz von Dichtmitteln einsatzfähig zu machen u.Ä. gilt zu Recht eher als „Verschlimmbesserung", durch die ein Fahrzeug einen überproportionalen Wertverlust erfährt.

Gleiches gilt für die Reparatur der Autoelektrik ohne Sachverstand. Erfahrungen aus der Praxis zeigen Abenteuerliches: Es werden Kabel mithilfe von Quetsch-verbindern verlängert oder abgezweigt, Leitungen und Kabelschuhe werden nicht mit dem passenden Werkzeug gequetscht und daher zerquetscht oder

Sicherungen werden fliegend verbaut und ohne Befestigung in einen Kabelstrang eingefügt. Die Verlegung von Kabelbäumen und Einzelkabeln gleicht dem Freileitungsbau und sich daraus ergebende Kabelschaukeln hängen auch gerne schon einmal aus dem Motorraum zur Straße hinunter. Bei Durchführungen durch Karosseriebauteile werden Gummitüllen, die ein Durchscheuern von Kabelisolierungen verhindern sollen, vergessen, und überhaupt werden Isolierungen und Ummantelungen von Kabeln häufig nicht der Bauepoche des Fahrzeugs gerecht. Man findet billige Kunststoff-Schutzrohre, wo Textilummantelung hingehört hätte.

Schlecht ausgeführte Arbeiten oder Überalterung der Elektrik bedeuten dabei nicht nur optische Einschränkungen, sondern auch sehr reale Risiken für Brandschäden.

Fazit: Nicht jeder Aktionismus am und mit dem Oldtimer führt zur Wertverbesserung. Unüberlegte und/oder nicht fachgerechte Veränderungen und Eingriffe führen unweigerlich zu Wertverlusten.

8 Patina oder doch lieber „schöner als im Original …"?

Es bleibt die Frage nach dem Umgang mit der Patina, den „regulären" Gebrauchsspuren (zum Begriff siehe Kapitel 1 zu Erhaltungszuständen und altersbedingten Veränderungen).

Der Begriff Patina wird in der Oldtimerszene aktuell in nie dagewesener Häufigkeit genutzt, Medien rufen Patina als Trendthema aus und in der Charta von Turin der FIVA wird zur Erhaltung historischer Fahrzeuge der Erhalt ihrer Patina sogar ausdrücklich empfohlen.

Die seinerzeit erstaunliche Tatsache, dass 2013 an der Hamburger Hochschule für bildende Künste eine Diplomarbeit mit dem Titel *„Wertewandel: Gebrauchsspuren an Sammlerfahrzeugen. Zum Umgang mit Patina und Verfall an Automobilen"* zugelassen wurde, zeigt einerseits den hohen Stellenwert, andererseits aber auch die drängenden Fragen über das Für und Wider im Umgang mit Patina. Mit freundlicher Genehmigung des Verfassers, Herrn Samuel Burkhardt, werden nachfolgend Auszüge dieser kunsthistorisch geprägten Arbeit wiedergegeben.

5.28–5.31 Die Frage nach Patina oder Neuwertigkeit wird individuell völlig unterschiedlich beurteilt.

...

Warum ist Originalität so erstrebenswert?

... Ein altes und unverfälschtes Fahrzeug trägt meistens unweigerliche Spuren der Zeit davon. Insofern man diese Spuren daran respektiert oder gar anfängt zu mögen, berührt man das Thema Patina. „Das Besondere an einem Originalfahrzeug mit Patina ist, dass es sich selbst erklärt und nicht nur anhand von Papieren als echt erkannt werden kann", so Restaurator Dirk Voigtländer. Aus diesem Grunde wird Patina von Sammlern mittlerweile sehr geschätzt, weil die Gebrauchsspuren einen Echtheitsbeweis der Oberflächen darstellen, der visuell nachvollziehbar ist.

Ein Automobil, das benutzt wird, neigt naturgemäß dazu, sich selbst zu zerstören:

Es gibt kein Material an einem Wagen, das nicht einer Alterung ausgesetzt ist. So tendiert ein Automobil dazu, sich fortwährend in Zustand und Substanz zu verändern. Wegen geänderter Nutzungsanforderungen (z. B. Sicherheit, Mode, Zeitgeschmack oder Individualisierungsdrang des Besitzers) wird der Ursprungszustand kontinuierlich verändert. Verschleißteile werden regelmäßig ausgetauscht. Wenn Zulieferer wechseln oder im Rahmen einer Modellpflege Verbesserungen eingebracht werden, so ändern sich die Teile im Ersatzteilangebot. Beispielsweise hat eine neuere Kühlwasserpumpe oft einen für den Strömungsverlauf verbesserten Gusskörper.

Alle Veränderungen, die im Laufe der Nutzungszeit unweigerlich passieren und für manchen Individualisten in der Tuningszene die „Kür" bedeuten, sind dem allgemeinen Oldtimer-Fan der „alten Schule" oder Originalitäts-Erzeuger ein Gräuel. Erklärtes Ziel ist der Auslieferungszustand, bevor das Auto in die Nutzung geriet. Diesen Neuzustand in Perfektion sehnen sich die meisten Sammler alter Automobile herbei, wobei einige anerkennen, dass diese Perfektion unwiederbringlich verloren ging, sowie das Auto benutzt wurde, während andere mit Aufwand versuchen, die Perfektion wiederherzustellen, was nur mit einem Verlust von Originalsubstanz zu realisieren ist.

„Originalzustand ist nicht reproduzierbar"

Selten bis nie wird im Zuge der Erneuerungen ein dem Auslieferungszustand ebenbürtiges Ergebnis erzielt. Häufig fließen „Verbesserungen" mit ein, sodass schnell der mittlerweile in Verruf geratene „Besser-als-neu"-Zustand erreicht wird. Originallack ist unersetzbar und kann nur einmal bestehen. Reparaturlacke haben andere Farbzusammensetzungen und Applikationsverfahren als die industrielle Lackierung zur Zeit der Fertigung (Beispiel: Einbrennlackierung).

Es gibt jedoch Angleichungen und Abweichungen, die von einer Großzahl der Betrachter als „stilecht" angesehen werden. Dieses Empfinden entspringt dem aktuellen Zeitgeschmack im Hinblick auf alte Dinge.

Originalität ist dann eine Glaubenssache – wenn viele Menschen davon überzeugt sind, dass ein Teil original ist, so hat das für den Zeitpunkt die größte Bedeutung.

...

Was ist Patina an einem Automobil?

Als Patina werden in diesem Fall alle Alterungserscheinungen und Benutzungsspuren am Fahrzeug bezeichnet, die als positiv oder erhaltenswert erachtet werden können.

Ausgeblichener Lack durch Sonneneinstrahlung oder abgewetztes Leder sind die häufigsten Beispiele. Häufig benutzte Teile wie Fußmatten, Hebel und Schalter bekommen Abriebspuren und verändern sich in der Oberfläche und dem Glanzgrad. Kleine Beulen, Schrammen, rissige oder abgelöste Lackstellen auf der Karosserie spiegeln die Fahrzeuggeschichte wider. Hinzu kommen Zeugnisse vorangegangener Reparaturen.

Anmerkung (d. Verf.): Das unter dem Einfluss kunsthistorischer Gesichtspunkte zunehmende Verständnis für den historischen Wert von Gebrauchsspuren führt allerdings dazu, dass der Grat zwischen gewünschter bzw. gerade noch tolerabler Patina zur beginnenden Verwahrlosung eines Fahrzeugs schmaler wird. Konkret schlägt sich dies darin nieder, dass einem Fahrzeug in zu schlechtem Zustand ein H-Kennzeichen nicht erteilt bzw. wieder aberkannt werden kann (siehe Kapitel 2, Abschnitt 2 „Richtlinie für die Begutachtung zur Einstufung als Oldtimer").

Dies führt häufig zu kontroversen Diskussionen mit den Befürwortern stärkerer Patina. Ein Oldtimer-Besitzer ist daher gut beraten, langfristig zu denken. Steht für ihn vor allem anderen, keine historischen Spuren zu zerstören und der natürlichen Alterung ihren Lauf zu lassen, hilft ein Gespräch mit einem Sachverständigen, bis zu welchem Grad dies ohne Gefahr für die Zulassung als Oldtimer möglich ist.

Wie weit geht Patina an Sammlerfahrzeugen?

„Beauty is only skin deep." Das bekannte Sprichwort ist vielleicht hilfreich, den Umfang von Patina an Automobilen zu verdeutlichen. Es sind diejenigen Gebrauchsspuren, Spuren der Lagerung, Bewitterung und Benutzung, die positiv betrachtet werden können und nicht als reiner Verschleiß gelten. Dabei geht es hauptsächlich um Oberflächen und deren Qualitäten in der optischen Wahrnehmung. Ein besonderer Aspekt des Fahrerlebnisses mit einem patinierten Automobil können Gerüche und Töne sein, wenn diese ebenfalls positiv belegt sind. Patina beschreibt keine Mängel in der technischen Funktion oder Struktur, wohl aber können strukturell geschwächte Fahrzeugteile eine Patina tragen, sodass abzuwägen ist, ob man diese austauscht oder verstärkt, um einen Nutzen wiederherzustellen, oder den Wagen beispielsweise als konserviertes Stehzeug erhält. Bei der Reparatur eines Defektes kann es vorkommen, dass vorhandene Patina an Stellen der Bearbeitung zerstört wird. In bestimmten Fällen wird man leichte Mängel am Wagen belassen, um nicht zu viel von historischer Substanz zu verlieren. Diese Defekte stellen dann aber eher ein unausweichliches Übel dar, als dass man sie als zur Patina gehörig definieren würde.

Unbestimmte Begriffe wie „charmante Patina", „gepflegte Patina", „Original-Patina" sind im Zusammenhang mit Patina häufig bei Verkaufsanzeigen für Oldtimer zu beobachten.

Dabei könnte man den Begriff Original-Patina folgendermaßen definieren: Original-Patina bezeichnet die Patina, die sich über Jahre an den Oberflächen gebildet hat, die zur Zeit der Herstellung bestanden haben. Original-Patina ist damit etwas sehr Seltenes und kann als visueller „Echtheits-Beweis" dienen.

...

Patinawert bei Sammlern: Wertsteigernde Altersspuren?

Die Zeichen der Alterung stehen also mit dem Wert der Fahrzeuge in Zusammenhang. Wenn man umgekehrt diese Spuren entfernen würde, wäre das Fahrzeug weniger wert. Das heißt, Patina wäre lediglich ein Echtheitsbeweis für einen authentischen Zustand, den es ohne Alterungsspuren nicht gäbe.

Anmerkung (d. Verf.): Nachfolgend werden einige Vorgehensweisen beschrieben, wie sie in Restaurierungsfachbetrieben umgesetzt werden, die sich ernsthaft mit der kulturhistorischen Dimension des Themas auseinandersetzen. Sie spiegeln Erfahrungen aus der Restaurierungspraxis von Kunstgegenständen und Gemälden wider.

Gleichzeitig stellen sie Lösungsansätze dar, mit denen das Spannungsfeld zwischen Verschleiß/Verfall und noch akzeptabler Patina aufgelöst werden kann, um den Mindestanforderungen der Zulassung als Oldtimer (siehe Kapitel 2) zu entsprechen.

Dabei haben eher kunsthistorische Begriffe wie Formempfinden, gesamtkompositorisch, Mildern und Angleichen von kontrastierenden Bereichen u. Ä. letztlich kein anderes Ziel vor Augen als Ziffer 2 des Anforderungskataloges zur Oldtimer-Richtlinie nach § 23 StVZO, in dem ein erhaltenswürdiger Zustand und der Gesamteindruck des Fahrzeugs die zentrale Rolle spielen. Nach beiden Sichtweisen kommt es am Ende auf ein stimmiges Gesamtbild an.

Der „Dorn im Auge"

Es kommt auf die Art und Form des Gegenstandes an, wie sehr Beschädigungen bei der Beurteilung ins Gewicht fallen. Rein visuell betrachtet: Wie stark wird das Formempfinden beispielsweise durch unförmige Flecken oder Schattierungen beeinträchtigt?

Eine konservierende Schicht aus Ölen oder transparentem Lack kann einen allgemeinen Glanz über eine modulierte Fläche legen und so als optische Übersetzungshilfe für die Form dienen und damit helfen, die ursprüngliche Formgebung für den Betrachter wieder „erfassbar" zu machen.

Bei vielgliedrig aufgebauten Vorkriegsfahrzeugen sind deutlich mehr Lackabblätterungen tolerabel als an einem Youngtimer, was zum größten Teil auch mit dem Altersunterschied der Wagen zusammenhängt. Wenn gesamtkompositorisch Beschädigungen nicht akzeptabel verteilt sind, so kann retuschiert werden. Eine Vielzahl von Oberflächenbeschädigungen an einer stromlinienförmigen Karosserie ohne teilende Elemente könnte, auch wenn sie sehr alt ist, störend sein, weil der Charakter einer Stromlinienform in langen fließenden Flächen liegt. Ideal ist oft ein Mittelmaß zwischen Zeichen der Alterung und zusammenhängenden Oberflächen. Mit leicht zusammengekniffenen Augen lässt sich der Neuzustand erahnen, aber bei näherem Hinsehen zeugen diverse Details von den Spuren der Zeit. Kontraste oder unterschiedliche Farbtöne spielen eine deutliche Rolle; ähnlich einem Gemälde kann der visuelle Eindruck stark verfremdet werden, wenn Alterungsspuren wie beispielsweise Auskreidungen auf der Lackfläche entstehen. Durch Milderung der kontrastierenden Bereiche und ein Angleichen der farbigen Bereiche ohne Eliminierung aller Beschädigungsstellen ist eine optische Beruhigung möglich. Die farblichen Angleichungen können beispielsweise mit Wachs durchgeführt werden, wobei geringe Oberflächenunebenheiten bestehen bleiben dürfen.

Ursprünglich für den Fahrzeugbau verwendete Materialien sowie Konstruktionsweisen machen unterschiedliche Pflegeweisen und speziellen Korrosionsschutz vonnöten. Vorkriegswagen mit separatem Chassis (aber auch Lkw, Pick-up etc.) haben höhere Blechstärken als Pkw und widerstehen der Korrosion dadurch länger als selbsttragende Karosserien. Aluminiumkarosserien oder verzinkte Bauteile sind anders zu behandeln als gewöhnliche Stahlbleche. Oberflächliche Gelcoatrisse an einem prominenten Rennauto mit Kunststoffkarosserie (GFK) mit entsprechender Geschichte sollten heute kein Kriterium mehr sein, eine Karosserie auszutauschen. Oftmals wurden GFK-Karosserien an historischen Rennsportwagen aus ehrgeizigen Gründen der Besitzer zu Zwecken der Gewichtsminimierung erneuert. Dabei werden die Originalteile häufig im Formenbau zerstört und gegen nachgefertigte leichtere Teile getauscht, z. B. mit neuzeitlichen Carbon- oder Aramidfasern verstärkt und nach modernster Weise im Vakuumverfahren erstellt, statt nur im einfachen Handauflegeverfahren wie zur ursprünglichen Herstellungszeit.

Beurteilung von Qualität an restaurierten Patina-Fahrzeugen

Neulingen wird empfohlen, sich im Bereich hochwertiger Original-Patina auf Experten zu berufen. Nur einigen Sachverständigen erschließt sich derzeit angesichts der Fülle von Erhaltungsmethoden, ob an einem Patina-Fahrzeug gewissenhaft gearbeitet wurde und die Eingriffe nach einem schlüssigen Konzept entschieden wurden.

...

Patina färbt ab

Trotz allem beschränkt sich das Umdenken zu Gebrauchsspuren nicht auf einige wenige perfekterweise erhaltene Fahrzeuge, dabei hat es auch Auswirkungen auf andere Fahrzeuge. So erfährt nicht nur die „Original-Patina" ihren Wert, sondern das positive Image von Gebrauchsspuren führt dazu, dass Autos bevorzugt wieder gefahren werden. Auch nach einer Restaurierung entstandene Spuren erfahren positive Wertschätzung: Die Fahrer werden selbstbewusster, genießen das Fahren öfter oder experimentieren mit den Erhaltungsmöglichkeiten, statt dass sie das Auto als perfektes Stehzeug erhalten.

So kann sogar eine Patina, die in einer späteren Gebrauchsphase oder während der Sammlungsphase nach einer Restaurierung entstanden ist, ihre Liebhaber finden. Insgesamt kann der neu entdeckte Mehrwert von Gebrauchsspuren auch einen Einfluss auf Vollrestaurierungen haben. Durch geschickt einbezogene Patina (beispielsweise Reste von Original-Oberflächen) können bei der kompletten Wiederherstellung eines verbrauchten Wagens besondere Akzente gesetzt werden.

Anmerkung (d. Verf.): Die Wertschätzung von Patina richtet sich nach dem jeweiligen Standpunkt des Sammlers und dem, was er selbst damit verbindet.

„Exklusivität"

Den höchsten (monetären) Wert hat originale Patina für die sammelnden Patina-Perfektionisten und Originalitäts-Bewahrer, die Patina zusammen mit den erhaltenen Original-Oberflächen als Echtheitsbeweis schätzen. Im weltweiten Bestand der Automobilsammler-Gesellschaft sind Fahrzeuge, die in geeignetem Zustand überdauert haben, sehr selten geworden, weil die letzten Jahrzehnte in der Oldtimerbewegung nur sehr wenige Menschen in vergleichbarer Weise wie heute über Patina gedacht haben und somit von den besonders gesuchten Automobilversionen fast alle verbliebenen Exemplare renoviert wurden.

„Geschichtsbewusstsein"

Ebenfalls einen unschätzbar hohen Wert (Quellenwert) stellen derartig unverfälschte Fahrzeuge dar, wenn sie wissenschaftlichen Untersuchungen dienen und von Historikern, Archäologen und Restauratoren gelesen werden.

Während bei diesen wertvollen Fahrzeugen, sobald die Gebrauchsphase als abgeschlossen gilt, ein enormer Aufwand getrieben wird, um den Zustand beizubehalten – „einzufrieren" –, versucht man weitere Veränderungen am Zustand (Schäden, Verfall etc.), die nicht der Lesbarkeit bedeutender früherer Zustände dienen, zu vermeiden. In der professionellen Arbeitsweise der wissenschaftlichen Restauratoren ist ein deutliches Streben nach einer Art von Perfektion zu beobachten, das nicht weniger stark ausgeprägt ist als die Perfektionsansprüche bei den Verfechtern einer „Hochglanz"-Vollrestaurierung (Renovation).

„Freiheit"

Abgesehen von den Patina-Perfektionisten gibt es Menschen, die ganz andere positive Werte an der neuen Akzeptanz für Gebrauchsspuren eines Automobils erkannt haben: Den „befreienden Wert". Ein Patinagedanke kann befreiend wirken für diejenigen, die einen vollrestaurierten Wagen besitzen, aber sich nicht mehr getraut haben, ihren Wagen zu fahren, und aus Angst vor Schäden das Fahrzeug in der Garage unter Verschluss gehalten haben.

Neben Vertretern, die den historisch korrekten Zustand eines Autos sehr ernst nehmen, bedeutet die allgemein positive Bewertung von Alterungsspuren für die anderen vor allem Freiheit und wiedergewonnene Freude am Fahren, ohne die übermäßige Sorge um den perfekten Zustand des Vehikels und damit den Sachwert zu schmälern. Auch auf den allzu ernsten Umgang mit alten Autos (beispielsweise durch stark perfektionistisches Denken oder von renditeorientierten Investoren auf dem Sammlermarkt beeinflusst), können verschiedene Patina-Ansichten einen befreienden Wert für den Enthusiasten haben.

„Rebellion"

Für den klassischen Fahrer eines Rat Rods oder einer Ratte ist die Auflehnung gegenüber gängigen Wertvorstellungen in der Hauptkultur eine Grundlage. Eine Abkehr vom Perfektionismus ist möglich, aber auch in diesen Subkulturbereichen etabliert sich schon so etwas wie eine gängige Lehrmeinung bezogen auf ästhetische Fragen.

Anmerkung (d. Verf.): Die vorgenannte Randerscheinung wird in der etablierten Oldtimerszene kritisch gesehen und lässt sich auch mit den Kriterien zur Erlangung eines H-Kennzeichens nicht ohne Weiteres in Einklang bringen.

Ausblick

Gesellschaftliche Entwicklung

Interessant ist die Frage, wie sich das Feld Patina in den kommenden Jahren entwickeln wird. Ist der aktuelle „Patinahype" nur eine Modeerscheinung und wird ebenso schnell wieder vergehen, wie er gekommen ist? Oder wird sich das neue Denken nachhaltig niederschlagen, und werden durch die Entdeckungen von experimentierenden Sammlern noch neue Felder dazukommen? Wie wird sich der Stellenwert von Patina in Zukunft weiterentwickeln? Aktuell sind Vollrestauration und Patina-Perfektionismus die wichtigsten „Landmarken" unter den Denkweisen, was ihre Bedeutung als Vorbildfunktion für den Umgang mit den Automobilen angeht. Gemessen an den Zuständen des historischen Materials, das in hiesigen Garagen steht oder auf den Straßen fährt, haben jedoch die Mischformen, welche sich im Spannungsfeld beider Extreme entwickeln, möglicherweise sogar das größere Potenzial, um die Massen an Oldtimer-Besitzern zu involvieren, also eine größere praktische Relevanz.

Leben und leben lassen

Nicht das „Entweder-Oder" in den Erhaltungsstilen, sondern eine gemeinsame Freude an den Dingen und der Respekt gegenüber den Werten anderer könnte erstrebenswert sein, denn welche Geschichte ein zu restaurierendes Fahrzeug später erzählen kann, hängt im

Wesentlichen von der Ausgangsbasis, von der Arbeitsweise des Restaurators und der Art der Rezeption bzw. Partizipation gesellschaftlicher Gruppen und Personen ab.

Wenn perfekte Patina-Fahrzeuge künftig als Maßstab für rollendes Kulturgut gelten sollten und daran eine mögliche Straßenzulassung gekoppelt würde, so könnte das in eine absurde Situation führen: Die Besitzer historisch wichtiger Fahrzeuge in absolutem Originalzustand könnten es vorziehen, ihre Vehikel als Stehzeuge aufzubewahren, um die wertvolle Originalsubstanz zu schonen. Diese brauchten dann faktisch keine Straßenzulassung. Hingegen könnte der Besitzer eines originalgetreuen Nachbaus, der gerne zur Bereicherung des Straßenbildes damit fahren würde, nicht am Straßenverkehr teilnehmen, weil sein Fahrzeug nicht die nötige Originalität aufwiese.

Es wäre darum bedauerlich, wenn zukünftige Zulassungsordnungen in Europa den Erbauern von aufwendigen Replikas oder Rekonstruktionen keine Perspektive geben würden, gelegentlich am Straßenverkehr teilzunehmen, und interessante weil phantasievoll oder aufwendig aufgebaute Wagen unterschiedlicher Art keinerlei Akzeptanz der prüfenden Organe fänden, da dann eine wirksame – weil interaktive Methode – zur Vermittlung von Erfahrungen mit technischem Kulturgut, vergleichbar mit den Konzepten der angewandten Archäologie, eingeschränkt würde. Problematisch erscheint nur, wenn das Potenzial eines historisch wichtigen, seltenen, unrestaurierten Wagens vom Besitzer nicht erkannt oder ignoriert würde, sodass jener daraus zwar einige individuelle Vorstellungen verwirklichen könnte aber einen wichtigen geschichtlichen „Zeitzeugen" für immer zerstören würde.

Wirtschaftliche Entwicklung

Ob das Thema Patina in Bezug auf Sammlerfahrzeuge als wirtschaftliche Anlageobjekte kontinuierlich an Bedeutung zunehmen wird, bleibt abzuwarten. Höchstpreise werden voraussichtlich nur für den geringen Anteil der vorhandenen Objekte zutreffen, die den hohen Originalitätsstandards entsprechen.

Es ist jedoch anzunehmen, dass in der kommenden Zeit weitere technische Entwicklungen zum Umgang mit patinierten Fahrzeugen stattfinden werden. Neben Konservierungsverfahren und Retu-schiermöglichkeiten sind geeignete Pflegeprodukte Felder, die aktuell auf dem Markt für Oldtimerzubehör nicht ausreichend abgedeckt werden. Besonders Spezial-Dienstleistungen für diesen Bereich, die auch dem Amateur zugänglich sind, stellen aktuell unterbesetzte Marktnischen dar.

So könnten wissenschaftliche Laboranalysen von Materialien am Fahrzeug als Dienstleistung für den patinainteressierten Hobby-Restaurator hilfreich sein (beispielsweise für die Analyse alter Farb-schichten). Der Bedarf an Zubehörmaterialien für eine Retusche, beispielsweise mittels Wachsen, wie sie von Restauratoren an Museumsstücken verwendet werden, könnte gedeckt werden.

Ein patinaorientierter Dokumentationsservice von Fachleuten könnte privaten Besitzern helfen, den Zustand eines Wagens festzustel-len und dabei ein auf individuelle Anforderungen zugeschnittenes Pflegekonzept für die patinierte Substanz eines Sammlerstückes zu erarbeiten.

Durch Weiterentwicklungen in Detailbereichen werden sich mit gro-ßer Wahrscheinlichkeit auch Wechselwirkungen auf die Arbeitsweise bei Hochglanz-Renovationen herausbilden (oder ergeben). Aktuell gibt es schon Spezialisten, die in kleiner Auflage wieder lackiertes Leder statt durchgefärbtes Weichleder anfertigen oder Oldtimerlacke für die Retusche einer Originallackierung nach alten Rezepturen nachmischen.

Anmerkung (d. Verf.): Die hier wiedergegebenen Auszüge machen deutlich, wie vielschichtig die Diskussion um Originalität und den Umgang mit Patina ist und wie viele Aspekte und Ansichten bei der Beurteilung eine Rolle spielen. Auch wenn es schwierig ist, bezüglich der weiteren Entwicklung eindeutige Aussagen zu treffen, so liefern die im Ausblick aufgezeigten Tendenzen doch hilfreiche Denkanstöße sowohl für Fahrzeughalter, Sammler, Neueinsteiger, Restaurierungs- und Handelsfirmen als auch für Museen und Sachverständige.

Kapitel 6
Herausforderung Oldtimerbetrieb

O ldtimer sind nicht notwendigerweise weniger zuverlässig als Alltags-
fahrzeuge. Der Grund für die zum Lebensalter gesehen verhältnismäßig
geringe Ausfallquote dürfte im besonderen Liebhaberstatus liegen, denn
diese Wagen werden weniger bewegt und intensiver gepflegt.

Trotzdem kommen Pannen vor. Daher geht dieses Kapitel auf mögliche Gründe
und Ursachen ein. Und es werden Tipps gegeben, wie man Defekte schon
während des Betriebs erkennt und diese, je nach Art des Schadens, vielleicht
sogar mit Bordmitteln unterwegs beheben oder zumindest den Wagen zum
nächsten sicheren Ort verbringen kann.

Ratschläge zum Betrieb klassischer Fahrzeuge zu geben, ist jedoch nicht einfach. Oldtimer sind in ihrer Bauart und in ihrer Prägung durch eine bestimmte
Epoche viel zu unterschiedlich, als dass man sie über einen sprichwörtlichen
Kamm scheren könnte. Daher sollte es verzeihlich sein, dass beispielsweise
ein Ford Model A, Jahrgang 1929, nicht immer exakt in das hier beschriebene
Raster passt, aber auch ein später Mercedes W 124 aus dem Jahr 1995, ein
sogenannter Youngtimer, im Unterkapitel zur Reparatur einer kontaktgesteu-
erten Zündanlage fehl am Platze ist.

6.1 Klassisches Bild einer Oldtimerausfahrt. Es treffen sich luftgekühlte, wassergekühlte, turbogeladene und saugende
Motoren. Eines haben sie in diesem Falle alle gemein: 6 Zylinder.

Aber nicht nur die Fahrzeuge selbst sind von unterschiedlichster Bauart, Provenienz und Zweck, auch ihre Nutzer haben gänzlich unterschiedliche Geschmäcker und Interessen.

Mit den nachfolgenden Hinweisen zu Ausfallrisiken, Problemen und deren möglicher Behebung während einer Ausfahrt ist zunächst vor allem der handwerklich ambitionierte und mit einigem Talent versehene Enthusiast angesprochen. Dieser Typus Fahrer schraubt aus Freude und mit sportlichem Ehrgeiz an seinem Wagen, vielleicht sogar besonders gerne unter widrigen Umständen.

Nun sind aber keineswegs alle Liebhaber klassischer Fahrzeuge gleichzeitig auch engagierte Schrauber. Es ist nicht jedermanns Sache, bei einem Mercedes der Luxusklasse R 129 SL 600 am Straßenrand auch selbst die Zündkerzen zu wechseln. Oder welcher Besitzer eines Maserati 5000 GT brennt darauf, sich in Eigenregie um den richtigen Schließwinkel zu kümmern?!

Gerade in unvorhersehbaren Situationen während einer Ausfahrt ist es außerdem nicht jedem gegeben, urplötzlich sein Talent als Mechaniker zu entdecken. Trotzdem seien mit diesen Praxistipps alle Oldtimerbesitzer angesprochen, denn im Grundsatz hilft man sich bei Oldtimerausfahrten gerne untereinander aus.

1 Schäden und Defekte

1.1 Standschäden

Nicht alle Schäden treten während der Fahrt auf. Tatsächlich gibt es besonders schwerwiegende, die sich zwar im Fahrbetrieb oder bei der Wiederinbetriebnahme zeigen, ihre Ursache jedoch in einer langen Standzeit haben. Solche *Standschäden* sind bei klassischen Fahrzeugen weitaus häufiger anzutreffen als bei Alltagsfahrzeugen, da die meisten Oldtimer, zumindest in Nordeuropa, im Winter nicht bewegt werden. Schon dadurch bedingt sich ein höheres Defektrisiko.

Besonders problematisch ist bei langer Standzeit der Alterungsprozess von Dichtungen und Lagern sowie bei sehr langer Standzeit das Klemmen von Bauteilen wie Kolben, Kolbenringe (Motor, Bremse) oder Wellen. Dies passiert besonders häufig bei beweglichen Metallteilen, die nur durch einen Ölfilm voneinander getrennt sind.

6.2

Folge einer langen Standzeit: Zylinder und Kolben gehen durch Korrosion eine feste Verbindung ein. An einem Porsche 911 sind beide Bauteile ein Fall für die Tonne, es gibt sie als Ersatz.

Sehr altes Öl oder Benzin kann verharzen und Bauteile blockieren. Leitungen müssen dann aufwendig gespült, Vergaser gereinigt und Pumpen ggf. sogar überholt werden. Dies führt oft zu einem „hölzernen" und ungeschmeidigen Fahrverhalten aufgrund von ungeschmierten Dichtungen, festgebackenen Lagern und Gelenkstellen sowie unrund abrollenden Rädern.

Die langjährige Erfahrung mit klassischen Fahrzeugen jeglicher Couleur zeigt daher: Regelmäßig, d. h. auch im Winter bewegte Fahrzeuge fahren sich besser als solche mit langen Standzeiten. Häufiger bewegte Autos klingen nicht nur spürbar gesünder und entwickeln merklich mehr Leistung, auch das Risiko eines im Fahrbetrieb auftretenden Fehlers ist deutlich geringer.

Das lediglich zwischenzeitliche Anlassen des Motors ist nicht nur schädlich, sondern bringt auch keine signifikante Verbesserung der Grundproblematik. Standschäden lassen sich also nur durch eines sinnvoll vermeiden: Fahren! Dies ist durchaus auch an manchen Tagen im Winter möglich – hier empfiehlt es sich, den Wagen nach mindestens 20 km Fahrt wieder abzustellen und gut zu waschen.

Typische Schäden nach langer Standzeit sind:

- schwache Batterie, häufig tiefentladen und damit irreparabel defekt
- Standplatten an Reifen, ggf. irreversibel
- festgebackene und korrodierte Bremsen
- Handbremse defekt
- verklebte Kupplung
- Kraftstoffalterung (ab 12 Monaten Standzeit)
- Ölverlust an Dichtungen, insbesondere bei Simmerringen oder Kork
- korrodierte Kontakte stören die Elektrik
- poröse Gummiteile
- Korrosion auf Zylinderlaufflächen
- Luft im Kraftstoffsystem bedingt langes „Pumpen"
- Korrosion im Kraftstoffsystem
- Ablagerung von Kalk und Rost im Kühlsystem
- Diesel versulzt nach Sommerbetrieb.

6.3 Technischer Ruin droht, wenn Fahrzeuge über einen langen Zeitraum einfach nur weggestellt werden.
Aber auch Karosserie, Anbauteile und das Interieur sind sehr gefährdet.

Nicht nur die Mechanik leidet, auch der Kraftstoff hält nicht unbegrenzt und verflüchtigt sich. Der Alterungsprozess setzt, besonders bei Benzin, sofort ein und kann schon nach ca. 12 Monaten zu verminderter Klopffestigkeit, reduzierter Zündfähigkeit und Sedimentbildung führen. Motorklopfen, Zündaussetzer und verstopfte Filter können die Folge sein. Sehr altes Benzin kann zweifelsfrei über seinen eigentümlichen Geruch festgestellt werden.

Und nicht vergessen: Prüfen Sie unbedingt auch, wie alt der Sprit im Reservekanister ist!

1.2 Technische Defekte

Technische Defekte im Fahrbetrieb („Pannen") lassen sich selbst bei noch so guter Pflege oder gar bei frisch restaurierten Fahrzeugen nicht vollständig vermeiden. Eine plötzlich auftretende Panne kann zu massiven Problemen und Gefahren führen, da sie im Regelfall mit einer erheblichen Einschränkung der Fahrtauglichkeit des Fahrzeuges einhergeht.

Achten Sie deshalb gerade bei einem Oldtimer aufmerksam auf Warnsignale Ihres Fahrzeuges und reagieren Sie frühzeitig, indem Sie schon zur Kontrolle einen Parkplatz ansteuern. Nicht nur Pflege und Wartung helfen Pannen erst gar nicht entstehen zu lassen, sondern auch der häufige Umgang mit dem Fahrzeug hilft, Störgeräusche richtig zu interpretieren und Drücke und Temperaturen in den richtigen Kontext zu setzen sowie Rauchzeichen aus dem Motorraum und insbesondere dem Auspuff richtig zu deuten.

Ein auf der Fahrbahn liegen gebliebenes Auto bedeutet immer auch ein erhöhtes Unfallrisiko. Bei einem Motorausfall oder einer Reifenpanne ist das Wichtigste daher ein sicherer Ausrollplatz. Hier sind breite Grünstreifen, Haltestellen oder besser Parkplätze geeignet. Sollte sich ein solch günstiger Platz mangels Reichweite nicht anfahren lassen, ist unbedingt zu denken an:

- Warnblinklicht einschalten.
- Pannenstelle absichern (Warndreieck aufstellen in ca. 100–200 Metern Entfernung).
- Warnwesten anlegen.
- Der Fahrer sowie alle Beifahrer steigen aus dem Fahrzeug aus, möglichst weg von der Fahrbahn über die Beifahrerseite.
- Alle Personen halten sich ausschließlich hinter Leitplanken und Fahrbahnabgrenzungen auf.

Weitere Maßnahmen:

- Im Falle von Gefährdungen sofort die Polizei verständigen.
- Maßnahmen einleiten, um den Wagen abzutransportieren.

1.3 Unfälle

Laut Studien sind Oldtimer im Verhältnis wesentlich seltener in Unfälle verwickelt als „normale" Straßenfahrzeuge. Kommt es doch zu einem Unfall, gelten hier die schon für Pannen aufgestellten Regeln insbesondere, hinzu kommt die Möglichkeit eines Personenschadens, der sofortiges Reagieren unumgänglich macht:

- Warnblinklicht einschalten.
- Unfallstelle räumen oder, falls unmöglich, Warndreieck aufstellen und sofort Erste Hilfe leisten.
- Bei Verletzten oder Schwerverletzten Hilfe rufen unter 112.
- Bei reinen Blechschäden die Polizei rufen unter 110 (die Bagatellschadengrenze ist bei klassischen Fahrzeugen nicht relevant).
- Warnweste anlegen.
- Mit Handy/Fotoapparat Bilder oder Videos vom Unfallort aufnehmen.

- Wichtige Angaben zusammenstellen:
  - Ort/Zeit des Unfalls
  - Amtliches Kennzeichen
  - Namen und Anschrift von Polizeibeamten, Unfallbeteiligten, Zeugen und verletzten Personen
  - Versicherungsscheinnummer und Versicherer
  - Schäden und ggf. Fahrzeugpositionen
  - Schäden an sonstigen Gegenständen.

2 Fahrbetrieb

2.1 Technische Vorbereitung einer Oldtimer-Fahrt

Falls Sie Ihr Fahrzeug ohnehin jeden Tag oder zumindest häufig bewegen, sind die folgenden Kontrollen für Sie Routine im Oldtimer-Alltag. Die meisten Oldtimer werden jedoch sehr bewusst und nur zu speziellen Anlässen wie Rallyes oder Clubausfahrten genutzt. Dann kann es sinnvoll sein, vor den seltenen Ausfahrten einige Dinge und technische Baugruppen zu überprüfen, unabhängig vom regulären Wartungsaufwand, der bereits betrieben wurde:

- Allgemeine Sichtkontrolle
    - unter dem Fahrzeug, ob signifikante Mengen an Flüssigkeit ausgetreten sind
    - im Motorraum nach verdächtigen Spuren von Tieren (Marderbiss)
- Kontrolle der Betriebsstoffe
    - Ölstände
    - Kühlmittelstand (inkl. Frostschutzgrad)
    - Bremsflüssigkeit (Menge und Qualität)
- Reifenprüfung
    - Druck (Reserverad nicht vergessen)
    - ungleichmäßig abgefahrene Partien, charakteristisches Sägezahnprofil
    - Rissbildung

6.4 Dieser Reifen ist an der Innenseite stark abgefahren. Die Achsen sollten vermessen und eingestellt werden, ggf. liegt auch am Stoßdämpfer des Rades ein Defekt vor.

- Funktionsprüfungen
  - Lichttechnik
  - Motor starten und Abgasverhalten beobachten (Sichtprüfung)
  - Bremspedal voll durchtreten und beobachten, ob der Gegendruck konstant bleibt (Wiederholung der Bremsenprüfung bei langsamer Fahrt!).

Und nicht vergessen: Reinigen Sie sämtliche Scheiben am Wagen, um gute Sicht zu gewährleisten!

2.2 Bordwerkzeug, Ersatzteile etc.

Nachfolgend findet sich eine Liste von Werkzeugen und Ersatzteilen, die eigentlich immer an Bord gehören, gerade wenn man sich auf einer mehrtägigen Ausfahrt außerhalb der Reichweite einer Fachwerkstatt befindet. So kann gegebenenfalls weitergefahren und das Provisorium später an sicherem Ort fachgerecht ersetzt werden.

Auch wenn nicht alle Spezifikationen und Spezialwerkzeuge aufgelistet sind, müsste das Gros der Fahrzeuge damit weiterkommen.

Werkzeug

- Radkreuz und Wagenheber
- Abschleppseil
- Zündkerzenschlüssel
- Kunststofftrichter mit flexiblem Schlauch (alternativ kann ein Trichter auch aus einer Zeitung gebaut werden)
- Überbrückungskabel oder externe Stromquelle
- Kriechöl
- Taschenlampe
- Prüflampe oder Multimeter
- Starthilfespray
- Maul-/Ringschlüsselsatz
- Engländer bzw. Franzose
- Leatherman bzw. Kombiwerkzeug
- Schraubendrehersatz (multi)
- Eisenfeile
- Benzinleitungsklemme
- Kombizange.

Hilfsmittel und Betriebsstoffe

- Benzin bzw. Diesel (mindestens 5 l)
- Motoröl (mindestens 2 l)
- Wasser (mindestens 2 l)
- Handschuhe
- Lappen
- Spanngurt mit Ratsche, klein
- Kabelbinder
- Schweißdraht oder Draht (ca. 2 m)
- Kabel (mindestens 1,5 mm x 4 m)
- Klebeband
- Rostlöser (100 ml)
- Sekundenkleber
- Fahrradschlauch (ca. 20 cm)
- Benzinschlauch und -verbinder
- Kaugummi
- Schleifpapier.

Im Winterbetrieb zusätzlich noch

- Klappspaten
- Streugranulat
- Fußabtreter (als Anfahrhilfen bei Schnee und Eis unter die Antriebsräder geschoben).

Ersatzteile

- Schlauchschellen
- Unterbrecherkontakt
- Steckverbinder
- Keilriemen
- Kondensator
- Sicherungen
- Zündkerzen
- Benzinfilter
- Schrauben und Muttern
- Leuchtmittel (Box).

Und außerdem

- Automobilclub-Karte oder Pannenschutzbrief

- Straßenkarte (verlassen Sie sich nicht auf Stromquellen im Fahrzeug für ein Navigationsgerät)
- Fahrzeugschein
- Warnweste
- Warndreieck
- Verbandkasten (nicht abgelaufen!)
- Feuerlöscher

Alles zusammengenommen sieht es zunächst nach viel aus, passt aber größtenteils in eine mittlere Werkzeugbox.

6.5 Es gibt sie auch als handliche Spraydosen: Ein Feuerlöscher sollte in jedem klassischen Fahrzeug zu finden sein.

2.3 Organisatorische Vorbereitungen einer Gruppenfahrt

Oldtimer, die mit einem H-Kennzeichen zugelassen sind, genießen vollständige Bewegungsfreiheit im In- und Ausland. Zudem benötigen sie, anerkannt als „historisches Kulturgut", keine grüne Plakette. Bei der Planung einer Ausfahrt in größerer Gruppe ist daher zu beachten, dass andere Teilnehmer ggf. zwar einen Oldtimer fahren, jedoch aus verschiedenen Gründen über kein H-Kennzeichen verfügen. Dies kann auch für mitfahrende Young- oder sogenannte Newtimer gelten. Solche Fahrzeuge dürfen dann u.U. eine Umweltzone auf dem Weg nicht befahren.

Ferner können an einer Ausfahrt in der Gruppe auch Fahrzeuge mit Händlerkennzeichen (Nr. 06) oder sogenannten Wechselkennzeichen (Nr. 07) teilnehmen. Beim Führen dieser Kennzeichen gelten also gesonderte Regelungen.

Häufig wird innerhalb der Clubs oder bei Veranstaltungen im Konvoi gefahren. Das muss nicht zwingend gewollt sein, sondern kann sich auch situativ ergeben. Fahrten im Konvoi unterliegen besonderen Anforderungen und sind insbesondere für das Führungsfahrzeug, welches den Weg vorgeben soll, eine ausnehmend anstrengende Angelegenheit. So gilt es nicht nur auf den Verkehr zu achten, sondern auch die Geschwindigkeit so zu wählen, dass alle Teilnehmer Schritt halten und der Gruppe folgen können.

Besondere Situationen entstehen hier in Städten – zum einen sind sie unübersichtlich, zum anderen können Ampeln die Gruppe auseinanderreißen. In diesem Falle wird gerne am Straßenrand gewartet, um nachrückende Teilnehmer wieder

6.6 Ein heterogenes Starterfeld bedingt Kompromisse in der Streckenplanung.

aufschließen zu lassen. Häufig führt das in der Praxis jedoch zum Unmut anderer Verkehrsteilnehmer, denn dadurch sind Staus vorprogrammiert. Daher sollte ein weiterer Orts- und Streckenkundiger als „Aufräumer" hinter der Gruppe fahren, um zurückgefallene Teilnehmer wieder „einzufangen". Im besten Fall werden vorher Ziel und Strecke zumindest grob durchgegeben, damit abgehängte Teilnehmer auch eigenständig ihr Ziel finden können.

Nicht selten kommt es vor, dass im Rahmen von Veranstaltungen unterschiedlichste Fahrzeuge gemeinsam teilnehmen. Daher ist hinsichtlich der Streckenführung auch an die speziellen Eigenschaften einzelner Teilnehmer zu denken. Nicht selten nehmen es Fahrer sehr sportlicher Fahrzeuge dem Streckenplaner sehr übel, wenn er sich äußerste Mühe gegeben hat, die Strecke durch landschaftlich wunderschöne Bewirtschaftungswege eines Weinanbaugebietes zu legen. Ein Ford T-Modell aus dem Jahr 1919 wiederum hätte hier wohl nicht mit abgerissenen Spoilern zu kämpfen, wohl aber mit einem Anstieg von über 17 %.

Somit ist gerade bei besonders alten Fahrzeugen mit verlängerten Bremswegen, langsamer Beschleunigung und eigentümlichen Fahreigenschaften zu rechnen. So hat besagte „Blechliesel" von 1919 im Originalzustand noch nicht einmal einen elektrischen Anlasser und natürlich auch einen erheblich längeren Bremsweg als ein moderner BMW M535, beide gelten aber als Oldtimer. Ferner sind einige Oldtimer schon mit ABS und Airbags ausgestattet.

3 Technische Tipps und Tricks während der Fahrt

Bei Oldtimern kann die Qualität von Ersatzteilen mittelmäßig sein, Defekte können also auch bei Neuteilen schon frühzeitig auftreten. Sonntagnachmittags auf einer einsamen Landstraße quittiert der Klassiker dann plötzlich seinen Dienst. Der Motor streikt, Sie bleiben mitten im „Nirgendwo" stehen, und die Werkstatt Ihres Vertrauens ist selbstverständlich nicht erreichbar.

Natürlich können ein gerissener Zylinderkopf oder ein gebrochener Pleuel nicht mit Bordmitteln repariert werden, hier hilft nur ein Anruf bei Ihrem Automobilclub oder dem nächsten Abschleppunternehmen. Notreparaturen an Bremsen, Lenkungsteilen oder der Aufhängung sind absolut unzulässig, denn sie beeinträchtigen die Betriebssicherheit des Fahrzeugs und können auch zu schweren Folgeschäden führen.

Manchmal lassen sich kleinere Defekte jedoch ohne großen Aufwand beheben. Die nachfolgenden Tipps und Tricks, die Ihnen so vielleicht noch nicht bekannt waren, können bei der Fehlersuche und -behebung vor Ort durchaus hilfreich sein.

3.1 Hauptfunktionen für den Motorlauf

Sprit, Zündung und Kompression – ohne diese drei Parameter läuft ein Motor nicht. Bei Sprit und Zündung haben Sie eine Chance, den Fehler zu beheben, bei der Kompression wird die Behebung mit Bordmitteln schwierig. Grundsätzlich prüfen können Sie am Zulauf zum Vergaser oder durch Entfernen einer Zündkerze, ob an den relevanten Stellen Benzin/Diesel ankommt. Ist die Kerze trocken oder kommt aus dem Zulauf keine oder nur eine geringe Menge, geht die Fehlersuche los.

3.1.1 Sprit

Kraftstoffmangel

Ausfallgrund Nummer 1 ist Treibstoffmangel. Verlassen Sie sich nicht auf Ihre Tankuhr und prüfen Sie am Tank selbst nach, ob noch genügend Kraftstoff vorhanden ist!

Kraftstoffpumpe

Pumpen können „hängen bleiben". Falls trotz eingeschalteter Zündung die Pumpe nicht läuft

6.7 Kraftstoffpumpen können sich leicht „festfressen", wenn Dreck oder Rostpartikel angesaugt werden. Eine Demontage und Reparatur ist nur selten möglich.

(das lässt sich gut als surrendes Geräusch vernehmen, meist von hinten am Tank), genügt manchmal ein leichter Hammerschlag dagegen, um sie zur Weiterarbeit zu bewegen. Prüfen Sie aber vorher die relevanten Sicherungen und Steckverbindungen. Es soll schon vorgekommen sein, dass eine defekte Treibstoffpumpe durch eine Waschwasserpumpe „ersetzt" wurde. Das Risiko eines Brandes ist allerdings hoch, sodass diese Lösung keinesfalls zu empfehlen ist.

Kraftstofffilter

Nach langer Standzeit können sich Schwebstoffe und Rost im Tank abgesetzt haben, die bei niedrigem Füllstand des Tanks mit angesaugt werden. Folge: Der Filter verstopft und der Motor erhält nicht mehr genügend Kraftstoff. Prüfen Sie also, ob am Vergaser bzw. der Einspritzpumpe genügend Kraftstoff ankommt. Im günstigen Fall ist nur der Filter verstopft und muss gereinigt bzw. ausgetauscht werden. Hierzu sind Schlauchklemmen hilfreich, um das Auslaufen von Treibstoff zu vermeiden.

Bevor Sie den Wagen nach dem Ersatz des Filters oder dessen Reinigung wieder in Betrieb nehmen, füllen Sie bitte den Tank auf und lassen Sie Schmutz und Schwebstoffen erst einmal genügend Zeit, sich abzusetzen. Eine Tankreinigung sollte erwogen werden.

Vergaser

Das Benzin kommt zwar bis zum Vergaser, es entsteht jedoch offensichtlich kein zündfähiges Gemisch oder aber der Vergaser läuft ständig über. In beiden Fällen hängen wahrscheinlich der Schwimmer oder das Schwimmernadelventil im offenen bzw. geschlossenen Zustand. Beide können durchaus mit dem berühmten „Hammerklopfer" wieder zur Weiterarbeit angeregt werden. Sollte das nicht helfen, lassen sich Vergaseranlagen durchaus am Straßenrand reinigen, bei einer Solex- oder Weber-Vergaserbatterie kann das allerdings komplexere Kenntnisse erfordern (Umweltschutz beachten!).

Hauptverdächtige sind beim Vergaserausfall in jedem Fall Rost- und Dreckpartikel. Auch kann es helfen, die Nadel mit etwas Schleifpapier abzuziehen. Sehr wahrscheinlich müssen Sie jedoch, zu Hause angekommen, das Nadelventil austauschen.

Bei Gleichdruckvergasern neigt zudem die Membran mit den Jahren zur Rissbildung. Hoher Spritverbrauch und zu fettes Gemisch sind die Folge. Unter Umständen kann das vom Vergaser hergestellte Gebräu dann gar nicht mehr verbrannt werden. Die Membran lässt sich mit etwas Klebstoff oder Klebeband zumindest vorübergehend reparieren.

Leckage

Hat die Kraftstoffleitung ein Leck, können Sie ober- und unterhalb davon mit Schlauchklemmen Zufuhr und Rücklauf unterbrechen und das schadhafte Stück ggf. durch einen kleinen Einwegfilter oder einen Schlauchverbinder ersetzen.

Ein Leck im Kraftstofftank kann provisorisch mit einem gut durchgekauten Kaugummi wieder von außen verschlossen werden. Reinigen Sie vorher die undichte Stelle und überkleben Sie den Kaugummi mit einem Stück Klebeband, damit dieser dem Druck standhalten kann. Auch die Umwelt wird es Ihnen danken!

3.1.2 Zündung

Der Motor Ihres Wagens geht ohne Vorwarnung plötzlich aus und es liegt nicht an der Kraftstoffzufuhr.

Prüfen Sie zunächst, ob Sie einen Zündfunken haben. Drehen Sie dazu eine Zündkerze heraus, schließen Sie das Zündkabel wieder an und legen Sie die Kerze „auf Masse" (Zylinderkopfhaube, Chassis etc.). Bitte nicht festhalten! Beim Anlassen des Motors muss nun deutlich erkennbar ein Zündfunke entstehen. Falls nicht, prüfen Sie mit einer weiteren Kerze, ob alle gleichsam betroffen sind (es könnten ja auch die erste Kerze oder ihr Zündkabel defekt sein).

Kerzenbild

Das Verbrennungsbild (Farbe) der Zündkerze gibt Auskunft über den Zustand des Motors und seine Einstellung. Die wichtigsten Indikatoren an einer Zündkerze seien deshalb hier noch einmal aufgezählt. Falls Ihr Motor also nicht richtig läuft, haben Sie so einen Hinweis, welcher Zylinder betroffen ist (ggf. auch alle gleichsam) und woran es liegen könnte.

Grauweiß – graugelb

Ihr Motor ist in Ordnung, die Verbrennung läuft thermisch und zeitlich korrekt ab. Die Gemischeinstellung stimmt.

Schwarz, stumpfschwarz – verrußt

Das Gemisch ist zu fett. Die Gemischeinstellung ist fehlerhaft. Gegebenenfalls ist der Luftfilter verschmutzt oder die Startautomatik defekt (zu langes Anfetten bei kaltem Motor). Vielleicht fahren Sie auch mit gezogenem Choke oder dieser

6.8 Drei Zündkerzen in unterschiedlichem Zustand: Links sehr rußig (zu fettes Gemisch), Mitte ölig (defekter Kolbenring o. Ä.), rechts normal (gute Verbrennung). Hinweis: Die rechte Kerze weist einen Isolatorbruch auf.

stellt sich nicht korrekt zurück. Ihre Zündkerzen haben ggf. nicht den richtigen Wärmewert und sind zu „kalt".

Verölt – Ölkohleablagerung

Offensichtlich gelangt Öl mit in den Verbrennungsraum, das nur teilweise verbrannt wird. Mögliche Ursachen können defekte und verschlissene Kolben, Zylinder oder Kolbenringe sein. Manchmal sind die Kolbenringe auch nicht ordnungsgemäß versetzt gegeneinander eingebaut. Weiterhin kann ein zu hoher Motorölstand solche Ablagerungen verursachen oder bei Zwei-Takt-Motoren der Ölanteil im Gemisch zu hoch sein.

Hellweiß – hellgrau

Ihr Motor läuft zu mager. Dies kann zu lokaler Überhitzung führen und Schäden verursachen.

Zündkabel/Zündstecker

Ein defektes Zündkabel lässt sich leicht ausbauen und mit einem Multimeter auf Durchgang prüfen, dann ggf. kürzen oder mit Klebeband isolieren. Auch Klarlack oder Haarspray können Löcher im Kabel provisorisch verschließen und die elektrischen Impulse wieder in die richtigen Bahnen kanalisieren.

Einen defekten Zündkerzenstecker (kommt häufiger vor) kann man durchaus mit Sekundenkleber oder Klebeband wieder zusammenbasteln. Aber bitte gut isolieren!

Zündverteiler/Verteilerfinger/Unterbrecherkontakt

Kommen überhaupt keine Zündfunken mehr zustande, geht die Fehlersuche weiter in Richtung Zündverteiler und des darin befindlichen Unterbrecherkontaktes.

Hier ist zunächst zu prüfen, ob die Verteilerkappe richtig sitzt und nicht schadhaft ist. Insbesondere bei hoher Feuchtigkeit finden die Zündungsimpulse dann ihren vorgegebenen Weg über das Kabel nicht mehr. Trocknen Sie den Verteiler daher auch von innen gründlich, bevor Sie die Kappe reparieren. Auch hier ist mit Klebeband schon so manche Kappe wieder in Form modelliert worden. Risse sind mit Sekundenkleber verschließbar.

Unter der Verteilerkappe sitzen der Verteilerfinger und der Unterbrecherkontakt (bei kontaktgesteuerter Zündung). Bei drehendem Motor muss sich dieser Kontakt (manchmal zwei) öffnen und wieder schließen. Dies wird durch einen Nocken auf der Verteilerwelle bewirkt. Falls sich der Kontakt beim Durchdrehen des Motors nicht öffnet und schließt, sollten Sie mit Fühlerlehre und Schraubenzieher den Abstand neu einstellen. Zur Not geht das auch mit Augenmaß oder einer dazwischen geschobenen Postkarte. Prüfen Sie dabei den Zustand der Kontakte und reinigen Sie sie ggf. mit etwas Schleifpapier oder einer Feile. Sehen die Kontakte stark abgebrannt und blau aus, ist vermutlich der Kondensator an der Seite des Verteilers defekt.

Manche Verteiler besitzen einen integrierten Drehzahlbegrenzer: Eine Feder im Verteilerfinger bewirkt bei hoher Drehzahl den Kontaktverlust und unterbricht so die Zündung. Ist die Feder gebrochen, kann sie mit einem Stück Draht überbrückt oder durch die Feder eines Kugelschreibers ersetzt werden.

Es kommt vor, dass sich, warum auch immer, der Zündzeitpunkt massiv verschoben hat. Wahrscheinlich ist der Zündverteiler locker geworden und hat sich verdreht. Um zumindest für die Weiterfahrt den einigermaßen richtigen Zündzeitpunkt zu finden, drehen Sie den Verteiler in die Mittelstellung und dann langsam gegen die Drehrichtung des Verteilerfingers, bis die Drehzahl spürbar etwas ansteigt, dann wieder ein Stück zurück. Vermeiden Sie besonders bei getunten oder hochverdichtenden Motoren höhere Drehzahlen und hohe Last. Achten Sie während der Fahrt penibel auf die Temperatur und ein mögliches „Klingeln" der Maschine.

Zündschloss

Das Fahrzeug war abgestellt und soll nun wieder losfahren. Der Anlasser dreht zwar, aber aus irgendeinem Grund springt der Motor nicht an. Haben Sie schon einmal an Ihr Zündschloss gedacht? Häufig geplagt von mancherlei schwerem Zeug, das am Ring um den Schlüssel sonst noch baumelt, leiert ein Zündschloss schon mal aus. In diesem nicht seltenen

6.9 Unterbrecherkontakt, Verteilerkappe und eine Zündspule sollten nebst Zündkerzen auf großer Fahrt immer mit.

6.10 Ein klassischer Verteiler ohne Kappe und Verteilerfinger. Der Nocken der Verteilerwelle schließt und öffnet den Kontakt. Prüfen Sie durch Drehen des Motors dessen Funktion.

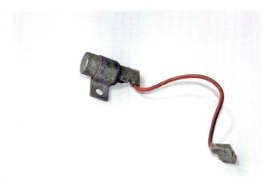

6.11 Der kleine Kondensator sitzt meist direkt am Verteiler. Er unterdrückt die Funkenbildung am Unterbrecherkontakt. Ist er defekt, neigen die Unterbrecher zum „Abbrennen".

Fall entfernen Sie die Kontaktplatte auf der Rückseite des Schlosses. Sie können nun mit einem Schlitzschraubendreher die Kontakte verdrehen und die Zündung einschalten. Manchmal hilft auch schon ein wenig Rütteln mit dem Schlüssel oder etwas Kontaktspray.

Zündspule

Sind alle vorgenannten Fehlerquellen überprüft und ist an keinem der Bauteile Kerze, Kerzenstecker, Kabel, Verteilerfinger, Verteiler und Zündschloss ein Schaden festzustellen, liegt eine letzte Möglichkeit in der Zündspule selbst. Bei manchen Spulen springt dann deutlich erkennbar ein Kontrollknöpfchen heraus. In diesem Fall kommen Sie ohne ein Ersatzteil nicht weiter.

Elektroden geschmolzen/gebrochen

Geschmolzene oder gebrochene Elektroden deuten – ob am Mittelfuß oder an der Masse – auf thermische Überbelastung, falsches Gemisch, Früh- oder Glühzündungen oder eine allgemein schadhafte Peripherie hin.

Als Glühzündung bezeichnet man dabei eine unerwünschte Zündreaktion, die ausschließlich bei Otto-Motoren anzutreffen ist. Sie wird nicht durch den Zündfunken der Zündkerze ausgelöst, sondern von überhitzten Bauteilen wie z. B. Auslassventilen, Elektroden von Zündkerzen oder zu heißen Brennraumwänden. Aber auch Ablagerungen, die sich bei der Verbrennung von Kraftstoff und Öl im Brennraum bilden, können ursächlich für solche Glühzündungen sein. Sie sollten Ihren Motor genau durchchecken.

Starthilfespray

Starthilfespray wird gerne verwendet, um unwilligen Motoren auf Trab zu helfen, gerade wenn die Maschine leergelaufen ist oder längere Zeit stand.

Bitte beachten Sie dabei, dass durch Fehl- und Rückzündungen häufig Vergaserbrände verursacht werden. Bilden sich tatsächlich Flammen, geben Sie sofort Vollgas, um diese durch den Unterdruck in den Brennraum zu „ziehen". Ein bereitgestellter Feuerlöscher sollte im Übrigen bei diesem Startprozedere obligatorisch sein.

3.1.3 Kompression

Im Normalfall nimmt die Kompression eines Motors aus Verschleißgründen zwar im Laufe der Zeit ab, jedoch nicht schlagartig und/oder gleichmäßig auf allen Zylindern.

Sollte ein Zylinder keine Kompression mehr aufweisen und deshalb ein vernünftiger Gaswechsel nicht mehr stattfinden, können die Gründe vielfältig sein. Ein gebrochener Kolbenring, ein durchgebranntes Ventil oder eine durchgebrannte Zylinderkopfdichtung wären typische Ursachen. In keinem dieser Fälle haben Sie allerdings eine Chance zur schnellen Notreparatur, wenn der Schaden unterwegs auftritt.

3.2 Elektrik

Massefehler

Der Stromkreis eines Fahrzeugs wird über seine Karosserie oder den Rahmen geschlossen. Bei den meisten Fahrzeugen geschieht das über „–" an die Karosserie. Häufig kommt es zu sogenannten *Massefehlern*, bei denen das entsprechende Bauteil zwar über „+" angesteuert wird, jedoch seinerseits keine Verbindung mehr zur Masse hat, sodass der Stromkreis unterbrochen ist. Grund hierfür sind zumeist korrodierte Leitungen oder sogar ein vollständiger Leitungsabriss. Bevor Sie also in die nähere Untersuchung gehen, warum ein Bauteil nicht mehr funktioniert, prüfen Sie zuallererst die Leitung an die Masse.

Externe Starthilfe

Ein kleiner, jedoch wichtiger Tipp am Rande: Wie ein Fahrzeug mit Fremdunterstützung über Starterkabel angelassen wird, ist bekannt. Problematisch, könnte man meinen, wird die Sache, wenn sich dabei ein 6-V-Bordnetz und ein 12-V-Spender treffen (z. B. ein Ovali-Käfer, der von einem Porsche 911 unterstützt wird).

In der Praxis hat sich jedoch gezeigt, dass durch eine kurzzeitige (max. 10 Sekunden) Überspannung keine Schäden entstehen. Im Normalfall wird Ihr Anlasser die erhöhte Spannung ohne Weiteres verkraften. Zur Sicherheit sollten jedoch vorher alle Verbraucher ausgeschaltet sein!

Sicherungen

Sicherungen sind bei klassischen Fahrzeugen ein großes Thema. Meist ist bei Oldtimern nicht jeder Schaltkreis einzeln abgesichert. Gerade bei englischen Fahrzeugen sind häufig viele Schaltkreise auf einer Sicherung zusammengefasst.

6.12 Eine durchgebrannte Sicherung leitet den Strom wieder weiter, wenn sie mit Aluminiumpapier umwickelt wird. Vorsicht – bitte prüfen Sie vorher nach, weshalb die Sicherung durchgebrannt ist.

Ihnen ist also gerade die Sicherung für die Benzinpumpe durchgeschmort und Sie haben natürlich keinen Ersatz dabei. Nicht nur Kaugummi ist am Fahrzeug zur Instandsetzung bisweilen hilfreich, sondern auch seine Verpackung. Mit etwas Aluminiumfolie umwickelt können Sie die Sicherung wieder an ihren angestammten Platz stecken. Aber Vorsicht: Ihren eigentlichen Zweck der (Ab-)Sicherung erfüllt sie nun nicht mehr – schlimmstenfalls besteht Brandgefahr!

3.3 Anlasser/Lichtmaschine

Anlasser und Lichtmaschine unterliegen dem natürlichen Verschleiß. Sie arbeiten mit Kohlen und Bürsten, die sich abnutzen und durch Federn nachrutschen sollen. Ist dies durch Haftreibung und Schmutz nicht mehr gewährleistet, kann

in beiden Fällen auch hier ein gezielter (bitte nicht zu fester) Hammerschlag helfen, damit sich die Kohlen wieder setzen können. Dasselbe gilt im Übrigen für einen hängenden Magnetschalter im Anlasser, der nicht anzieht.

Andere Lichtmaschinenprobleme haben ihre Ursache häufig in einem nicht korrekt arbeitenden Regler. Ist dieser separat angebracht, lassen sich der Deckel leicht öffnen und die Kontakte mit Schleifpapier etwas nacharbeiten. Verbiegen Sie die Kontakte jedoch nicht!

Bei laufendem Motor sollte die Spule anziehen. Tut sie das nicht, können Sie den Kontakt ein wenig andrücken. Spüren Sie hier keine Hilfe von der Spule, ist diese defekt. Mit einem Stückchen

6.13 Oben auf dem Schub-Schraubtrieb-Starter befindet sich das Einrückrelais oder der Magnetschalter. Ein defekter Anlasser ist zumeist kein Problem für eine Weiterfahrt, sofern Ihr Fahrzeug ein Schaltgetriebe hat.

Holz oder Kabelbinder lässt sich der Kontakt permanent geschlossen halten, wodurch die Lichtmaschine konsequent lädt und Sie weiterfahren können. Aber Vorsicht: Die Batterie kann dann „überkochen"!

3.4 Kühlung

Es hält sich hartnäckig das Gerücht, man solle einen heißen oder heiß laufenden Motor im Stand weiterlaufen lassen, damit er sich abkühlen kann. Tun Sie das nicht, wenn Sie nicht die genaue Ursache der Überhitzung kennen! Im Leerlauf bekommt der Motor nämlich kaum noch Fahrtwind, die Überhitzungsproblematik wird also vielleicht sogar noch verstärkt.

Wenn Ihre Maschine heiß läuft oder ungewöhnlich warm wird, können Sie allenfalls kurzzeitig noch versuchen, mit dem Anschalten der Heizung und des Gebläses gegenzusteuern. Hilft das nichts, müssen Sie, um Folgeschäden zu vermeiden, den Motor abstellen. Wenn Sie Ihre Instrumente genau beobachtet haben und die Gegebenheiten (z. B. Bergauffahrt) richtig einschätzen, werden Sie auch Zeit haben, noch einen geeigneten Platz zum Abkühlen zu finden.

Thermostat

Ihr Fahrzeug wird trotz zurückhaltender Fahrweise und moderater Außentemperatur übermäßig heiß. Vielleicht ist der Thermostat defekt und leitet das Kühlwasser nicht über den Kühler, sondern nur durch den Motorblock, um Wärme zu erzeugen. Der Kühler bleibt in diesem Falle kalt, der Motor wird heiß. Einen defekten Thermostat können Sie unter Umständen vollständig entfernen oder anderweitig außer Betrieb setzen. Achten Sie darauf, dass keine abgebrochenen Teile in den Kühlkreislauf geraten! Das Fahrzeug wird nun nicht mehr so schnell warm und die Überhitzungsgefahr verringert sich.

Lüfter

Die meisten Fahrzeuge sind mit elektrischen Zusatzlüftern ausgestattet. Häufig sind auch sie über einen Thermostat gesteuert, und auch hier ist zumeist dieser und nicht der Ventilatormotor defekt. In diesem Fall klemmen Sie den Ventilatormotor vom Thermostat ab (sitzt meist direkt am Kühler) und versorgen ihn direkt von der Batterie aus, indem Sie eine Leitung von „+" aus anlegen. Achten Sie dabei auf den rotierenden Ventilator!

Undichter Kühler oder Kühlerschlauch

Einen undichten Kühler hat sicher so mancher schon mit allerlei Tricks provisorisch wieder dicht bekommen: Gehört hat man schon von Senfkörnern, Kaffee oder einem rohen Ei. Da der Kühlkreislauf jedoch durch den gesamten Motor geht, ziehen solche „Hausmittelchen" zumindest umfangreiche Reinigungsarbeiten nach sich, wenn nicht sogar Folgeschäden. Besser wird daher reguläres Kühlerdichtmittel verwendet, allenfalls ein Kaugummi (von außen) mag noch helfen.

Undichte Wasserschläuche können mit einem Stück Fahrradschlauch umschlossen und zur

6.14 Ein defekter Kühlerschlauch kann einfach mit Tape umwickelt werden. Haltbarer ist allerdings, das defekte Stück vorher mit Gummi (Fahrradschlauch) zu umwickeln.

Stabilisierung mit Tape oder Kabelbindern fixiert werden. Bei einer reinen Umwicklung mit Klebeband löst die Hitze hingegen den Klebstoff auf und das Provisorium hält nicht. Besonders versierte Schrauber lösen den defekten Schlauch vollständig, ziehen einen Fahrradschlauch von innen durch das defekte Stück und stülpen diesen an beiden Enden um. Fixiert mit zwei Kabelbindern an den Enden, hält diese Lösung meist recht lange.

3.5 Weitere mechanische Ausfälle

Keilriemen

Ein kurzer Schlag aus Richtung der Motorhaube, dann ein kurzes Aufleuchten der Ladekontrollleuchte mit anschließendem Anstieg der Motortemperatur – sehr wahrscheinlich ist gerade Ihr Keilriemen gerissen. Die Lichtmaschine erzeugt keinen Strom mehr, und auch die Batterie wird jetzt nicht mehr aufgeladen.

Hier kann der bekannte Damenstrumpf aus Nylon oder ein gespanntes Seil helfen. Auch zusammengebundene Kabelbinder sollen schon verwendet worden sein. Selbst wenn nur die Kühlwasserpumpe wieder angetrieben werden kann, kommen Sie auch ohne Lichtmaschine und nur mit der Batterieladung noch ein Stück weiter, um ein Ersatzteil zu finden. Fahren Sie dabei möglichst ohne größere Belastung für den Temperaturhaushalt und ohne andere elektrische Verbraucher!

Auspuff

Ein abgerissener oder hängender Auspuff war vor 20 Jahren noch häufiger zu beobachten. Heute kommt das nur noch selten vor. Liegt die Fehlstelle im Verlauf des Rohres, kann sie z. B. mit einer Cola-Dose „geschient" werden.

Zumeist reißt das Rohr jedoch direkt an der Verbindung zum Auspufftopf ab. Um den Wagen dann zumindest wieder bewegen zu können, lassen sich beide Teile über einen hindurch gesteckten Stock zumindest so weit vom Boden fernhalten, dass es zum Verladen auf einen Transporter ausreicht. Fahren dürfen Sie so allerdings nicht mehr.

Scheibenwischer

Scheibenwischer sind – bei entsprechendem Wetter – wesentlich für die Verkehrssicherheit. Um die Sicht aufrechtzuerhalten, wird ein endgültig ausgefallener Scheibenwischer daher, wenn alle anderen Fehlerquellen untersucht sind, von seiner Motor-/Getriebeeinheit getrennt (nicht die Verbindung der einzelnen Wischer trennen!) und über eine Schnur mit dem Innenraum verbunden. Der

6.15 Die provisorische Ansteuerung des Vergasers über einen „neuen" Gaszug. So können Sie das Fahrzeug ggf. aus einer Gefahrenstelle bergen, eine längere Fahrt ist allerdings gefährlich.

Beifahrer kann nun daran ziehen und den Wischer bewegen. Montieren Sie die Schnur im oberen Drittel der Wischerarme, um die Hebelkräfte zu reduzieren.

Gaszug

Ein gerissener Gaszug kann – etwas unorthodox – auch über eine „lange Leitung" über die Außenseite in den Innenraum geleitet werden. Im besten Fall lässt sich sogar eine Verbindung zum Gaspedal herstellen.

Ölwanne

Ölwannen sind im Regelfall besonders tief unten angebracht. Einerseits ist das zwar aus Gründen der Schwerkraft für den Motoraufbau sinnvoll, andererseits ist dieses existenzsichernde Bauteil dort besonders gefährdet. Eine gerissene Ölwanne, hervorgerufen durch einen Aufsetzer, ist für die Weiterfahrt normalerweise der GAU.

Ist der Riss jedoch überschaubar und ist kein Stück der Wanne herausgebrochen, kann für eine Notreparatur ein Stück Seife hilfreich sein. Reiben Sie die Stelle des Risses ordentlich damit ein!

Die Seife drückt sich in den Spalt und dichtet bei zunehmender Temperatur sogar noch besser ab.

Achten Sie während der Weiterfahrt durch häufige (!) Kontrolle auch auf weiteren Ölverlust und darauf, dass kein Öl in die Umwelt gelangt. Diese provisorische Hilfsmaßnahme kann jedoch nur zur kurzen Fahrt in die nächste Werkstatt dienen!

4 Einwintern und Wiederinbetriebnahme

Die Saison ist für Sie beendet und das Fahrzeug soll danach über den Winter für einige Monate nicht bewegt werden. Nehmen Sie sich zur Vermeidung auch geringfügiger Standschäden am letzten Tag noch einmal Zeit für Ihr „automobiles Schätzchen" und treten Sie schädlichen Einflüssen mit überschaubarem Aufwand entgegen.

4.1 Aufbewahrungsort

Bevor Sie sich dem Fahrzeug selbst zuwenden, betrachten Sie den Ort, an dem der Wagen überwintern soll:

- Ist alles dicht?
- Ist ein Luftaustausch gewährleistet, aber ohne dass Tiere eindringen können?
- Sind der Raum und das nähere Umfeld sauber und nicht schon geschädigt durch Feuchtigkeit?
- Kann ggf. ein Luftentfeuchter und/oder Batterieladegerät dort aufgestellt werden und ist dafür Elektrizität vorhanden?

Der Winterplatz für Ihr Fahrzeug sollte ein gut durchlüfteter Ort sein. Wichtig ist es, extreme Temperaturschwankungen zu vermeiden, denn dadurch würde Kondenswasser entstehen, das sich in allen Hohlräumen niederschlagen kann. Ein trockener Platz bei 8–12 °C und einer Luftfeuchtigkeit um die 50 % wäre ein ideales „Überwinterungsnest".

4.2 Ausfahren und Auffüllen

- Beginnen Sie mit einer nicht zu kurzen Ausfahrt und bringen Sie den Wagen auf Betriebstemperatur. Achten Sie dabei auf Unregelmäßigkeiten oder Defekte, die ggf. zu reparieren wären.
- Füllen Sie den Tank auf der Rückfahrt (!) ganz voll, damit kein Kondensat in Hohlräumen der Benzinzufuhr entstehen kann. Bei der Gelegenheit können auch gleich Kühlwasser und Scheiben-Waschwasser auf Frostschutz geprüft und ggf. ergänzt werden.
- Prüfen Sie den Luftdruck in den Reifen. Sollen die Reifen während der Überwinterung montiert bleiben, füllen Sie 1–1,5 bar mehr Druck auf als normal und vergessen Sie nicht das Reserverad.
  Achtung: Danach keine „sportliche Fahrweise" mehr!

4.3 Vorbereitung des Fahrzeugs für eine längere Standzeit

- Bei einer üblichen Standzeit von 6–7 Monaten muss das Fahrzeug nicht unbedingt aufgebockt werden. Gut bewährt haben sich sog. *Reifenschuhe*, die die Aufstandsfläche durch Rundung vergrößern. Diese gibt es auch in Form von aufblasbaren Kissen.

- Jetzt ist eine Grundreinigung (Unterboden inkl. Fahrwerk und Motorraum sowie Kofferraum und Interieur eingeschlossen) erforderlich. Verschmutzungen sollten penibel entfernt und bereits gereinigte Oberflächen konserviert werden. Hierfür ist unbedingt die wesentlich intensivere Handwäsche zu empfehlen. Veränderungen an Lack, Chrom, Gummi, Stoffen, Leder etc. sind dann schnell zu erkennen. Korrosionsstellen und/oder Undichtigkeiten werden aufgespürt, und entsprechende Maßnahmen können ergriffen werden, um fortschreitende Schädigungen zu verhindern. Dies gilt auch für den Unterbodenbereich und das Fahrwerk.

  - Auf Lackoberflächen empfiehlt sich nach der Politur das Auftragen eines Mittels auf Wachsbasis.
    Achtung: Achten Sie auf die Verträglichkeit mit dem Lack, besonders bei original erhaltenen Lacken!

  - Chrom-, Nickel- und Messingoberflächen werden poliert.

  - Gummis werden gefettet, um ein Austrocknen zu vermeiden, Gleiches gilt für Kühler- und Heizschläuche (auch hier: geeignete Mittel verwenden!).

  - Weist das Fahrzeug nach der Saison grobe Steinschläge oder offen korrodierte Stellen auf, ist nun der richtige Zeitpunkt – falls nicht ohnehin für den Winter Restaurierungsmaßnahmen geplant sind –, um angegriffene Stellen zu reparieren. Beseitigen Sie also jetzt den Rost am Wagen und konservieren Sie angegriffene Partien mit Fett, Rostumwandler oder Wachs.

  - Versorgen sie auch alle beweglichen Teile wie Scharniere, Schlösser, Züge etc. nach dem Reinigen mit geeignetem Fett.

- Sobald das Fahrzeug an seinem Winterplatz steht, sollten auch die Brennräume konserviert werden:

  - Zuerst werden die Zündkerzen entfernt.

  - Dann sprühen Sie ein geeignetes Konservierungsmittel in die Brennräume. Dieses vernetzt sich mit den Laufflächen in den Zylindern und läuft im Idealfall, anders als das vorhandene Motoröl, nicht ab.

  - Danach die Kerzen wieder eindrehen.

- Auch die Elektrik darf nicht vergessen werden:
  - Es empfiehlt sich, alle offenen Kontaktstellen einschließlich des Sicherungskastens zu prüfen, gegebenenfalls zu reinigen und mit Kontaktspray zu schützen.
    Achtung: Zu diesem Zeitpunkt darf keine Bordspannung anliegen!
  - Die Batteriekontakte sollten gut gefettet werden.
  - Und sehr wichtig: Die Batterie ist abzuklemmen und an ein geeignetes Gerät angeschlossen werden, das über die Abstellzeit eine *Erhaltungsladung* gewährleistet.
- Auspufföffnungen und Luftfilteröffnungen können mit einem ggf. öligen Lappen verschlossen werden.
- Es empfiehlt sich, die Bremsen zu lösen, damit kein „Festbacken" möglich ist.
- Öffnen Sie schließlich die Scheiben einen Spalt, damit die Luft auch im Innenraum zirkulieren kann.

Danach ist Ihr Fahrzeug für die Standzeit optimal vorbereitet. Es sollte auf keinen Fall zwischendurch gestartet werden. Haben mehrere Personen Zugang zur Garage, sollten Sie daher gut sichtbar einen Hinweis „Einwinterung" platzieren.

4.4 Während des Winters

Wer seinen Oldtimer auch über den Winter fahrtüchtig hält, um an milden und trockenen Tagen eine Ausfahrt zu genießen, muss nur die üblichen Sichtprüfungen und Kontrollen durchführen.

Wer seinen Klassiker wie zuvor beschrieben sorgfältig „eingewintert" hat, sollte dennoch gelegentlich

- prüfen, ob die Batterie ordnungsgemäß auf Spannung gehalten wird,
- die Flüssigkeitsstände nachsehen,
- die Lichtanlage durchschalten und
- den Luftdruck kontrollieren.

4.5 Wiederinbetriebnahme

War das Fahrzeug entsprechend „eingewintert", geht die Wiederinbetriebnahme recht schnell.

- Die Batterie wird wieder angeschlossen.
- Luftfilteröffnung und Auspufföffnung werden wieder geöffnet (wird häufig vergessen).

- Eine gründliche Sicht- und Abfahrtkontrolle wird durchgeführt (einschließlich Normalisierung des Reifendrucks).
- Vor dem ersten Losfahren empfiehlt sich noch das Testen der Bremsen.
  - Üben Sie im Stand Druck auf das Bremspedal aus, um zu beobachten, ob der spürbare Druckpunkt (das Bremspedal bewegt sich nicht mehr nach unten) über ein paar Sekunden erhalten bleibt.
  - Sackt das Pedal langsam nach unten, ist die Bremsanlage defekt und es sollte unbedingt eine Fachwerkstatt konsultiert werden.
  - Ist der Druckpunkt hingegen konstant, führt man anschließend leichte Bremsmanöver im Fahrbetrieb durch, um festzustellen, ob die Bremse auch gleichmäßig zieht.
    Achtung: Bitte nicht im fließenden Verkehr oder an unübersichtlichen Stellen!
- Bei Fahrzeugen mit Schmiernippel- bzw. Zentralschmierung ist nach der Winterpause noch das ordnungsgemäße Nachfetten erforderlich.
- Bitte daran denken: Fahren Sie den Motor nach der Winterpause vorsichtig warm und bringen Sie ihn erst auf höhere Drehzahlen und Last, wenn die Betriebstemperatur auch wirklich erreicht ist.
- Und vergessen Sie nicht, auf Ihre HU-Plakette zu achten. Sollte das Fahrzeug zum TÜV müssen, ist dies eine gute Gelegenheit, die Verkehrssicherheit auch durch einen Fachmann prüfen zu lassen.

War Ihr Oldtimer hingegen weitgehend ohne Vorbereitung abgestellt, muss spätestens jetzt das gesamte Fahrzeug eingehend geprüft werden, denn über eine längere Standzeit hinweg können sich unbehandelte Ansätze von Korrosion verschlimmern, Gummiteile austrocknen und rissig werden etc. (siehe Abschnitt 1.1 „Standschäden").

- Die Grundreinigung einschließlich der Behandlung angegriffener Stellen sowie der Konservierung und Schmierung muss erfolgen (s. d.), um ggf. noch weiter fortschreitende Schädigungen zu vermeiden.
- Der Versuch, nach einigen Monaten Standzeit die Bordspannung zu aktivieren, führt häufig zu einer unangenehmen Überraschung: Ohne *Erhaltungsladung* (s. d.) kann eine Batterie dann leer sein bis hin zur *Tiefentladung*, also einer nahezu völligen Erschöpfung ihrer Leistungsfähigkeit. Selbst wenn es gelingt, eine solche Batterie doch noch zu reaktivieren, sollte sie ersetzt werden, denn von einer Tiefentladung erholen sich Batterien nicht mehr.

4.6 Zum Schluss noch ein „tierisch" wichtiger Hinweis

Marder, Eichhörnchen und andere Nager halten im Gegensatz zu Bären keinen Winterschlaf sondern lediglich Winterruhe und halten sich in ihren Aktivitäten in dieser Zeit etwas zurück. Dazu suchen sie sich ruhige und abgeschiedene Plätze, zu denen gerne auch ein über Monate stillstehender und nicht einsehbarer Motorraum gehört. Also Augen auf beim Blick in den Motorraum! Achten Sie auf Spuren von Nestern, Nahrungsrückständen und Ähnlichem und prüfen Sie vor allem Kühlerschläuche, Gummileitungen, Lenkmanschetten u. Ä. auf Nageschäden.

Allzeit gute Fahrt!

Anhang

Charta von Turin

Introduction

The Fédération Internationale des Véhicules Anciens (FIVA) is the world federation of historic vehicle clubs. It supports and encourages the preservation and responsible use of historic vehicles as an important part of our technical and cultural heritage.

Historic vehicles are significant in their role as means of transport, as witnesses to their historic origins, the technical state of the art of their period and last but not least for their impact on society.

The scope of this Charter includes mechanically propelled road and non-rail land vehicles. A vehicle is considered to be historic once it complies with the Charter and the applicable FIVA definitions.

The Charter may also include buildings and related artefacts to historic vehicles and their period of operation, such as factories, fuel stations, roads or racetracks.

For many years the owners of historic vehicles, the curators of historic vehicle collections and the restorers of historic vehicles have been very successful at salvaging, preserving and keeping historic vehicles in operation.

This Charter was approved by FIVA to provide guidance for decisions and treatments in relation to historic vehicles. The Turin Charter unites the guiding principles

Einleitung

Die Fédération Internationale des Véhicules Anciens (FIVA) ist der Weltverband der Oldtimerclubs. Sie unterstützt und fördert die Erhaltung und verantwortungsvolle Nutzung von historischen Fahrzeugen als bedeutsamen Teil unseres technischen und kulturellen Erbes.

Historische Fahrzeuge sind wichtige Zeugnisse der Geschichte, sei es als Transportmittel, in Bezug auf die Entwicklung und den Stand der Technik ihrer Zeit sowie nicht zuletzt durch ihren Einfluss auf die Gesellschaft.

Diese Charta umfasst mechanisch angetriebene, nicht-schienengebundene Landfahrzeuge. Ein Fahrzeug gilt als historisch, wenn es den Kriterien der Charta und den geltenden FIVA-Definitionen entspricht.

Die Charta kann überdies Gebäude und Artefakte, die im Zusammenhang mit historischen Fahrzeugen und der Zeit ihrer Nutzung stehen, wie beispielsweise Fabriken, Tankstellen, Straßen oder Rennstrecken, einschließen.

Die Besitzer historischer Fahrzeuge, die Kuratoren von Sammlungen und die Restaurierer historischer Fahrzeuge engagieren sich bereits seit vielen Jahren erfolgreich bei der Rettung, Erhaltung und Instandhaltung von historischen Fahrzeugen.

Diese Charta wurde von der FIVA als Anleitung bei Entscheidungen und Maßnahmen, die im Zusammenhang mit historischen Fahrzeugen stehen, verab-

for the use, upkeep, conservation, restoration and repair of historic vehicles.

This Charter is based on and inspired by UNESCO's Venice Charter (1964), the Barcelona Charter (2005, historic ships) and the Riga Charter (2003, historic rail vehicles).

Charter

Article 1 "Aim"

The aim of this Charter is to preserve and safeguard the history of vehicles including their engineering, form, functions and documented histories and their many and diverse relationships with society and social environments.

To understand, appreciate and ensure the preservation and operation of historic vehicles, including their use on public roads, it is important to use the research methods, scientific, historical and technical knowledge available and involve the organisations and facilities working in this sector.

Article 2 "Future"

Preservation, restoration and any related work processes are aimed at sustaining historic vehicles as both technical artefacts and witnesses of transport history and culture. It is imperative to pass on the methods used, material knowledge

schiedet. Die Charta von Turin fasst die Leitsätze für Nutzung, Unterhalt, Konservierung, Restaurierung und Reparatur von historischen Fahrzeugen zusammen.

Diese Charta basiert auf der Charta von Venedig der UNESCO (1964), der Charta von Barcelona (2005, historische Wasserfahrzeuge) und der Charta von Riga (2003, historische Schienenfahrzeuge) und ist vom Geist dieser Dokumente inspiriert.

Charta

Artikel 1 „Ziel"

Ziel dieser Charta ist es, die Fahrzeuggeschichte gemeinsam mit dem zugehörigen Design, der entsprechenden Technik und Funktion sowie ihrer dokumentierten Historie zu erhalten, ebenso wie die Erkenntnisse über ihre vielfältigen Einflüsse auf die Gesellschaft und ihr Umfeld.

Um historische Fahrzeuge zu verstehen, sie zu schätzen und das nötige Wissen um ihre Erhaltung und ihren Betrieb, insbesondere auf öffentlichen Straßen, zu sichern, sollten alle verfügbaren wissenschaftlichen und technischen Kenntnisse und die auf diesem Gebiet tätigen Einrichtungen einbezogen werden.

Artikel 2 „Zukunft"

Erhaltung, Restaurierung und alle verwandten Arbeitsprozesse zielen ab auf die Bewahrung von historischen Fahrzeugen, sowohl als technische Artefakte als auch als Zeugen der Transportgeschichte und Kultur.

and work processes to future generations. We also aim to preserve the special knowledge, expertise and skills related to the manufacture and operation of such vehicles.

Es ist unerlässlich, das dabei verwendete Fachwissen sowie die entsprechenden Materialkenntnisse und Methoden an spätere Generationen weiterzugeben. Es ist außerdem unser Ziel, das Spezialwissen, die Fachkenntnisse und die Fähigkeiten zu bewahren, die sich auf die Herstellung und den Betrieb von historischen Fahrzeugen beziehen.

Article 3 "Care"

Permanent and sustainable care are essential for the survival of historic vehicles.

Use of historic vehicles, including on public roads, is important for their preservation. It is the only way to fully understand and pass on the traditional knowledge of driving and maintaining them for future generations.

Article 4 "Position"

It is beneficial for the preservation of historic vehicles that they are seen as an integral part of public life and perceived as a contribution to our cultural heritage.

It is important and desirable that they can be used. However, in order to use them, historic vehicles should not be modified more than necessary.

Unavoidable modifications should not interfere with the historic substance. As a matter of principle, they should not alter the vehicle's period engineering and appearance.

Artikel 3 „Pflege"

Dauerhafte und nachhaltige Pflege ist unerlässlich für das Überleben von historischen Fahrzeugen.

Eine aktive Nutzung von historischen Fahrzeugen, insbesondere auf öffentlichen Straßen, ist wichtig, um sie zu begreifen sowie zur Bewahrung und Weitergabe der Kenntnisse über ihren Betrieb und Unterhalt an spätere Generationen.

Artikel 4 „Standpunkt"

Es fördert den Erhalt historischer Fahrzeuge, wenn sie als wesentlicher Bestandteil des öffentlichen Lebens und als Beitrag zu unserem kulturellen Erbe angesehen werden.

Daher ist die Möglichkeit ihrer Nutzung wichtig und wünschenswert. Im Zusammenhang mit einer Nutzung sollen sie jedoch nicht weiter als nötig verändert werden.

Unvermeidbare Modifikationen sollen die historische Substanz nicht beeinträchtigen. Prinzipiell sollen sie die zeitgenössische Technik und die zeitgenössische Erscheinung nicht verändern.

Article 5 "Processes"

The preservation of historic vehicles can require interventions or restorations to different extents.

Preservation means the care and prevention from deterioration or damage, by which the present condition, individual and memorial quality of a historic vehicle or object is safeguarded.

Conservation includes all acts serving to secure and stabilise the vehicle or object that do not alter the historic substance, parts and materials. Conservation treatment will not put at risk the object's historical or material documentary value in any way. It serves exclusively to prevent or at least delay continued deterioration. Usually, such measures are not visible on the surface.

Restoration is the process of replacing missing parts or areas with the aim of displaying an earlier state of the vehicle and goes further than conservation. Restored areas should discreetly blend in with the existing historic stock, but remain distinguishable on closer inspection.

This is different from repair, that stands for the adaptation, refurbishment or replacement of existing or missing components. Repair makes a vehicle fully operational again and may not take into account the authentic substance belonging to the vehicle.

Artikel 5 „Verfahren"

Die Bewahrung von historischen Fahrzeugen kann Eingriffe in unterschiedlichem Umfang notwendig machen.

Erhaltung bedeutet die Pflege und den Schutz eines Fahrzeuges oder Objektes vor Beschädigung und Verfall, so dass sein Zustand, seine individuelle Qualität und sein spezifischer Erinnerungswert gewahrt bleiben.

Konservierung umfasst alle Eingriffe, die das Fahrzeug oder Objekt sichern und seiner Stabilisierung dienen, ohne den Bestand zu verändern und ohne seinen historischen oder materiellen Zeugniswert in irgendeiner Weise zu gefährden. Es wird damit also ausschließlich der weitere Verfall verhindert oder zumindest aufgehalten. Solche Maßnahmen sind meist äußerlich nicht sichtbar.

Restaurierung umfasst alle Maßnahmen zur Ergänzung von fehlenden Teilen oder Bereichen mit dem Ziel, einen früheren Zustand des Objektes wieder ablesbar zu machen. Die Restaurierung wird generell weiter eingreifen als eine Konservierung. Restaurierte Bereiche sollen sich harmonisch in den historischen Bestand einfügen, bei genauerer Untersuchung jedoch sicher von diesem unterscheidbar sein.

Reparatur hingegen bedeutet die Anpassung, Instandsetzung oder den Ersatz von vorhandenen oder fehlenden Bauteilen. Die Reparatur hat zum Ziel, die volle Funktionsfähigkeit des Objektes wieder herzustellen und nimmt häufig keine Rücksicht auf die authentische, zum Fahrzeug gehörende Substanz.

Preservation, conservation, and restoration are specialised processes aimed at safeguarding and displaying a vehicle's engineering, aesthetic, functional, social and historic value.

They should aim at understanding and considering the original design and the historic background of the individual vehicle. They should be based on respect for the individual historic entity and information found in authentic documents.

Article 6 "History"

Any changes and modifications to a vehicle which occurred during its ordinary life span and altering its condition as originally delivered are testimonials of the vehicle's history and should be preserved as such. Therefore it is not necessary to restore a historic vehicle in a way that adjusts its look and technical features back to the appearance of the manufacturing date.

A restoration that would return a vehicle to the appearance of a certain period should only be attempted with careful examination of historical records or thorough planning.

Components and materials inserted to replace historic parts in the process of a restoration should be identified with simple and permanent markings to distinguish them from the historic substance.

For replaced parts, FIVA recommends the marking system attached to this charter (see Appendix 1).

Erhalt, Konservierung und Restaurierung sind spezialisierte Prozesse. Ihr Ziel ist es, den technischen, ästhetischen, funktionalen, sozialen und historischen Wert eines Fahrzeuges zu erhalten und aufzuzeigen.

Sie sollte immer das originale Erscheinungsbild und die historischen Grundlagen des jeweiligen Fahrzeugs verstehen und berücksichtigen. Sie sollen auf dem Respekt vor dem im Einzelnen überlieferten Bestand und den Informationen aus authentischen Dokumenten basieren.

Artikel 6 „Geschichte"

Veränderungen, aus der normalen Gebrauchszeit, eines historischen Fahrzeuges gegenüber dem Auslieferungszustand sind Zeugnisse der Fahrzeuggeschichte. Diese sollten daher erhalten bleiben.
Die Restaurierung eines historischen Objektes erfordert darum nicht, sein Aussehen und seine technischen Merkmale ins Erscheinungsbild des ursprünglichen Baujahres zurückzuversetzen.

Eine Restaurierung hin zur Erscheinung einer bestimmten Epoche sollte erst nach sorgfältiger Prüfung historischer Aufzeichnungen und Dokumente sowie nach sorgfältiger Planung ausgeführt werden.

Bauteile und Materialien, welche durch neue ersetzt wurden, sollten durch einfache und dauerhafte Markierungen leicht erkennbar gemacht und von der historischen Substanz unterschieden werden.

Für solche ersetzten Bauteile empfiehlt die FIVA ein Markierungssystem (s. Anhang 1).

Article 7 "Accuracy"

During the restoration of historic vehicles historically accurate materials and work techniques should be preferred, unless such materials or techniques can no longer be used because of safety concerns, lack of availability or legal prohibitions.

Especially in the conservation of historic substance, traditional materials may not be adequate. As elsewhere in the field of restoration, modern materials and working techniques may then be used instead, provided they have been proven adequate and durable in experiments or tried in practice.

Article 8 "Appearance"

Any modifications to a historic vehicle required outside of its ordinary lifespan should be integrated discreetly and respect the original structure and appearance.

Such modifications should be reversible. It is recommended that any important original parts removed should be kept with the vehicle for later use and to serve as reference of their original existence and make.

Article 9 "Planning"

Any work undertaken on a historic vehicle should be planned systematically and documented in an appropriate manner.

These records should be maintained with the vehicle.

Artikel 7 „Genauigkeit"

Bei der Restaurierung historischer Fahrzeuge sollten bevorzugt die historisch korrekten Materialien und Arbeitstechniken benutzt werden, es sei denn, diese können aus Gründen der Sicherheit, der Gesetzgebung oder der Verfügbarkeit nicht länger verwendet werden.

Speziell bei der Konservierung der historischen Substanz können sich die traditionellen Materialien als unzureichend erweisen. Wie bei der Restaurierung können dann solche modernen Ersatzmaterialien und Techniken herangezogen werden, deren Eignung und langfristige Beständigkeit wissenschaftlich nachgewiesen oder durch praktische Erfahrung erprobt sind.

Artikel 8 „Erscheinungsbild"

Alle vorgeschriebenen Veränderungen, die außerhalb der normalen Gebrauchszeit notwendig werden, sollen sich unauffällig in die originale Struktur und das Erscheinungsbild einfügen.

Solche Einbauten sollen reversibel sein. Alle wesentlichen Originalteile, die entfernt wurden, sollen für eine mögliche zukünftige Wiederverwendung und als Referenz für ihre ursprüngliche Substanz und Machart zusammen mit dem Fahrzeug aufbewahrt werden.

Artikel 9 „Planung"

Alle Arbeiten an einem historischen Fahrzeug sollten genau geplant sowie nachvollziehbar und angemessen dokumentiert werden.

Die entsprechenden Aufzeichnungen sollten mit dem Fahrzeug aufbewahrt werden.

Article 10 "Archives"

Any persons, facilities and organisations involved in the preservation, conservation, restoration, repair and operation of historic vehicles should take appropriate steps to protect their records and archives.

Article 11 "Status"

Institutions engaged in the preservation and transfer of knowledge or specialist skills required in the preservation and operation of historic vehicles should seek recognition by international and national governmental authorities as cultural heritage and institutions.

Archives consisting of documents, drawings, photographs or other media and artefacts relating to historic vehicles should be cared for as part of the cultural heritage.

Artikel 10 „Archive"

Alle Personen, Einrichtungen und Organisationen, die am Erhalt, der Konservierung, der Restaurierung, der Reparatur und dem Betrieb von historischen Fahrzeugen beteiligt sind, sollten geeignete Vorkehrungen für den Schutz ihrer Aufzeichnungen und Archive treffen.

Artikel 11 „Status"

Institutionen, die sich mit dem Erhalt und der Weitergabe von Wissen für den Erhalt und den Betrieb von historischen Fahrzeugen beschäftigen, sollen sich bei internationalen und nationalen Behörden um eine Anerkennung als kulturerhaltende Institutionen bemühen.

Sammlungen und Archive von Schriftgut, Plänen und anderen Artefakten, die im Zusammenhang mit historischen Fahrzeugen stehen, sollten als Kulturgut bewahrt werden.

Appendix 1

Proposed marking system

The system uses the following letters for permanent marking:

NB = "newly built" (an accurate as possible a copy in terms of form, materials and make, reproduced directly from a documented original)
FR = "free reconstruction" (reconstruction without using any historic model in terms of form, material or work technique. The part however fulfils the technical function of an historic component utilised earlier)

CS = "conservational stabilisation" (a later structural reinforcement added to stabilize the historic substance).

We recommend the indication of the year of restoration/manufacture of the replacement part with the two-letter code.

Turin Charter Working Group/
FIVA Cultural Commission;
Thomas Kohler, Gundula Tutt,
Rainer Hindrischedt, Mario De Rosa,
Alfieri Maserati, Stefan Musfeld &
Mark Gessler

Anhang 1

Vorschläge zu einem Markierungssystem

Dabei werden die folgenden Buchstaben als permanente Markierung verwendet:

NB = für „newly built" (so exakt wie möglich in Art und Material kopiert und direkt nach einer nachgewiesen originalen Vorlage neu angefertigt)
FR = für „free reconstruction" (frei rekonstruiert, ohne direkte historische Vorlage in Form, Material und Herstellungstechnik. Dieses Teil erfüllt jedoch technisch die Funktion eines ehemals vorhandenen historischen Bauteiles)
CS = für „conservational stabilization" (eine spätere zur Erhaltung eingefügte Verstärkung der historischen Substanz).

Wenn möglich wird empfohlen, einem solchen Kürzel folgend, die Jahreszahl der Nachfertigung anzufügen.

Arbeitsgruppe Charta von Turin/
FIVA Kulturkommission;
Thomas Kohler, Gundula Tutt,
Rainer Hindrischedt, Mario De Rosa,
Alfieri Maserati, Stefan Musfeld &
Mark Gessler

Häufig gestellte Fragen zu Zulassung und Betriebserlaubnis

1 Was bedeutet Vollabnahme?

Vollabnahme bedeutet eine Abnahme nach § 21 StVZO. Hierbei werden neben der Untersuchung der Verkehrssicherheit auch die Vorschriftsmäßigkeit überprüft, die erforderlichen technischen Daten des Fahrzeugs ermittelt sowie das Gutachten für das Ausfüllen der Zulassungsdokumente erstellt.

Eine Vollabnahme kann nur von amtlich anerkannten Sachverständigen in Technischen Prüfstellen durchgeführt werden.

2 Wann wird eine Vollabnahme notwendig?

Eine Vollabnahme wird erforderlich, wenn für das betreffende Fahrzeug keine gültigen Fahrzeugdokumente vorgelegt werden können. Dies ist in folgenden Fällen der Fall:

- Das Fahrzeug wurde stillgelegt und die Fahrzeugdaten im Zentralen Fahrzeugregister wurden gelöscht (§ 14, Abs. 6 FZV)
- Das Fahrzeug wurde aus dem Ausland importiert und es liegen noch keine deutschen Zulassungsdokumente vor.

3 Welche Unterlagen müssen zur Vollabnahme vorgelegt werden?

- Grundsätzlich muss für die Durchführung einer Vollabnahme der schriftliche Auftrag der zuständigen Zulassungsbehörde (Straßenverkehrsamt) vorliegen.
- Bei Oldtimern, die stillgelegt waren und deren Daten aus dem Zentralen Fahrzeugregister gelöscht wurden, ist die Vorlage der alten ungültigen Zulassungsdokumente, ggf. auch einer Kopie, für die Begutachtung hilfreich.

4 Werden Abnahmebescheinigungen von Prüfdiensten (im Rahmen der „Europäisierung") aus anderen EU-Ländern akzeptiert?

Nachweise von akkreditierten Prüflaboren über bestimmte Bauteilprüfungen nach harmonisierten Vorschriften können bei der Vollabnahme anerkannt werden.

5 Ab wann sind Zubehör, Umbauten oder Nachrüstungen eintragungspflichtig?

Grundsätzlich sind Änderungen an Fahrzeugen eintragungspflichtig, wenn die genehmigte Fahrzeugart geändert wird, wenn eine Gefährdung von Verkehrsteilnehmern durch die Änderung zu erwarten ist oder wenn Änderungen vorgenommen werden, die eine Verschlechterung des Abgas- oder Geräuschverhaltens bewirken können. Diese Festlegung gilt unabhängig davon, ob das Fahrzeug ein Oldtimer ist.

Für Oldtimer ist jedoch darauf zu achten, ob durch die ansonsten zulässige Um- oder Nachrüstung der Oldtimerstatus erhalten bleibt.

Weiterhin muss bei Oldtimern darauf geachtet werden, ob auch bei ansonsten zulässigen, aber nicht eintragungspflichtigen Um- oder Nachrüstungen, der Oldtimerstatus verändert wird.

6 Ab welchem Baujahr ist keine AU mehr nötig?

Die Pflicht zur Abgasuntersuchung ist vom Tag der Erstzulassung abhängig. Fahrzeuge, die **vor** den im Folgenden genannten Daten zugelassen wurden, müssen keine Abgasuntersuchung nachweisen.

- Fahrzeuge mit Antrieb
  durch Fremdzündungsmotor (Ottomotor):   EZ ab 01.07.1969
- Fahrzeuge mit Antrieb
  durch Selbstzündungsmotor (Dieselmotor):   EZ ab 01.01.1977
- Krafträder: EZ ab 01.01.1989

7 Ab welchem Baujahr gilt die Gurtpflicht?

- Ab EZ 01.04.1970 müssen Fahrzeuge bis 2,8 t zGM auf den Vordersitzen mit Dreipunktgurten ausgerüstet sein, sofern Verankerungspunkte vorhanden sind.
- Ab EZ 01.01.1974 müssen Fahrzeuge bis 2,8 t zGM auf den Vordersitzen mit Dreipunktgurten ausgerüstet sein.
- Ab EZ 01.05.1979 müssen Fahrzeuge bis 2,8 t zGM auch auf den Rücksitzen mit Sicherheitsgurten (mindestens Zweipunktgurte) ausgerüstet sein.
- Ab EZ 01.10.2004 müssen M1-Fahrzeuge (Pkw) auch auf dem Mittelsitz mit Automatik-Dreipunktgurten ausgerüstet sein.

8 Bei einigen historischen Fahrzeugen (insbesondere Zweirädern) erfolgte die Identifizierung immer über die Motornummer. Muss dennoch eine Rahmen-/Fahrgestellnummer vergeben und eingeschlagen werden? Wenn ja, wer darf diese Vergabe durchführen und wer die Nummer einschlagen?

Grundsätzlich muss eine *Fahrzeug-Identifizierungsnummer (FIN)* an der vorderen rechten Seite des Fahrzeugs eingeschlagen oder eingeprägt sein.

Bei Motorrädern ist die FIN in den überwiegenden Fällen vorne am Lenkkopf eingeschlagen.

Bei Fahrzeugen, die vor dem 01.10.1969 erstmals zugelassen wurden, darf die FIN an der vorderen rechten Seite des Fahrzeugs auf einem angenieteten Schild dauerhaft angebracht sein.

Das bedeutet, dass in jedem Fall eine FIN am Fahrzeugrahmen vorhanden sein muss, unabhängig vom Baujahr des Fahrzeugs.

Es wird lediglich, in Abhängigkeit vom Datum der Erstzulassung, unterschieden, ob diese *eingeschlagen* oder auf einem *angenieteten Schild* vorhanden sein darf.

Ist keine FIN vorhanden, muss eine sogenannte *TP-Nummer* zugeteilt werden.

Der Auftrag zur Zuteilung einer TP-Nummer muss die zuständige Straßenverkehrsbehörde erteilen. Dieser Auftrag muss dem Sachverständigen bei der Begutachtung durch den Verfügungsberechtigten vorgelegt werden. Nach der Identifizierung des vorgestellten Fahrzeugs wird vom Sachverständigen eine TP-Nummer zugeteilt. Diese wird vom Verfügungsberechtigten eingeschlagen, und der Sachverständige begrenzt sie durch eigene TP-Stempel.

Die fehlende FIN betrifft im Wesentlichen Motorräder des Herstellers Harley-Davidson. Auch Hersteller anderer Fahrzeuge aus den USA können bis in die 1960er-Jahre Fahrzeuge ohne eine eigene FIN in den Verkehr gebracht haben.

Bei diesen Fahrzeugen muss der Sachverständige anhand weiterer Merkmale zweifelsfrei die Identität und das Baujahr des vorgestellten Fahrzeugs ermitteln.

9 Bei amerikanischen (bis in die 70er-Jahre) und einigen englischen Klassikern (z. B. Austin Healey) wurde die Fahrgestellnummer nur über ein genietetes Typenschild am Fahrzeug dokumentiert. Muss für eine deutsche Zulassung diese Nummer nachträglich im Rahmen eingeschlagen werden? Wenn ja, wer darf dies durchführen?

Hier gilt das bereits Gesagte, dass bis zu einem Erstzulassungsdatum vor dem 01.10.1969 die FIN auch auf einem angenieteten Schild oder in anderer Weise dauerhaft angebracht sein darf. Ab diesem Zeitpunkt muss die FIN ordnungsgemäß eingeschlagen werden.

Das Einschlagen der FIN erfolgt durch den Verfügungsberechtigten. Die eingeschlagene FIN wird dann durch den Sachverständigen mit eigenem TP-Stempel begrenzt.

10 Wie ist grundsätzlich das Prozedere beim Import von Oldtimern zur Zulassung in Deutschland?

Das Prozedere beim Import von Oldtimern unterscheidet sich im Wesentlichen nicht von dem anderer Fahrzeuge. Der Kaufvertrag soll schriftlich fixiert werden, wobei es für Oldtimer Vordrucke für einen speziellen „Kaufvertrag für Oldtimer-Fahrzeuge" gibt (siehe z. B. auf der Internetseite des ADAC). In diesem Vertrag können der zugesagte Erhaltungszustand und weitere Oldtimer-spezifische Belange festgehalten werden.

Für die Überführung nach Deutschland gibt es verschiedene Möglichkeiten. Ein noch im Kaufland zugelassenen Fahrzeug kann, wenn der Käufer zustimmt, nach Deutschland gefahren werden. Hierbei muss jedoch sichergestellt sein, dass die vom Vorbesitzer abgeschlossene Versicherung auch für den Fahrer gilt, der die Überführungsfahrt durchführt.

Möglich ist auch ein Ausfuhrkennzeichen des Kauflandes, wobei die Beschaffung dieses Kennzeichens in den einzelnen Kaufländern mit unterschiedlichen Schwierigkeiten und Kosten verbunden ist.

Die wenigsten Probleme bereitet der Transport auf einem Anhänger, weil dazu weder eine Versicherung noch eine Zulassung notwendig sind.

Zu beachten sind auch die unterschiedlichen Zoll- und Grenzformalitäten bei Importen aus Nicht-EU-Ländern bzw. die Mehrwertsteuer-Regelung bei Importen aus EU-Ländern.

Die im Kaufland üblichen Fahrzeugpapiere sollten alle im Original mitgebracht werden. Andere Papiere, die die Geschichte des Fahrzeugs dokumentieren, können bei der Begutachtung und Zulassung in Deutschland hilfreich sein.

11 Ist das Prozedere beim Import von Oldtimern aus EU-Ländern grundsätzlich anders als die Einfuhr von Oldtimern aus Nicht-EU-Ländern?

Das Prozedere für den Import von Oldtimern – und allen anderen Fahrzeugen – aus EU-Ländern und Nicht-EU-Ländern ist unterschiedlich. Der wesentliche Unterschied besteht darin, das bei einem Import aus einem EU-Land keinerlei Grenz- und Zollformalitäten erforderlich sind (EU-Binnenmarkt). Es gelten prinzipiell die gleichen Regeln wie bei einem Kauf innerhalb Deutschlands.

Beim Import von Oldtimern – wie von jedem anderen Fahrzeug – aus einem Nicht-EU-Land sind die entsprechenden Zollvorschriften zu beachten. Hierbei gilt, dass das Fahrzeug beim ersten Zollamt der EU, bei dem es ankommt, angemeldet (deklariert) werden muss. Das ist davon abhängig, ob das Fahrzeug auf dem Land-, Wasser- oder Seeweg ankommt. An dieser Außengrenze der EU kann die komplette Verzollung erfolgen. Es gibt aber auch die Möglichkeit, sich einen *Einfuhrbeleg (Transitschein)* ausstellen zu lassen und mit diesem dann beim zuständigen Zollamt des Wohnortes den Zollvorgang abzuschließen.

Wenn der Einfuhrvorgang abgeschlossen ist, bekommt der Einführer eine sogenannte *Zoll-Unbedenklichkeitsbescheinigung*. Ohne diesen Nachweis ist eine Zulassung des Fahrzeugs nicht möglich.

Die anfallenden Zollgebühren und die Einfuhrumsatzsteuer sind abhängig vom jeweiligen Fahrzeug und können beim zuständigen Zollamt erfragt werden.

Für das weitere Zulassungsverfahren ist eine gültige Betriebserlaubnis und ein aktuelles Oldtimergutachten nach § 23 StVZO erforderlich. Liegt für den Oldtimer keine gültige Betriebserlaubnis vor, was bei der erstmaligen Zulassung von importierten Fahrzeugen sowohl aus EU- als auch Nicht-EU-Ländern der Fall ist, muss zusätzlich eine Begutachtung nach § 21 StVZO erfolgen.

12 Welche Abnahmen braucht man, um einen Oldtimer aus den USA in Deutschland zulassen zu können?

Für einen aus den USA importierten Oldtimer ist, wie für jedes Fahrzeug, für das keine Betriebserlaubnis besteht, eine Begutachtung nach § 21 StVZO (Vollabnahme) erforderlich. Für die Zulassung als Oldtimer ist zusätzlich, wie für jeden anderen Oldtimer, ein Oldtimergutachten nach § 23 StVZO notwendig.

In aller Regel sind im Rahmen der Begutachtung nach § 21 StVZO für ein aus den USA importiertes Fahrzeug zusätzliche Messungen bzw. weitere Gutachten erforderlich. Dies können z. B. Abgasgutachten sein. Es können aber z. B. auch Messungen der Höchstgeschwindigkeit, des Stand- und Fahrgeräusches usw. erforderlich werden. Wie bereits erwähnt, begründen sich diese zusätzlichen Messungen und Gutachten darin, dass die für die Zulassung in Deutschland erforderlichen Daten nicht in belastbarer Form vorliegen.

13 Welche Papiere müssen für diese Abnahmen vorgelegt werden?

Für ein Fahrzeug aus den USA muss in jedem Fall der sogenannte *Title/Certificate of Origin* (Herkunftszeugnis) vorgelegt werden. Sind weitere Fahrzeugdokumente mit belastbaren technischen Daten vorhanden, können diese bei der Begutachtung hilfreich sein.

14 Wenn keine Fahrzeugpapiere mehr vorhanden sind, was ist zu tun, um Abnahmen durchführen und letztlich das Fahrzeug zulassen zu können?

Bei Oldtimern in/aus Deutschland und bei importierten Oldtimern

Wenn keine Fahrzeugpapiere mehr vorhanden sind, muss bei der zuständigen Straßenverkehrsbehörde der Eigentumsnachweis erbracht werden. Weiterhin ist immer eine Begutachtung nach § 21 StVZO (Vollabnahme) durchzuführen. Ein Oldtimergutachten nach § 23 StVZO ist selbstverständlich auch notwendig.

Diese Vorgehensweise ist unabhängig davon, ob der Oldtimer aus Deutschland stammt oder importiert wurde.

15 Gibt es noch Bestandsschutz für ein einmal vergebenes H-Kennzeichen?

Einen sogenannten *Bestandsschutz*, einmal H-Kennzeichen immer H-Kennzeichen, gibt es nicht.

Die Berechtigung zur Führung des H-Kennzeichens bleibt so lange erhalten, wie das Fahrzeug die Anforderungen für die Einstufung als Oldtimer erfüllt. Diese Voraussetzungen werden bei jeder Hauptuntersuchung überprüft. Sind sie nicht mehr gegeben, z. B. durch nachträgliche Umrüstungen oder Verschlechterung des Erhaltungszustandes, wird dies mit einem „erheblichen Mangel" bewertet. Dieser Mangel muss abgestellt und das Fahrzeug für eine Nachprüfung erneut vorgeführt werden. Können die Anforderungen an einen Oldtimer nicht wieder erfüllt werden, kann für das Fahrzeug ein Kennzeichen ohne „H" beantragt werden.

16 Die Verwendung von Felgen mit Flügelmuttern als Zentralverschluss war in den 50er-/60er-Jahren eine häufig anzutreffende Variante. Sind diese Flügelmuttern auch heute noch erlaubt?

Grundsätzlich sind Flügelmuttern im öffentlichen Straßenverkehr in Deutschland verboten, da sie ein verkehrsgefährdendes Teil, insbesondere für Fußgänger, darstellen. In der Regel gibt es passende und zugelassene Achtkant-Befestigungsschrauben für den Zentralverschluss. In diesem Fall ist also der Schutz der Verkehrsteilnehmer höher einzustufen als die Originalität des Fahrzeugs.

17 Die Verwendung von Sidepipes war auch eine Modeerscheinung dieser Zeit. Sind diese Sidepipes heute noch zulassungsfähig?

Sidepipes sind nicht grundsätzlich verboten. Die Einhaltung der einschlägigen Regelungen muss in jedem Einzelfall nachgewiesen werden.

Bei Sidepipes muss u. a. darauf geachtet werden, dass diese nicht über die Fahrzeugumrisse hinausragen.

Sie müssen mit einem ausreichenden Hitzeschutz versehen sein, der verhindert, dass ein unbeabsichtigtes Berühren (z. B. durch ein Kind) desselben zu Verbrennungen der Haut führen kann.

Auf die Richtung der Auspuffmündung muss geachtet werden, damit es nicht zu einem Eindringen von Abgasen in den Fahrzeuginnenraum kommt und Fußgänger nicht mehr als nötig durch Abgase belästigt werden (Auspuffmündung nicht nach rechts).

Die Einhaltung der zulässigen Stand- und Fahrgeräusche muss durch entsprechende Messungen nachgewiesen werden.

Auch in diesem Fall ist der Schutz der Verkehrsteilnehmer höher einzustufen als die Originalität des Fahrzeugs.

18 Historische Motorsportfahrzeuge (Rallye), die noch an Wettbewerben teilnehmen, unterliegen der jeweils aktuellen FIA-Homologation. Könnten Fahrzeuge mit H-Kennzeichen eventuell ihren Status verlieren, wenn sie z. B. mit nicht zeitgemäßen, aber der Homologation entsprechenden Sitzen und Gurten ausgestattet sind?

Motorsportveranstaltungen werden vom DMSB oder seinen Mitgliedern genehmigt und registriert. Für solche genehmigten Veranstaltungen gibt es eine *Richtlinie für die Erteilung von Ausnahmen nach § 70 Straßenverkehrs-Zulassungs-Ordnung (StVZO) für die Genehmigung von Kraftfahrzeugen der Klasse M1, die für registrierte und genehmigte Motorsportveranstaltungen (z. B. Ralleysportveranstaltungen) bestimmt sind* (siehe VkBl. 2012 S. 778).

Werden die in dieser Richtlinie genannten Auflagen und Hinweise beachtet, kann von dem begutachtenden Sachverständigen eine entsprechende Ausnahme befürwortet werden.

Erfüllt das betreffende Fahrzeug den Anhang K (Historische Kraftfahrzeuge) der internationalen FIA-Kraftfahrzeuggruppen, können die entsprechenden in der Richtlinie genannten Änderungen im Rahmen einer Ausnahmegenehmigung unter Beachtung der aufgeführten Bedingungen begutachtet werden.

Werden ausschließlich die genannten Änderungen durchgeführt, bleibt der Status des H-Kennzeichens erhalten.

19 Ist die Nutzung von Reifen ohne Bauartgenehmigung für Fahrzeuge mit H-Kennzeichen möglich?

Grundsätzlich gilt, dass Reifen, die ab dem 01.10.1998 gefertigt werden, eine Bauartgenehmigung haben müssen. Eine generelle Ausnahme von dieser Bauartgenehmigungspflicht für Oldtimer ist vom Verordnungsgeber nicht vorgesehen.

In der Regel gibt es für Reifen von Oldtimern Listen mit alternativen Bereifungen, die für eine zeitgenössische Umrüstung geeignet sind. Weiterhin gibt es bereits zugelassene Verfahren, um genehmigte Reifen in alter Optik auszuführen.

Reifen für US-Fahrzeuge, die nicht den Europäischen Normen entsprechen und z. B. nicht für die bauartbedingte Höchstgeschwindigkeit des Fahrzeugs geeignet sind, müssen in jedem Fall umgerüstet werden.

Kann für Fahrzeuge aus den 30er-Jahren des letzten Jahrhunderts oder älter nach einer Prüfung in jedem Einzelfall keine alternative Bereifung gefunden werden, ist die Möglichkeit einer Ausnahmegenehmigung für das einzelne Fahrzeug zu erörtern.

20 Umbauten von Bremsanlagen/Fahrwerk

Der Umbau von Bremsanlagen ist in der Oldtimer-Richtlinie (Pkt. 3.2.4) in einigen Details geregelt. Danach heißt es allgemein, dass nur die Originalausführung oder Anlage aus der Fahrzeugbaureihe zulässig sind.

Umbauten der Bremsanlage, für die ein zeitgenössisches Prüfzeugnis vorliegt, können ebenfalls durchgeführt werden.

Dürfen Einkreis- auf Zweikreisbremsanlagen umgebaut werden oder könnte das H-Kennzeichen aberkannt werden?

In der Oldtimer-Richtlinie ist dieser Punkt als zulässig aufgeführt. Bei einem ordnungsgemäßen Umbau mit entsprechendem Prüfzeugnis und positiver Begutachtung würde das H-Kennzeichen erhalten bleiben.

Wann ist der Umbau von Trommelbremsen auf Scheibenbremsen § 23 StVZO-konform, wann nicht?

Dieser Punkt ist in der Oldtimer-Richtlinie nicht speziell genannt. Somit gilt die allgemeine Aussage, dass der Umbau nur dann zulässig ist, wenn in der Fahrzeugbaureihe eine entsprechende Scheibenbremse verbaut wurde. Das könnte beispielsweise der Fall sein, wenn innerhalb der Fahrzeugbaureihe in eine Ausführung mit größerer Motorleistung eine Scheibenbremsanlage verbaut war. Eine entsprechende positive Begutachtung durch einen Sachverständigen ist erforderlich.

Dürfen Reibdämpfer gegen hydraulische Stoßdämpfer ausgetauscht werden unter Berücksichtigung von § 23 StVZO?

Wenn es sich um eine zeitgenössische Umrüstung handelt, für die eine Werksfreigabe oder ein zeitgenössisches Prüfzeugnis vorliegt, ist dies nach der Oldtimer-Richtlinie grundsätzlich möglich. Wurde die Umrüstung vor mindestens 30 Jahren, z. B. um die Fahrsicherheit zu erhöhen, durchgeführt, ist dies auch zulässig.

21 Umbauten von Motoren

In der Oldtimer-Richtlinie sind unter Punkt 3.2.3.1 einige zulässige Änderungen am Motor und der Motor-Peripherie aufgeführt. In der AKE-Arbeitsanweisung werden diese allgemeinen Voraussetzungen spezifiziert.

Welche Umbauten sind § 23 StVZO-konform, welche nicht?

In der AKE-Arbeitsanweisung ist dieser Punkt wie folgt ergänzt worden:

- Auch ein Ersatzmotor vom gleichen Hersteller ist zulässig, wenn folgende Bedingungen erfüllt sind:
  - Die Motorbaureihe ist mindestens 30 Jahre alt.
  - Die Leistungsdaten liegen innerhalb der Baureihe des Fahrzeuges oder es liegt eine Freigabe des Fahrzeugherstellers vor.
- Motoren anderer Hersteller sind zulässig, wenn der Umbau nachweislich vor mindestens 30 Jahren erfolgt ist oder zeitgenössisch mit damaligem Prüfzeugnis erfolgte.
- Nachgerüstete Lüfter, Benzinpumpen, Ölkühler und Umbauten auf kontaktlose Zündung sind zulässig, solange das Erscheinungsbild nicht wesentlich verändert wird.
- Voraussetzungen für eine zeitgenössische Nachrüstung mit Gasanlage:
  - Es handelt sich um eine Gasanlage mit zeitgenössischer Technik, z. B. Venturi-Anlage.
  - Der Fahrzeugtyp wurde auch nach 1969 noch gebaut, wobei dies als zeitgenössisch betrachtet wird.